珞珈管理评论
Luojia Management Review

2014 年卷　第 2 辑(总第 15 辑)

武汉大学经济与管理学院　主办

武汉大学出版社

图书在版编目(CIP)数据

珞珈管理评论.2014年卷.第2辑:总第15辑/武汉大学经济与管理学院主办.—武汉:武汉大学出版社,2015.1
ISBN 978-7-307-14954-0

Ⅰ.珞…　Ⅱ.武…　Ⅲ.企业管理—文集　Ⅳ.F270-53

中国版本图书馆 CIP 数据核字(2014)第 291289 号

责任编辑:柴　艺　　责任校对:汪欣怡　　版式设计:韩闻锦

出版发行:**武汉大学出版社**　(430072　武昌　珞珈山)
(电子邮件:cbs22@whu.edu.cn 网址:www.wdp.com.cn)
印刷:军事经济学院印刷厂
开本:787×1092　1/16　印张:11.75　字数:270 千字
版次:2015 年 1 月第 1 版　　2015 年 1 月第 1 次印刷
ISBN 978-7-307-14954-0　　定价:28.00 元

目　　录

CONTENTS

投行、财务欺诈与溢出效应[*]

——来自万福生科与平安证券的经验证据

● 李青原[1]　张肖星[2]

(1，2 武汉大学经济与管理学院　武汉　430072)

【摘　要】万福生科的财务欺诈事件在中国的资本市场上引起了轩然大波。本文在此背景下研究了平安证券客户公司投资者的反应，发现财务欺诈的经济后果会通过投行—公司关系向外传播，具体表现为投行的其他股票承销客户显著的价值损失，即溢出效应，但这种效应仅局限于股票承销客户；此外，这种溢出效应的强弱取决于投行—公司关系的强弱、公司自身的资源依赖性和公司所在产品市场的竞争程度。

【关键词】投行—公司关系　财务欺诈　溢出效应

1. 引言

投行—公司关系是当下组织间关系网络的研究热点之一。过去的许多研究证实了这种关系可能影响公司价值①，大多数研究者关注投行—公司关系的正向价值提升作用，如公司可以从投行处获取信息增量、获得决策支持、获得来自于投行圈子的投资等。也有许多研究者关注这种关系的负向影响，投行的某种不利状况，如遭受 SEC 的调查或破产时，都会给其顾客带来价值损失的溢出效应。然而，尽管有许多研究关注了投行—公司的关系带来的或好或坏的影响，却鲜有研究关注客户质量对投行其他客户的间接价值影响。此外，有许多研究表明，投行在选择承销客户的时候存在一些标准，如绩效、信誉、财务状况等，这是因为承销客户质量的好坏会对投行的声誉产生作用，从而影响投行价值，那么这种影响是否也会通过投行—公司关系向其他公司蔓延呢？这也为我们研究投行的单个客户质量对其他客户的价值影响提供了动机。

---

* 本研究得到教育部新世纪优秀人才支持计划项目（NECT-120432）、国家自然科学基金面上项目（71272228、71072103）和教育部哲学社会科学研究重大课题攻关项目（10JZD0019）的资助。

通讯作者：张肖星，E-mail：zhang_xiaoxing@163.com。

① Fernando, C. S. , May, A. D. , and Megginson, W. L. . The value of investment banking relationships：Evidence from the collapse of Lehman Brothers[J]. *The Journal of Finance*，2012，67(1)：235-270.

基于此，本文研究了投行—公司关系是否扮演了由客户质量引起的投行声誉损失溢出效应的渠道。万福生科(300268.SZ)的财务欺诈事件则为我们的研究提供了一个自然实验平台。

2012年9月18日，万福生科收到《中国证券监督管理委员会调查通知书》，因涉嫌违反证券法律法规被立案调查，10月25日晚紧急发布了关于重要信息披露的补充和2012年中报更正的公告。公告显示，公司在2012年半年报中虚增营业收入187590816.61元、虚增营业成本145558495.31元、虚增利润40231595.41元，未披露公司上半年停产事项。

作为万福生科IPO的保荐人和首席承销商，平安证券对万福生科的上市提供了持续的服务与督导。11月23日，深交所公告称，因2012年半年报存虚假记载和重大遗漏，对万福生科及公司全体董监高人员予以公开谴责，并对平安证券予以通报批评。

此公告一出，万福生科(300268.SZ)和中国平安(601318.SH)的股票市场都受到了一定程度的影响，二者的股价均从11月23日起持续呈下滑之势，至11月29日，万福生科从6.99元/股的收盘价跌至5.63元/股，中国平安则从37.12元/股跌至35.82/股。2013年7月的证监会券商分类评级结果中，平安证券的评级由A级急降至C级，是114家证券公司中的评级级别最低的两家券商之一。

基于此事件，本文用事件研究法检验了平安证券除万福生科外的股票承销客户及其他客户在2012年11月23日及其附近的股票市场反应。之所以选择2012年11月23日作为事件日，是因为深交所在这一天的公告首次将万福生科事件与平安证券联系在一起，向资本市场发出了它们之间投行—公司关系的提醒信号。本文的研究发现，万福生科造假事件给平安证券的股票承销客户带来了价值损失的溢出效应，同时，这种溢出效应的强弱与投行—公司的关系强弱、公司自身状况及公司所在行业市场竞争度有关。

2. 研究背景

2.1 投行—公司关系

2.1.1 股票承销关系

股票承销关系对于客户公司来说是十分重要的。过去的许多研究证实了长期的股票承销关系可以给投行以及公司都创造价值。James和Burch等发现，在IPO中对券商付出的成本可以创造一种"关系资本"，这种资本的价值主要体现为后期再融资的费用减少①。股票承销商在承销业务的发展中对客户的外部治理、投资、关系支持等行为都可以从提供决策信息、提高治理效应、减少资本成本等方面为客户公司创造价值②。此外，公司对券

---

① Burch, T. R., Nanda, V., and Warther, V.. Does it pay to be loyal? An empirical analysis of underwriting relationships and fees[J]. *Journal of Financial Economics*, 2005, 77(3): 673-699.

② Hansen, R. S., and Torregrosa, P.. Underwriter compensation and corporate monitoring [J]. *The Journal of Finance*, 1992, 47(4): 1537-1555.

商的转换成本也说明了稳定的投行—公司关系的重要性①②。

投行的个体情况好坏也会通过股票承销关系对其客户公司的价值产生影响。为了澄清这种影响，Beatty 等研究发现，SEC 对承销商的调查会间接影响该承销商的承销客户价值，尤其是 IPO 客户，公司价值与它的承销商是息息相关的，承销商的声誉损坏会加强信息不对称，增加市场对其客户公司现金流评价的不确定性，从而影响投资者决策。Kovner 研究了 2008 年在金融危机中 Bear Stearns、Lehman Brothers、Merrill Lynch 和 Wachovia 这几大投行的倒塌，发现这些事件发生后，其 IPO 客户的股价下跌了平均 5%，其平均异常收益率比其他新上市的公司低了约 1%，这意味着承销商对其承销的新上市客户的非凡意义。Fernando 等、Benveniste 等、Chakrabarty 等研究了 Lehman Brothers 的破产事件，发现该事件为其股票承销顾客带来了总计约 230 亿美元的损失，并对其他的金融业公司也有一些影响。这些研究说明，当投行处于某种不利情况时，其股票承销客户很可能会因为与投行的关系而遭受价值损失。

2.1.2 其他客户关系

相对股票承销关系而言，其他客户与投行间的关系则显得不是那么重要。

Burch 等的研究提出，公司从其债券承销商处几乎是没有获得任何价值的，相对于股票承销商所提供的较低的再融资成本，债券承销商往往对其客户收取更高的再融资费用，以确保债务安全，过高的融资成本很容易将关系资本抵消。然而，在 Fernando 等对雷曼破产事件的研究中，雷曼的债券承销客户也在事件期遭受到了一定的损失，但该损失相对于其股票承销客户来说要轻得多。此外，Yasuda 和 Bharath 等认为长期的借贷关系能同时为银行与公司都带来价值，但此结论是否能推广到债券承销关系还未可知。

在与投行—公司关系的研究中，Mikhail 等和 Ivković 等都提到，投行的分析业务能够为公司创造价值，但这种价值的来源究竟是投行—公司关系还是分析师—公司关系却难以确认。也有研究者研究了投行提供的投资咨询、资产管理、公司理财等业务为公司带来的价值，发现这些业务仅在公司 IPO 后短期内为公司创造价值。同时，这些业务的短期性与低转换成本让其难以产生关系资本，因而很难对公司发生价值影响。

就现在已有的研究来看，投行与公司除股票承销关系外的其他关系是否会给公司带来或好或坏的价值影响仍然处于未知状态。鉴于此，本文也对万福生科事件对平安证券的其他客户的股票市场反应进行了检验。

2.2 财务欺诈的经济后果

财务欺诈对公司价值存在显著的负向影响。Karpoff 等研究了 SEC 对虚假陈述的强制执行过程，发现在这期间，虚假陈述公司的价值显著降低，这种现象也被称为声誉损失。

---

① Burch, T. R., V. Nanda, and V. Warther. Does it pay to be loyal? An empirical analysis of underwriting relationships and fees[J]. *Journal of Financial Economics*, 2005, 77(3): 673-699.

② Ellis, K., Michaely, R., and Hara, M. O.. Competition in investment banking[J]. *Review of Development Finance*, 2011, 1(1): 28-46.

声誉损失可能来自于管理层的失察、公司在信誉的丧失与资本成本的提高①②③。

财务欺诈带来的声誉损失却远远不仅局限于欺诈公司，它还会依据欺诈公司所在的关系网络向外蔓延，即声誉损失的溢出效应。溢出效应是组织间关系网络研究的热点之一，在财务重述、公司治理失败、审计失败等有关的很多研究中都有涉及。Kang 等研究了董事连锁带来的溢出效应，发现财务重述带来的公司价值损失会通过某董事成员的兼任向外蔓延。Fich 等也发现，当某公司发生了财务欺诈，则与其共享董事的公司也会发生价值损失。然而，这些研究者们对董事连锁的研究可能并不足以说明所有关系网络的溢出效应。

信号理论和归因理论为关系网络溢出效应的产生提供了解释。在股票投资的背景下，公司的可见信号能够减少投资者在对公司价值评价中遇到的不确定性，投资者往往会主动寻求与目标公司有关的信号以支持投资决策，此时，目标公司存在关联的公司的财务欺诈事件便进入投资者眼中。同时，该财务欺诈事件曝光则会促使投资者对该事件进行归因，一旦发现欺诈公司与自己的投资目标公司有某种关联，便会对这种关联产生归因联想。

投行—公司关系，尤其是股票承销关系为投资者的归因提供了一条思路。在我国，《证券法》要求证券承销商承担保证责任。财务欺诈事件的曝出很可能会导致投资者对公司股票承销商的质疑，从而增强对该承销商的其他股票承销客户公司的信息不对称感知，影响投资决策，最终给这些公司带来溢出效应。

这种溢出效应的影响对于那些相对更加依赖外部资源的公司可能显得更为重要。首先，这些公司往往对其股票承销商投入更多的关系资本，从而可能遭受到更为严重的关系资本损失；其次，对关系资本的依赖也让它们转换券商的成本显得格外昂贵，继而不能及时从声誉受到损害的承销关系中抽身出来。因此，本文假设，在面对股票承销商其他客户的财务欺诈事件时，对外部资源依赖性更强公司遭受的溢出效应更为严重。

同时，溢出效应的强弱也与公司所在的产品市场环境密不可分。在一个竞争性强的市场环境中，投资者可以自由选择投资的对象，一旦识别出与处于坏消息中的投行存在股票承销关系的公司，便能轻松舍弃该公司，将投资目光转向行业内其他公司。但在一个竞争性弱的市场中，较少的公司数量则让投资者难以转换投资对象，较大的产品市场集中度也更能让投资者对此行业中的公司保持信心。因此，本文假设，在面对股票承销商其他客户的财务欺诈事件时，处于高产品市场竞争度行业的公司遭受的溢出效应更为严重。

---

① Jarrell, G. , and Peltzman, S. . The impact of product recalls on the wealth of sellers[J]. *The Journal of Political Economy*, 1985, 93(3): 512-536.

② Klein, B. , and Leffler, K. B. . The role of market forces in assuring contractual performance[J]. *The Journal of Political Economy*, 1981, 2: 615-641.

③ Karpoff, J. M. , and Lott Jr, J. R. . Reputational penalty firms bear from committing criminal fraud [J]. *The Journal of Law and Economics*, 1993, 36: 757.

3. 研究方法

3.1 样本选择和数据来源

本文的初始样本选自平安证券成立以来的所有上市公司投行客户，剔除了在事件窗口与估计窗口的股票处于非正常交易状态的公司、相关数据缺失公司与金融业公司（因为深交所对平安证券的通报批评可能会对其他金融业公司产生影响），最终得到 256 个有效样本。其中，股票承销客户（包括 IPO 承销客户与再融资客户）的甄别来自于国泰安信息技术公司开发的 CSMAR 数据库，共计 210 个；其他客户的甄别来自于平安证券官方网站，共计 58 个；12 个客户既属于股票承销客户，又属于其他客户。

鉴于深交所对平安证券的通报批评可能会引发市场对投行行业的整体质疑，万福生科事件的影响可能不仅局限于平安证券的股票承销客户。为了澄清万福生科事件的影响范围，本文采用以公司规模、年龄、成长性、行业、资产结构为依据的 PSM 配对法选取了与万福生科在投行、董事连锁、事务所、持股股东几个方面都没有任何关系的一组样本作为平安证券股票承销客户的对照组，对它们在事件期间股票市场的表现进行了检验。

3.2 研究方法

本文采用事件研究法检验万福生科事件的网络影响。对溢出效应的计量即市场模型计算得到的累计异常收益率（CAR）。市场模型在对关系网络溢出效应的检验中曾被广泛应用，其核心便是异常收益率的计算：

$$AR_{it} = R_{it} - E(R_{it}) \tag{1}$$

在模型（1）中，AR_{it} 即公司 i 在第 t 天的股票市场异常收益率，由公司 i 在第 t 天的股票市场实际收益率（R_{it}）与正常收益率（$E(R_{it})$）之差求得。$E(R_{it})$ 即假设事件没有发生时估计得到的收益率。对 $E(R_{it})$ 的估计需要一个远离事件窗口的估计窗口，本文将 2012 年 11 月 23 日设定为事件日（Day 0），将估计窗口设为事件窗口前的 150 到 90 个交易日（-150，-90），$E(R_{it})$ 由以下模型得到：

$$E(R_{it}) = \alpha_i + \beta_i R_{mt} + \varepsilon_{it} \tag{2}$$

在模型（2）中，α_i 是常数项，β_i 代表公司 i 的系统风险，R_{mt} 则指第 t 天的市场回报率，本文采用 A 股市场的综合回报率作为替代，ε_{it} 是残差项。

在计算出 AR_{it} 后，根据模型（3）得出事件窗口的公司 i 的累计异常收益率 $CAR_{i(t_1, t_2)}$。

$$CAR_{i(t_1, t_2)} = \sum_{t=t_1}^{t_2} AR_{it} \tag{3}$$

鉴于事件研究法的假设之一是有效市场，市场信息发出后，能够很快在股价中得到反映，因此，本文选择了较短期的(0，1)作为事件窗口。样本公司在(0，1)窗口内的 CAR 反映了其所受到万福生科事件溢出效应的影响。

为了澄清投行—公司关系、公司个体状况与公司所在市场竞争性强弱对万福生科事件溢出效应强弱的影响，本文采用多元线性回归对平安证券的股票承销客户进行了进一步的探索，回归模型如下：

$$CAR_i = \beta_0 + \beta_1 IPO + \beta_2 LEAD + \beta_3 Z\_score + \beta_4 HHI + \gamma_j Controls + \varepsilon \qquad (4)$$

在模型(4)中，CAR_i的定义与模型(3)相同。IPO 是虚拟变量，当该公司的 IPO 承销商是平安证券时取值为 1，否则取值为 0；LEAD 也是虚拟变量，当平安证券至少有一次担任该公司的主承销商时取值为 1，否则取值为 0。IPO 和 LEAD 是表示投行—公司关系强弱的变量，以往研究中，投行—公司关系的价值来源主要来自于 IPO 承销关系中发生的关系资本，因此，本文认为 IPO 承销中产生的关系比增发配股中产生的关系更为密切。Z_score 来自于 Altman 的修正 Z 模型，该模型用来判别公司的财务状况，Z_score越小，公司的财务状况越差，对外部资源的依赖性越强。HHI 则用来计量公司所在行业的产品市场竞争性，由行业内各公司市场占有率的平方和计算得出，HHI 越大，产品市场竞争度越小。Controls 则指可能对 CAR_i有影响的控制变量。具体而言，包括公司规模（SIZE），取上年末市值的自然对数，投资者可能不容易对规模较大的公司失去信心；公司年龄（AGE），取企业成立年数的自然对数，公司成立的时间越长，市场占有率可能越稳定，投资者可能相对更为乐观；成长性（GROWTH），用账面市值比计量，成长性对投资者的影响尚不确定，一方面，高成长意味着更多的机会；另一方面，也为投资者带来了更大的风险；上一年度的每股收益（EPS）用来计量公司的绩效；机构投资者持股比例（Inst_share），机构投资者一般更为理性，持股比例高的机构投资者也往往会对公司进行外部治理，从而更了解公司的实际情况，面临更少的不确定性；所在地区市场化程度（M_degree），用 2009 年的樊纲市场化指数计量，市场化程度越高的地区，信息不对称相对越弱。ε 表示回归残差。

各变量定义如表 1 所示。此外，为了避免极端值的影响，本文在回归中对所有连续变量的观测值上下两端各 1% 进行了极值的处理（Winsorize）。

表1 **变 量 定 义**

变量	变量名称	定 义
AR	异常收益率	公司在事件期间的日异常收益率
CAR	累计异常收益率	公司在事件窗口的累计异常收益率
IPO	首发承销	该公司的 IPO 承销商是平安证券时取值为 1，否则取值为 0
LEAD	主承销	虚拟变量，平安证券至少有一次担任该公司的主承销商时取 1，否则取 0
Z_score	资源依赖性	Allman（2000）的修正 Z 模型计算得出
HHI	产品市场集中度	行业内各公司市场占有率的平方和
SIZE	规模	公司规模，上期期末市场价值以 10 为底的对数
AGE	公司年限	公司成立年限对数
GROWTH	成长性	期末总资产/市场价值
EPS	公司绩效	上年度每股收益
Inst_share	机构持股比例	机构投资者持股数/总股数
M_degree	所在地区市场化程度	2009 年樊纲市场化指数

4. 研究结果

4.1 万福生科事件对平安证券客户的影响

4.1.1 股票承销客户

图 1 展示了在万福生科事件前后 21 天内平安证券的股票承销客户的平均日异常收益率状况,在 2012 年 11 月 23 日(day0)之前,平安证券股票承销客户的异常收益率较为平稳的在 0 附近波动,而在 11 月 23 日当天却遭受了平均为-0.410%的显著的异常收益率,并在之后持续下降,到 11 月 27 日(day2)跌至最低点-1.962%后才有所回转。

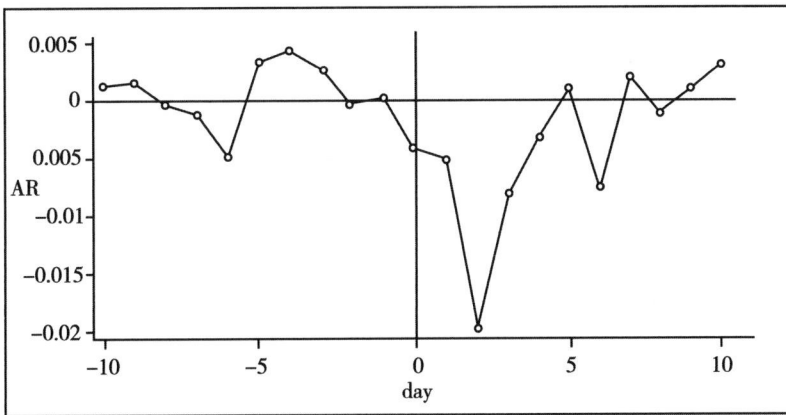

图 1   万福生科事件期间平安证券股票承销客户 AR 走势图

表 2 则展示了在不同的事件窗口下平安证券的股票承销客户与对照组的平均累计异常收益率情况。可以看出,在各事件窗口下,平安证券的股票承销客户都遭受了显著为负的

表 2   不同事件窗口下万福生科事件对平安证券的股票承销客户及其对照组影响

事件窗口	平安证券股票承销客户($N=210$)		对照组($N=210$)		均值差	
	(1)CAR	T 值	(2)CAR	T 值	(1)-(2)	T 值
$(-5, 5)$	-2.904% ***	-5.516	-1.854% ***	-5.443	-1.050% *	-1.674
$(0, 0)$	-0.410% ***	-3.858	0.055%	0.673	-0.465% ***	-3.469
$(-1, 0)$	-0.382% ***	-2.699	0.108%	0.889	-0.490% ***	-2.629
$(0, 1)$	-0.925% ***	-5.374	-0.096%	-0.680	-0.829% ***	-3.715
$(-2, 2)$	-2.901% ***	-8.854	-1.497% ***	-7.110	-1.404% ***	-3.606
$(-3, 3)$	-3.464% ***	-8.799	-2.410% ***	-8.761	-1.054% **	-2.195

注:*、**、***分别表示在 0.10、0.05、0.01 以下水平统计显著。

7

异常收益率，而在(-2，2)、(-3，3)、(-5，5)这三个跨度相对较大的事件窗口中，对照组也遭受了显著为负的异常收益率，说明深交所针对万福生科事件所作出的谴责与批评的溢出效应可能并不仅局限于平安证券的股票承销客户。同时，在所有窗口下，平安证券的股票承销客户的异常收益率都显著小于对照组，遭受了比对照组更为严重的损失。

由此可以得出，深交所对万福生科的公开谴责及对平安证券的通报批评对平安证券除万福生科外的其他股票承销客户带来了负面的价值影响，财务欺诈带来的声誉损失会通过投行—公司的股票承销关系向外溢出。

4.1.2 其他客户

表3展示了在不同的事件窗口下平安证券股票承销客户外的其他客户平均累计异常收益率情况。可以看出，除了(-3，3)窗口外，其他事件窗口下其他客户的平均累计异常收益率和0相比均没有显著差异，也就是说，除股票承销关系外的其他投行—公司关系并没有充当财务欺诈溢出效应的渠道。

表3　　　　　　　　**不同事件窗口下万福生科事件对平安证券其他客户的影响**

事件窗口	平安证券其他客户（$N=46$）	
	平均日非正常收益率	T值
(-5，5)	-1.550%	-1.483
(0，0)	-0.192%	-1.491
(-1，0)	-0.308%	-1.619
(0，1)	0.135%	0.730
(-2，2)	-1.477%	-2.599
(-3，3)	-2.525% ***	-3.378

注：*、＊＊、＊＊＊分别表示在0.10、0.05、0.01以下水平统计显著。

4.2　对万福生科财务欺诈事件溢出效应的进一步分析

表4提供了模型(4)的逐步回归结果。列(1)是仅包括因变量和自变量的模型。列(2)是在列(1)的基础上加入了投行—公司关系强弱变量(即IPO与LEAD)，相对列(1)来说，模型的拟合度明显提高(Adjusted R^2由0.0919升至0.1526)，整体的显著性也由不显著变为显著(p值从0.317到0.025)，说明投行—公司关系能够从很大程度上解释财务欺诈的溢出效应。列(3)是在列(2)的基础上加入了公司资源依赖性变量(即Z-score)，加入此变量后，模型的拟合度进一步明显提高(Adjusted R^2由0.1526升至0.1757)，整体的显著性也进一步增强(p值从0.025到0.008)，说明公司资源依赖性也能从很大程度上解释该溢出效应。列(4)则是在列(3)的基础上加入了公司所处市场的产品市场竞争性变量(即HHI)，加入此变量后，模型的拟合度再一次明显提高(Adjusted R^2由0.1757升至0.1912)，整体的显著性也在此增强(p值从0.008到0.004)，进一步增强了模型对溢出效应的解释力度。

列(4)中，IPO 与 LEAD 的系数均显著为负(p 值均在 0.1 水平以下)，即与平安证券关系越密切的公司在(0，1)窗口内遭受的累计异常收益率越小，价值损失越大，溢出效应越强；Z-score 的系数显著为正，则说明资源依赖性越强的公司在(0，1)窗口内遭受的累计异常收益率越大，价值损失越小，溢出效应越弱；HHI 的系数显著为正，说明所在产品市场竞争性越强的公司在(0，1)窗口内遭受的累计异常收益率越小，价值损失越小，溢出效应越弱。此外，列(4)中各控制变量均不显著，说明溢出效应的强弱主要是由投行—公司关系、公司资源依赖性和公司所在产品市场竞争性决定的。

表4 万福生科财务欺诈事件溢出效应的进一步分析

	(1)	(2)	(3)	(4)
IPO		-0.010^{**}	-0.008^{**}	-0.008^{**}
		(0.017)	(0.038)	(0.040)
LEAD		-0.006^{**}	-0.008^{**}	-0.008^{**}
		(0.048)	(0.018)	(0.016)
Z-score			0.001^{**}	0.001^{**}
			(0.023)	(0.028)
HHI				0.111^{***}
				(0.002)
GROWTH	0.008	0.007	0.007	0.008
	(0.340)	(0.422)	(0.403)	(0.366)
SIZE	-0.001	-0.002	-0.001	-0.001
	(0.849)	(0.156)	(0.364)	(0.370)
AGE	0.004	-0.001	-0.001	0.001
	(0.229)	(0.850)	(0.947)	(0.914)
M_degree	0.001	0.001	0.001	0.001
	(0.564)	(0.525)	(0.550)	(0.670)
EPS	-0.001	0.001	0.001	0.001
	(0.841)	(0.719)	(0.932)	(0.944)
Inst_share	0.006	0.004	0.006	0.006
	(0.418)	(0.628)	(0.453)	(0.402)
Intercept	-0.025	0.044	0.016	0.008
	(0.438)	(0.244)	(0.652)	(0.829)
行业	控制	控制	控制	控制
N	210	210	210	210
F 值	1.14	1.80^{**}	2.01^{***}	2.12^{***}
	(0.317)	(0.025)	(0.008)	(0.004)
Adjusted R^2	0.0919	0.1526	0.1757	0.1912

注:括号内为 p 值，*、**、***分别表示在 0.10、0.05、0.01 以下水平统计显著。

5. 研究结论

　　本文以万福生科财务欺诈事件及其与平安证券的关系为背景研究了财务欺诈通过投行—公司关系传播的溢出效应。研究发现,投行的某股票承销客户的财务欺诈事件会对其其他股票承销客户带来显著的负面价值影响,即溢出效应,但这种效应仅局限于股票承销客户;此外,这种溢出效应的强弱取决于投行—公司关系的强弱、公司自身的资源依赖性和公司所在产品市场的竞争程度。本文澄清了投行—公司关系在财务欺诈条件下对公司价值的影响,也扩充了以往研究中对财务欺诈经济后果溢出效应的传播途径的理解,为社会网络、公司价值等相关领域的研究提供了新的证据。

　　尽管如此,本文仍留下了许多需要进一步研究的问题:(1)本文仅研究了投行—公司关系,但组织间还有很多其他关系,如事务所—公司关系、共同股东关系等,这些关系是否也会扮演溢出效应的渠道? (2)本文采取溢出效应计量方法是市场模型下的累计异常收益,是否还有其他模型能更全面准确地反映溢出效应? (3)本文仅从投行—公司关系的强弱、公司自身的资源依赖性和公司所在产品市场的竞争程度三个方面探讨了溢出效应强弱,是否有其他影响溢出效应的因素? 这些都需要我们进一步研究。

◎ 参考文献

[1] Akhigbe, A. , and Madura , J. . Industry signals relayed by corporate earnings restatements [J]. *Financial Review* ,2008 ,43(4).

[2] Altman, E. I. . Financial ratios, discriminant analysis and the prediction of corporate bankruptcy[J]. *The Journal of Finance* ,1968 ,23(4).

[3] Beatty, R. P. , H. Bunsis, and J. R. Hand. The indirect economic penalties in SEC investigations of underwriters[J]. *Journal of Financial Economics* ,1998 ,50(2).

[4] Benveniste, L. M. , and Wilhelm, W. J. . A comparative analysis of IPO proceeds under alternative regulatory environments[J]. *Journal of Financial Economics* ,1990 ,28(1).

[5] Bharath,S. ,et al. . So what do I get? The bank's view of lending relationships[J]. *Journal of Financial Economics* ,2007 ,85(2).

[6] Chakrabarty,B. , and Zhang, G. . Credit contagion channels: Market microstructure evidence from Lehman Brothers bankruptcy[J]. *Financial Management* ,2012 ,41(2).

[7] Cornelli, F. , and Goldreich, D. . Bookbuilding and strategic allocation [J]. *The Journal of Finance* ,2001 ,56(6).

[8] Corwin, S. A. , Harris, J. H. , and Lipson, M. L. . The development of secondary market liquidity for NYSE-listed IPOs[J]. *The Journal of Finance* ,2004 ,59(5).

[9] Drucker, S. , and Puri, M. . On the benefits of concurrent lending and underwriting[J]. *The Journal of Finance* ,2005 ,60(6).

[10] Ellis, K. , Michaely, R. , and O'Hara, M. . When the underwriter is the market maker: An

examination of trading in the IPO aftermarket[J]. *The Journal of Finance*,2000,55(3).

[11] Fernando, C. S. , May , A. D. , and Megginson, W. L. . The value of investment banking relationships:Evidence from the collapse of Lehman Brothers[J]. *The Journal of Finance*, 2012,67(1).

[12] Fernando, C. S. , Gatchev, V. A. , and Spindt, P. A. . Wanna dance? How firms and underwriters choose each other[J]. *The Journal of Finance*,2005,60(5).

[13] Fich,E. M. ,and Shivdasani,A. . Financial fraud,director reputation,and shareholder wealth [J]. *Journal of Financial Economics*,2007,86(2).

[14] Francis, J. R. , and Michas , P. N. . The contagion effect of low-quality audits [J]. *The Accounting Review*,2012,88(2).

[15] Gleason, C. A. , Jenkins, N. T. , and Johnson, W. B. . The contagion effects of accounting restatements[J]. *The Accounting Review*,2008,83(1).

[16] James, C. , Relationship-specific assets and the pricing of underwriter services [J]. *The Journal of Finance*,1992,47(5).

[17] Kovner,A. . Do underwriters matter? The impact of the near failure of an equity underwriter [J]. *Journal of Financial Intermediation*,2012,21(3).

[18] Krigman, L. , Shaw, W. H. , and Womack, K. L. . Why do firms switch underwriters? [J]. *Journal of Financial Economics*,2001,60(2).

[19] Ivković, Z. , and Jegadeesh, N. . The timing and value of forecast and recommendation revisions[J]. *Journal of Financial Economics*,2004,73(3).

[20] Jarrell,G. ,and Peltzman,S. . The impact of product recalls on the wealth of sellers[J]. *The Journal of Political Economy*,1985,93(3).

[21] Kang, E. . Director interlock and spillover effects of reputational penalties from financial reporting fraud[J]. *Academy of Management Journal*,2008,51(3).

[22] Karpoff, J. M. , Lee , D. S. , and Martin, G. S. . The cost to firms of cooking the books [J]. *Journal of Financial and Quantitative Analysis*,2008,43(3).

[23] Kedia, S. , Koh, K. , and Rajgopal, S. . Evidence on contagion in corporate misconduct [C]. AFA 2011 Denver Meetings Paper,2010.

[24] Ljungqvist, A. P. , Jenkinson, T. , and Wilhelm , W. J. Jr. . Global integration in primary equity markets:The role of US banks and US investors[J]. *Review of Financial Studies*, 2003,16(1).

[25] McWilliams, A. , and Siegel, D. . Event studies in management research:Theoretical and empirical issues[J]. *Academy of Management Journal*,1997,40(3).

[26] Mikhail, M. B. , Walther , B. R. , and Willis, R. H. . Do security analysts exhibit persistent differences in stock picking ability? [J]. *Journal of Financial Economics*,2004,74(1).

[27] Ritter, J. R. , and Welch , I. . A review of IPO activity, pricing, and allocations [J]. *The Journal of Finance*,2002,57(4).

[28] Schenone, C. . The effect of banking relationships on the firm's IPO underpricing[J]. *The*

Journal of Finance, 2004, 59(6).

[29] Yasuda, A.. Do bank relationships affect the firm's underwriter choice in the corporate-bond underwriting market? [J]. *The Journal of Finance*, 2005, 60(3).

Investment Bank, Financial Fraud and Spillover Effects

—Evidence from Wanfu Biotechnology and Ping'an Security

Li Qingyuan   Zhang Xiaoxing

(1,2   Economics and Management School of Wuhan University, Wuhan, 430072)

Abstract: The financial fraud of Wan Fu Biotechnology has caused quite a stir in Chinese capital market. This paper researches the reaction of Ping An Security's customers' investors in the background. We find that the economic consequences of financial fraud spread out through investment banks– company relationship. The specific performance named spillover effect , which refers to the investment bank's other equity underwriting customers' significant value loss. And the spillover effect only happens to equity underwriting customers. In addition, the spillover effect depends on the strength of the relationship between investment banks and company, the company's own resources dependence and product market competition.

Key words: Investment banks-company relationship; Financial fraud; Spillover effect

专业主编:李青原

股权集中度、制度背景与民营企业风险承受[*]

● 潘红波[1]　易梅芳[2]　刘慧玲[3]

（1，2，3　武汉大学经济与管理学院　武汉　430072）

【摘　要】本文以 2003—2011 年的民营上市公司为样本，检验股权集中度对公司风险承受的影响。研究结果发现，股权集中度会显著降低公司的风险承受水平，在大股东财富水平较低或者公司所在地银行市场化水平较低时，股权集中度的这种风险规避效应更为强烈。这些研究结果表明，股权集中度会增加大股东财富的风险暴露水平，最终导致公司较低的风险承受水平。本文从企业风险承受的视角拓展了股权集中度的相关研究，股权集中度除了产生正面的大股东激励效应外，还会产生负面的大股东风险规避效应，这为客观评价股权集中度现象和监管部门规范股权集中度行为提供参考。

【关键词】股权集中度　风险承受　制度背景

1. 引言

自 La Porta 的开创性工作以来，中国上市公司股权集中度（大股东现金流权）与公司绩效的关系成为学者们关注的热点问题（La Porta et al. ，1998）。但是，学者们对于二者的相关关系没有达成一致的研究结论：一些学者发现二者有显著的正相关关系（徐莉萍等，2006），一些发现二者负相关或者不相关（谷祺等，2006），而更多的则发现二者呈非线性的 U 形或者倒 U 形关系（曹延求等，2007）。他们主要从激励假说和壕沟假说对这些发现进行解释：激励假说认为，大股东现金流权比例越高，其监督和激励内部高管工作的积极性越大，企业的绩效越好；壕沟假说则认为，大股东现金流权比例越高，其越有能力获取控制权私有收益，从而导致企业的低绩效。但是，通过控制大股东壕沟效应（大股东两权分离）后，一些研究对于大股东的现金流权与公司绩效仍然没有达成一致的正向关系的研究结论（谷祺等，2006；曹裕等，2010）。这意味着，激励假说和壕沟假说不能很好地解释大股东现金流权和公司绩效的关系。

本文分析股权集中度和企业风险承受的相关关系，结合激励假说，以为大股东现金流

＊　本研究得到国家自然科学基金项目（项目批准号:71172205、71272229、71372126）的资助。

通讯作者：潘红波，E-mail：phb@ whu. edu. cn。

权和公司绩效的相关关系提供合乎逻辑的解释。La Porta 等（1998）的研究表明，在投资者法律保护等制度落后的情况下，为了减轻管理者的代理问题，需要一个股权集中度较高的大股东来监督管理者，投资者法律保护水平与公司股权集中度负相关。然而，较高的股权集中度会让大股东的财富过分暴露在某个或某些公司，不能达到马克维茨投资组合理论所倡导的分散化投资的效果，从而产生了非分散化投资的大股东。非分散化投资的大股东的一个负面经济后果是，风险厌恶的大股东会选择较为保守的投资融资策略，进而降低公司的风险承受水平，最终可能阻碍一国经济的持续快速增长（Shleifer and Vishny，1986；Faccio et al.，2011）。根据风险分散化假说，在其他条件一定时，大股东的现金流权比例越高，其财富的风险暴露水平越高，大股东的风险回避态度越强烈，由此导致公司较低的风险承受水平。因此，在控制大股东壕沟效应（大股东两权偏离）后，股权集中度的增加一方面会导致激励效应的增加，从而有利于企业绩效，另一方面会导致风险规避效应的增加，从而不利于企业绩效，最终导致股权集中度和企业绩效不是简单的正向关系。

为此，我们要回答以下几个问题：第一，股权集中度是否会降低民营企业的风险承受水平？① 第二，如果这种效应存在，那么在不同的大股东财富水平和银行市场环境下，股权集中的风险规避效应是否存在显著差异？我们以中国 2003—2011 年的民营上市公司为样本，对上述两个问题进行了实证检验。结果发现：在其他条件一定时，大股东的现金流权比例越高，企业的风险承受水平越低；在大股东财富水平较低或者公司所在地银行市场化水平较低时，股权集中的风险规避效应更加明显。这表明，在中国，股权集中度确实会提高大股东财富的风险暴露水平，进而降低企业的风险承受水平。

本文的研究在以下几个方面深化和拓展了相关研究：

第一，深化和拓展了股权集中度经济后果的相关研究。自 La Porta 的开创性工作以来，已有的研究主要基于激励效应和壕沟效应来研究股权集中度。只有少数学者分析股权集中度对企业风险承受的影响，这些为数不多的研究都是以发达的市场经济国家作为研究对象，而且没有得出一致的研究结论（Anderson and Reeb，2003；John et al.，2008；Kim and Lu，2011）。更为重要的是，在这些发达的市场经济国家，在控制大股东壕沟效应（大股东两权分离）后，大股东的现金流权对企业绩效一般有显著的正的影响（Claessens et al.，2002；Villalonga and Amit，2006）。这意味着，在这些发达的市场经济国家，股权集中度的激励效应能够在很大程度上解释股权集中度的经济后果，股权集中度的风险规避效应相对较弱。但是，中国民营上市公司的股权集中度远远高于发达的市场经济国家，股权集中度的激励效应并不能很好地解释股权集中度的经济后果。本文研究发现，股权集中度会显著降低民营企业的风险承受水平。这意味着，我国民营上市公司股权集中度除了已有文献发现的产生正面的大股东激励效应外，还能产生负面的大股东风险规避效应，从而有助于客观评价股权集中度现象及其经济后果。

第二，深化和拓展了企业风险承受的相关研究。企业风险承受是长期经济增长的源泉（Baumol et al.，2007）。一些金融经济学者开始研究外部法制环境、管理者自利动机、股

---

① 本文之所以将研究的样本锁定在民营企业，原因在于，国有企业的终极控制人是各级国资委或政府机构，这些国资委或政府机构财务实力雄厚，而且其投资充分分散在各个不同的国有企业。

权结构对企业风险承受的影响(John et al. , 2008；Djankov et al. , 2010；Faccio et al. , 2011)。但是，针对我国企业风险承受的文献较少，而且主要集中在高管治理结构对企业风险承受的影响(郑志刚等，2013)。本文则基于股权集中度这一民营企业最基本的公司治理特征，分析其对企业风险承受的影响。更为重要的是，本文还进一步分析了在不同的大股东财富状况和银行市场化条件下，股权集中度的风险规避效应的差异。

2. 理论分析与研究假设

2.1 股权集中度与民营企业风险承受

大股东股权集中度如何影响民营企业风险承受？

监督假说认为，在投资者法律保护等制度落后的情况下，股权集中的大股东有动机和能力监督管理者，解决了中小股东搭便车从而无法有效监督管理者的问题，有利于减轻管理者代理问题(La Porta et al. , 1998)，最终可以缓解管理者代理问题对企业风险承受的影响。在Jensen 和 Mecking(1976)提出的管理者代理理论的基础上，Shleifer 和 Vishny (1986)的理论分析了管理者代理问题对企业风险承受的影响，由于管理者代理问题，管理者偏好于较为稳健的投资融资决策，避免公司承担异质风险(idiosyncratic risk)以增加管理者私有收益，因此，管理者代理问题越严重，公司的风险承受水平越低。大量学者为该观点提供了实证支持(Coles et al. , 2006；John et al. , 2008)。Coles 等(2006)研究发现，CEO 薪酬激励与公司业绩敏感性越高，管理层越有动机选择积极的投资政策，例如在研究与开发上投资较多，同时采取更加积极的融资政策，例如使用更多的债务融资。John 等(2008)研究发现，公司内部控制人或管理者的代理问题越严重，他们在公司投资中越不愿意承担风险，投资者法律保护水平在一定程度上可以遏制他们的私人利益，从而提高公司的风险承受能力。郑志刚等(2013)研究表明，公司治理的完善除了实现降低代理成本这一公司治理设定的基本目标外，还将通过鼓励经理人承担更多风险来提升公司业绩。因此，根据监督假说，公司股权集中度越高，管理者代理问题引起的保守投资行为越少，企业的风险承受水平越高(后面简称股权集中的监督假说)。

风险分散化假说认为，股权集中可能让大股东的财富过分暴露在某个或某些公司，风险厌恶的大股东会选择较为保守的投资融资策略，进而降低企业的风险承受水平。La Porta 等(1998)开创性地指出，在投资者法律保护等制度落后的情况下，股权集中可以作为投资者法律保护不足的非正式的替代性机制以减轻管理者代理问题，投资者法律保护水平与公司股权集中度负相关。① 然而，股权集中会让大股东的核心财富过分集中在某个或

---

① 大量文献为该观点提供了实证证据：Berle-Means 式的股权分散化的公司只存在于投资者法律保护好的富裕国家的大公司，对于英美国之外的其他国家，尤其是投资者法律保护差的国家，公司通常存在控股股东(La Porta et al. , 1998；Khanna and Yafeh，2007)。许年行和吴世农(2006)通过 1992 年 5 月以来国家颁布的关于中小投资者利益保护的法律法规构建了投资者法律保护水平指标，以 1990—2003 年深沪两市的 A 股股票为样本，在一定程度上支持了"投资者法律保护水平与公司股权集中度负相关的观点"。

某些公司，不能达到马克维茨投资组合理论所倡导的分散化投资的效果，从而产生了非分散化投资的大股东(La Porta et al.，1998)。非分散化投资的大股东的一个负面经济后果是，风险厌恶的大股东会选择较为保守的投资融资策略，进而降低公司的风险承受水平，最终可能阻碍一国经济的持续快速增长(Shleifer and Vishny，1986；Faccio et al.，2011；Kim and Lu，2011)。Faccio 等(2011)的跨国研究表明，大股东投资的分散化程度越高，其财富的风险暴露水平越低，由此导致公司较高的风险承受水平。Kim 和 Lu(2011)研究发现，在外部治理环境较差的情况下，当企业 CEO 的持股比例过高(例如超过22%或27%)导致其财富过分集中在公司时，CEO(此时兼任公司大股东)会选择较为保守的投资活动，从而降低企业的风险承受水平。因此，根据风险分散化假说，股权集中会降低民营企业的风险承受水平(后面简称股权集中的风险规避假说)。

由此可见，在投资者法律保护等制度落后的情况下，股权集中既可能产生大股东监督效应，进而提高企业风险承受水平，也可能产生大股东非分散化投资效应，从而降低企业风险承受水平。股权集中的监督假说的前提条件是：一方面，大股东或其家族成员不兼任公司管理者，公司存在管理者和股东的代理问题，由此需要外部大股东来监督管理者以减少管理者代理问题，进而提高企业风险承受水平。另一方面，公司股权较为分散，随着股权集中度的提高，大股东对管理者的监督作用逐渐增强，以逐步减少管理者代理问题，提高企业风险承受水平。而股权集中的风险规避假说一般不受这些条件的限制，正如 La Porta 等(1998)所指出的股权集中的一大负面经济后果是，股权集中会提高大股东的风险暴露水平，进而降低企业风险承受水平。在我国新兴市场条件下，民营企业的管理者通常是由大股东或其家族成员兼任(韩朝华等，2005；许静静和吕长江，2011)。韩朝华等(2005)研究发现，在家族企业中，绝大多数高管来自于家族成员，来自外聘职业经理人的比例不到 1/4。许静静和吕长江(2011)以 2004—2007 年最终控制人没有发生变化的家族企业为样本，结果发现，75%的家族企业是由家族成员担任高管(并且管理者多数是创始人自己)，其中 79.73%担任的职位是董事长。同时，我国民营企业的股权高度集中(夏立军和方轶强，2005；许年行和吴世农，2006)，进一步提高股权集中度对于增强大股东监督效应的作用甚微。这意味着，在我国经济转型条件下，民营企业股权集中的监督假说较弱，民营企业股权集中主要体现的是大股东非分散化投资效应，进而导致公司较低的风险承受水平。

基于以上分析，我们提出以下假设：

假设 1：民营企业的风险承受水平与大股东现金流权负相关。

2.2 股权集中度、制度背景与民营企业风险承受

这里，我们进一步分析在大股东不同财富水平和不同银行市场化水平条件下，股权集中的风险规避效应是否存在显著差异。

胡润富豪排行榜、中国家族财富榜以及福布斯富豪排行榜等机构的数据显示，在我国，民营企业实际控制人的财富存在较大的差异。例如，胡润富豪排行榜 2012 年数据显示，在上榜的民营企业家中，财富最多的宗庆后家族和财富最少的周晓萍家族的财富分别为 800 亿元和 18 亿元，相差 40 多倍。民营企业家的财富水平会降低股权集中的风险规避

效应，原因主要体现在以下两个方面：一方面，民营企业家的财富越多，其控制的公司可能越多，其财富的风险暴露水平对股权集中度的敏感度会降低；另一方面，民营企业家的财富越多，其风险偏好越强烈（Bodnaruk et al.，2008）。Bodnaruk 等（2008）研究表明，大股东的财富水平越高，其风险承受能力越强。因此，股权集中的风险规避效应在民营企业家财富水平较低时更加强烈。

在我国经济转型条件下，金融体系主要由国有银行占据主导地位，随着银行业的不断改革，国有银行开始应用经济原则进行信贷决策，但政府作为国有银行的最终所有者，仍然主导着银行信贷资源的配置，导致银行信贷资源的配置在一定程度上偏离经济和效率最大化目标，银行信贷资源更多地配置给国有企业，而对民营企业存在信贷歧视（Allen et al.，2005；余明桂和潘红波，2008）。而且，我国各区域银行市场化水平存在较大的差异，由此导致各区域民营企业受到的银行信贷歧视存在较大的差异（余明桂和潘红波，2008；樊纲等，2011）。在民营企业信贷歧视更严重的地区，较高的风险承受导致民营企业陷入财务困境时，该民营企业获取银行信贷资金以帮助企业渡过难关的难度更大、成本更高，风险厌恶的大股东会预期到这种效应，进而会进一步降低企业的风险承受水平。因此，民营企业所在地的银行市场化水平越低，股权集中的风险规避效应越明显。

基于以上分析，我们提出以下假设：

假设 2：民营企业风险承受水平与大股东现金流权的负相关关系在大股东财富水平较低时更加明显。

假设 3：民营企业风险承受水平与大股东现金流权的负相关关系在银行市场化水平较低时更加明显。

3. 数据和方法

3.1 样本

本文的样本包括 2003—2011 年上市且发行了 A 股的非金融类民营上市公司。① 在此基础上，我们排除了财务信息无法得知的公司以及终极大股东现金流权没有披露的公司。本文所使用的数据包括大股东现金流权数据、大股东财富程度数据、银行市场化水平数据和企业特征数据。其中，企业特征数据和大股东现金流权数据来源于国泰安信息技术有限公司的 CSMAR 数据库；大股东财富程度数据来自于胡润富豪排行榜和福布斯富豪排行榜；各地区的银行市场化水平数据主要来自于樊纲等（2011）编制的中国各地区市场化指数体系。

目前的研究对于如何定义企业风险承受还没有一致的标准，不同的研究根据其研究目的采用不同的定义方法。与已有大部分主流文献一致（John et al.，2008；Faccio et al.，2011），我们首先采用资产报酬率的标准差来度量企业风险承受水平。资产报酬率的标准

---

① 样本之所以选择从 2003 年开始，是因为变量定义中需要的终极大股东现金流权数据直到 2003 年才开始在年报中进行详细披露。

差的计算过程如下：首先计算每家公司每年的资产报酬率 EI（息税前利润/资产总额），然后计算每家公司资产报酬率的标准差 Risk1。Risk1 取值越大，表明公司承受风险越多。参考 John 等（2008）和 Faccio 等（2011）的研究，本文以 5 年为区间来计算资产报酬率的标准差，计量区间分别为 2003—2007 年、2004—2008 年、2005—2009 年、2006—2010 年、2007—2011 年。

$$\text{Risk1} = \sqrt{\frac{1}{T-1}\sum_{t=1}^{T}\left(\text{EI}_{i,t} - \frac{1}{T}\sum_{t=1}^{T}\text{EI}_{i,t}\right)^2}\;\bigg|\;T=5$$

其中：$\text{EI}_{i,t} = \dfrac{\text{EBIT}_{i,t}}{A_{i,t}}$，$A_{i,t}$ 表示公司 i 在 t 期的总资产；$\text{EBIT}_{i,t}$ 表示公司 i 在 t 期的息税前利润。

其次，本文采用固定资产比例来度量企业风险承受。公司资产专用性程度集中反映了公司风险承受水平（Williamson，1985；德姆塞茨，1999）。资产组合的结构是投资者在风险承受与预期报酬之间权衡的结果，反映了投资者的风险回避态度。企业风险投资具有不可逆转性（irreversible）、专属于某一特定的交易和预期等待的价值能力等特征，资产专用性集中体现了风险投资的特征，反映了公司对未来收益的预期。企业决策者一般根据企业预期收益的相关信息来设置资产专用性水平，预期收益的不确定性程度越高，企业对专用性资产的投资就越谨慎，资产专用性程度就越低；反之，企业预期收益的不确定性程度越低，企业越有信心扩大专用性资产投资，资产专用性程度就越高。Williamson（1985）将资产专用性总结为四种基本形式，即场地的专用性、实物资产的专用性、人力资产的专用性和各种特定用途的资产。除专用性人力资产以外，其他三种形式的资产都表现为公司固定资产或长期资产，其中，固定资产是公司资产专用性的主要形式。借鉴德姆塞茨（1999）的研究方法，本文以公司固定资产在总资产中所占比例（Risk2）作为计量资产专用性的主要指标，公司固定资产比例越高，表明公司专用性投资越多，公司高风险资产的比例越大。

由于 Risk1 和 Risk2 计算方法的差异，本文对样本数据的进一步处理对应分两组进行。对于第一组数据，由于 Risk1 的计算需要用到连续 5 年的观测值，因此，剔除了计算区间内无 5 个连续观测值的数据，由此得到本文的第一个研究样本共 392 家公司、1208 个观测值。第二个研究样本共 1050 家公司、4074 个观测值。

3.2 模型设定和变量定义

为了检验假设1，这里将待检验的回归模型设定为：

$$\text{Risk} = \alpha + \beta_1\text{Own} + \beta_2\text{Control} + \varepsilon \tag{1}$$

其中，Risk（Risk1、Risk2）是被解释变量，表示企业风险承受水平，具体的度量如表1所示。Own 表示终极大股东现金流权。当 Risk1 作为被解释变量时，Own 为 Risk1 计算区间的第一年的终极大股东现金流权。根据研究假设1，β_1 的预期符号为负。

在模型（1）中，Control 是由多个企业和区域特征变量构成的向量，根据已往的文献（John et al.，2008；Faccio et al.，2011），我们考虑以下影响企业风险承受的因素：高管持股比例（Mag）、企业规模（Size）、债务水平（Lev）、成长性（Growth）、经营现金流量

(Cash)、企业是否亏损(Loss)、企业上市年龄(Age)。这些变量的定义见表1。考虑到企业风险承受水平在时间和行业上可能存在差异，我们在模型中加入了年度哑变量和行业哑变量。行业的划分以证监会的行业分类标准为基础，以行业分类代码的第一位为准，第一位为 C 的以前两位为准。当 Risk1 作为被解释变量时，这些控制变量均为 Risk1 计算区间的第一年的对应数值。

为了检验假设2和假设3，我们将待检验的模型设定为：

$$Risk = \alpha + \beta_1 Own + \beta_2 Own \times W + \beta_3 Own \times Fin + \beta_4 Control + \varepsilon \qquad (2)$$

模型(2)是在模型(1)的基础上，增加了终极大股东财富水平 W 以及 Own 与 W 的交叉项 Own×W、公司所在地的银行市场化水平 Fin 以及 Own 与 Fin 的交叉项 Own×Fin。终极大股东财富水平(W)和银行市场化水平(Fin)的定义见表1。根据假设2和假设3，预期交叉变量 Own×W、Own×Fin 的符号均为正。

表1 主要变量的描述和说明

变量	解 释	计 量
因变量：风险承受水平		
Risk1	总资产报酬率的波动性	公司总资产报酬率的标准差
Risk2	资产专用性程度	公司固定资产与总资产的比例
自变量		
Own	终极大股东现金流权	公司终极大股东拥有的现金流权比例
W	终极大股东大富豪	当终极大股东当年登上胡润富豪榜前 200 名时取值为 1，否则为 0
Fin	银行市场化水平	当公司所在地区银行市场化程度的得分位于 31 个区域的中位数以上，则取值为 1，否则为 0
控制变量		
Lev	公司债务水平	公司总负债与总资产的比例
Size	公司规模	公司总资产的自然对数
Age	公司年龄	公司上市的年数加 1 后取自然对数
Growth	公司成长性	(本年营业收入–上年营业收入)/上年营业收入
Mag	高级管理人员持股比例	企业管理层的持股与总股本的比例
Loss	公司是否亏损	公司净利润为负时取值为 1，否则为 0
Cash	公司经营现金流量	公司经营现金流量与总资产的比例

在模型检验中，本文对标准误差进行了企业层面的群聚调整，以避免常用的估计方法对标准误差的低估(Petersen，2009)。此外，为了避免异常值对检验结果的影响，我们对所有连续变量在 1% 的水平上进行了 Winsorize 处理。

3.3 描述性统计特征

表 2 列出了主要变量的描述性统计特征。表 2 中的数据显示，终极大股东现金流权 Own 的平均值和中位数分别为 25.1% 和 21.8%，这表明，我国民营企业的股权集中度较高（夏立军和方轶强，2005；许年行和吴世农，2006），高于 La Porta 等（1998）中一般国家的平均水平，大股东能够较好地监督管理者，企业风险承受主要取决于大股东的风险偏好，而非管理者的风险偏好。企业风险承受 Risk1（Risk2）的中位数和标准差分别为 0.036 和 0.208（0.203 和 0.159）。这表明，我国不同民营企业的风险承受水平存在较大的差异。

表 2　　　　　　　　　　　　主要变量的描述性统计

变量	样本数	均值	中位数	最大值	最小值	标准差
Risk1	1208	0.092	0.036	1.496	0.005	0.208
Risk2	4074	0.228	0.203	0.701	0.001	0.159
Own	4074	0.251	0.218	0.703	0.017	0.160
W	4074	0.098	0.000	1.000	0.000	0.298
Fin	4074	0.774	1.000	1.000	0.000	0.418
Lev	4074	0.562	0.477	5.064	0.047	0.623
Size	4074	21.003	20.970	23.668	17.917	1.040
Age	4074	2.048	2.197	2.996	0.693	0.629
Growth	4074	0.311	0.154	8.202	−0.934	1.064
Mag	4074	0.059	0.000	0.666	0.000	0.148
Loss	4074	0.129	0.000	1.000	0.000	0.335
Cash	4074	0.034	0.036	0.294	−0.257	0.089

表 3 列出了主要变量的 Pearson 相关矩阵。表 3 中的数据显示，终极大股东现金流权 Own 与企业风险承受 Risk1 负相关[1]，而且在 1% 的水平上显著。这可能意味着，终极大股东的现金流权比例越高，企业的风险承受水平越低，初步验证了本文的研究假设 1。公司所在区域的银行市场化水平 Fin、终极大股东的财富状况 W 与企业风险承受没有明显的相关关系。公司的债务水平、是否发生亏损和企业上市年龄与企业风险承受显著正相关。公司规模、营业收入增长率和经营现金流量与企业风险承受显著负相关。

---

① 终极大股东现金流权 Own 与企业风险承受 Risk2 的相关系数为−0.218，而且在 1% 的统计水平上高度显著。由于篇幅所限，这里没有列出相关结果，有兴趣的读者可以向作者索取。下同。

表3					主要变量的 Pearson 相关矩阵					
	Risk1	Own	W	Fin	Lev	Size	Loss	Age	Growth	Mag	Cash
Risk1	1.000										
Own	−0.107***	1.000									
W	−0.046	0.137***	1.000								
Fin	−0.044	0.063**	0.005	1.000							
Lev	0.489***	−0.135***	0.001	0.030	1.000						
Size	−0.295***	−0.014	0.232***	0.041**	0.205***	1.000					
Loss	0.356***	−0.107***	−0.033	−0.012	0.289***	−0.230***	1.000				
Age	0.066**	−0.271***	0.049*	−0.043	0.221***	0.017	0.109***	1.000			
Growth	−0.081***	0.047	0.000	−0.007	−0.030	−0.007	−0.1556***	−0.029	1.000		
Mag	−0.039	0.071**	−0.013	0.047	−0.033	0.001	−0.055*	−0.226***	0.000	1.000	
Cash	−0.123***	−0.019	0.009	0.002	−0.100***	−0.001	−0.214***	0.009	0.072**	0.008	1.000

注:***表示在 0.01 水平上显著,**表示在 0.05 水平上显著,*表示在 0.1 水平上显著。

4. 结果与分析

实证检验的顺序是,首先通过单变量分析和多变量回归分析来检验股权集中度是否对企业风险承受有负面影响。如果确实如此,进一步检验在大股东不同财富水平和不同银行市场化水平条件下,股权集中度对企业风险承受的影响是否存在显著差异。

4.1 股权集中度与企业风险承受

表4列出了高股权集中度公司和低股权集中度公司在风险承受方面的差异。表中的左边三列是平均值的检验结果,右边三列是中位数的检验结果。平均来说,高股权集中度的公司比低股权集中度的公司的风险承受水平 Risk1(Risk2)低,而且这种差异均在 1% 的水平上高度显著,中位数的检验结果类似。这意味着,终极大股东的现金流权比例越高,其财富的风险暴露水平越高,企业的风险承受水平越低。

表4			单变量检验结果			
	平均值			中位数		
	高股权集中度	低股权集中度	t 值	高股权集中度	低股权集中度	z 值
Risk1	0.072	0.112	−3.347***	0.036	0.037	−2.983***
Risk2	0.199	0.257	−12.156***	0.180	0.234	−11.595***

注:我们以终极大股东现金流权的中位数来划分公司股权集中度的高低,位于中位数以上的为高股权集中度,否则为低股权集中度。平均值差异的检验使用双侧配对参数检验的 t 统计量,中位数的差异的检验使用 Wilcoxon 符号秩检验。***表示 1% 的显著性水平。

表 4 中的单变量检验结果初步验证了本文的研究假设 1。表 5 给出了股权集中度与民营企业风险承受的多元回归结果,以控制其他可能影响企业风险承受的因素的情况下,检验股权集中度对企业风险承受的影响。模型(2)和模型(4)的检验结果显示,终极大股东现金流权 Own 的回归系数分别为-0.083 和-0.126,而且分别在 10% 和 1% 的统计水平上显著。这意味着,在控制其他可能影响企业风险承受的因素以后,股权集中度对企业风险承受有显著的负的影响。该检验结果与表 4 的单变量检验结果一致,支持了本文的假设 1。

在控制变量中,公司债务水平与 Risk 正相关,该检验结果与 Faccio 等(2011)的跨国研究结果一致。亏损的公司的 Risk 更大,这表明,亏损公司的风险更高。

表 5 股权集中度与民营企业风险承受

	Risk1		Risk2	
	(1)	(2)	(3)	(4)
Constant	0.797***	0.827***	0.125	0.153
	(4.25)	(4.32)	(1.19)	(1.48)
Own		−0.083*		−0.126***
		(−1.71)		(−5.07)
Lev	0.194***	0.192***	0.019**	0.020**
	(4.94)	(4.84)	(1.98)	(2.03)
Size	−0.039***	−0.039***	0.001	0.003
	(−4.30)	(−4.26)	(0.28)	(0.59)
Loss	0.116***	0.115***	0.044***	0.042***
	(4.00)	(3.96)	(4.61)	(4.46)
Age	−0.008	−0.014	0.011	−0.002
	(−0.42)	(−0.72)	(1.55)	(−0.31)
Growth	−0.007	−0.007	−0.006**	−0.004*
	(−1.26)	(−1.21)	(−2.62)	(−2.02)
Mag	−0.224	−0.222	−0.045**	−0.026
	(−1.03)	(−0.98)	(−2.34)	(−1.30)
Cash	−0.090	−0.089	0.299***	0.297***
	(−0.89)	(−0.88)	(9.20)	(9.22)
样本量	1208	1208	4074	4074
Adj. R^2	0.334	0.336	0.276	0.287

注:为了节省篇幅,行业和年度变量没有列出。***、** 和 * 分别表示 1%、5% 和 10% 的显著性水平,括号中的数字为双尾检验的 t 值。

4.2 股权集中度、制度背景与企业风险承受

上一节的实证检验结果证明，股权集中度会降低民营企业的风险承受水平。这里我们通过检验模型(2)，以进一步分析在不同的大股东财富状况和不同的银行市场化水平条件下，股权集中的风险规避效应是否存在显著的差异。表6列示了相应的检验结果。

在第(1)列和第(4)列中，我们检验了股权集中的风险规避效应在不同大股东财富状况下是否存在显著的差异。检验结果显示，股权集中度 Own 的回归系数分别为-0.102 和-0.134，而且分别在10%和1%的统计水平上显著，这与表5的检验结果一致。股权集中度与大股东财富水平的交叉变量 Own×W 的回归系数分别为0.166 和0.105，而且分别在5%和10%的水平上显著。这支持了本文的研究假设2，即在大股东的财富水平较低时，股权集中的风险规避效应更为明显。这意味着，民营企业家的财富越多，其控制的公司可能越多，其财富的风险暴露水平对股权集中度的敏感度会降低，同时，富有的大股东的风险偏好更强，由此导致股权集中的风险规避效应在大股东财富水平较低时更为明显。

在第(2)列和第(5)列中，我们检验了股权集中的风险规避效应在不同银行市场化水平条件下是否存在显著的差异。检验结果显示，股权集中度 Own 与企业风险承受显著负相关，这与表5的检验结果一致。股权集中度与银行市场化水平的交叉变量 Own×Fin 的回归系数分别为0.206 和0.087，而且均在10%的水平上显著，与假设3的预期一致，即公司所在地的银行市场化水平越低，股权集中的风险规避效应越明显。这意味着，在银行市场化水平较低的地区，民营企业受到的信贷歧视更为严重，资金获取的难度会进一步加大终极大股东的风险暴露水平，由此导致企业更低的风险承受水平。

在第(3)列和第(6)列中，我们同时检验了在不同的大股东财富状况和不同的银行市场化水平条件下，股权集中度的风险规避效应是否存在显著的差异。检验结果显示，交叉变量 Own×W 和 Own×Fin 的符号均显著为正，这为假设2和假设3提供了进一步的证据。

综上所述，表6的检验结果支持研究假设2和假设3，即在大股东财富水平较低或公司所在地的银行市场化水平较低时，股权集中的风险规避效应更加明显。

表6   财富集中度、制度环境与民营企业风险承受

	Risk1			Risk2		
	(1)	(2)	(3)	(4)	(5)	(6)
Constant	0.850***	0.869***	0.893***	0.141	0.173	0.166
	(4.30)	(4.32)	(4.30)	(1.31)	(1.63)	(1.50)
Own	−0.102*	−0.232**	−0.249**	−0.134***	−0.193***	−0.208***
	(−1.95)	(−2.07)	(−2.16)	(−5.10)	(−4.37)	(−4.43)
W	−0.043*		−0.037	−0.044*		−0.044*
	(−1.67)		(−1.58)	(−1.94)		(−1.95)
Own×W	0.166**		0.152**	0.105*		0.114**

	Risk1			Risk2		
	(1)	(2)	(3)	(4)	(5)	(6)
	(2.02)		(1.99)	(1.91)		(2.01)
Fin		−0.059*	−0.058*		−0.029*	−0.029*
		(−1.74)	(−1.72)		(−1.76)	(−1.79)
Own×Fin		0.206*	0.203*		0.087*	0.094*
		(1.88)	(1.87)		(1.84)	(1.95)
Lev	0.192***	0.193***	0.193***	0.020**	0.020**	0.020**
	(4.84)	(4.97)	(4.96)	(2.02)	(2.09)	(2.06)
Size	−0.039***	−0.038***	−0.039***	0.003	0.003	0.004
	(−4.23)	(−4.29)	(−4.26)	(0.70)	(0.64)	(0.71)
Loss	0.114***	0.116***	0.116***	0.042***	0.041***	0.041***
	(3.95)	(4.00)	(4.00)	(4.45)	(4.38)	(4.37)
Age	−0.014	−0.014	−0.015	−0.001	−0.003	−0.002
	(−0.75)	(−0.74)	(−0.77)	(−0.19)	(−0.37)	(−0.26)
Growth	−0.007	−0.007	−0.007	−0.004**	−0.004**	−0.004**
	(−1.21)	(−1.20)	(−1.20)	(−1.99)	(−2.02)	(−1.98)
Mag	−0.232	−0.203	−0.213	−0.023	−0.028	−0.025
	(−1.00)	(−0.92)	(−0.95)	(−1.17)	(−1.42)	(−1.28)
Cash	−0.091	−0.090**	−0.091**	0.297***	0.298***	0.297***
	(−0.90)	(−0.90)	(−0.91)	(9.18)	(9.24)	(9.18)
样本量	1208	1208	1208	4074	4074	4074
Adj. R^2	0.336	0.339	0.339	0.288	0.288	0.289

注：为了节省篇幅，行业和年度变量没有列出。＊＊＊、＊＊和＊分别表示1%、5%和10%的显著性水平，括号中的数字为双尾检验的 t 值。

4.3 稳健性检验

4.3.1 关键指标的替代变量

在前文中，我们以息税前利润率的标准差 Risk1 和固定资产比例 Risk2 来度量企业风险承受。这里以 5 年窗口期中息税前利润率最大值与最小值的差、息前税前折旧前利润率的标准差以及息前税前折旧前利润率最大值与最小值的差来度量企业风险承受水平，研究结果保持不变。在前文中，我们以胡润富豪榜前 200 名作为终极大股东财富水平高低的判断标准。这里以胡润富豪排行榜前 300 名、福布斯中国富豪排行榜榜单作为终极大股东财富水平高低的判断标准，研究结果保持不变。在前文中，我们以樊纲等（2011）中的"4a 金融市场化程度"作为银行市场化水平的度量指标。这里以樊纲等（2011）中的"4a1 金融业竞争"、"4a2 信贷资金分配市场化"作为银行市场化水平的度量指标，研究结果保持不变。

4.3.2 内生性问题

借鉴 John 等（2008）的研究方法，本文以民营企业同行业终极大股东现金流权平均值或中位数作为公司现金流权的工具变量。通过 Heckman 二阶段回归，结果显示，企业风险承受水平与终极大股东现金流权负相关，而且分别在 10%、10%、1% 和 1% 的水平上显著，这与表 5 的检验结果一致。

5. 结论

本文以我国 2003—2011 年的非金融民营上市公司为样本，检验股权集中度是否会降低企业的风险承受水平。结果发现：随着终极大股东所有权比例的增加，民营企业的风险承受水平显著下降。进一步的检验发现，股权集中度的风险规避效应在终极大股东财富水平较低或者当地的银行市场化水平较低时更加明显。这表明，终极大股东的财富水平越低，其财富的风险暴露水平对股权集中度的敏感度越强，由此会加剧股权集中的风险规避效应；在银行市场化水平较低、民营企业信贷歧视严重的地区，资金获取的高成本会进一步增加终极大股东的风险暴露水平，从而加剧股权集中的风险规避效应。本文以中国新兴市场为背景，一方面从企业风险承受的视角丰富和发展了股权集中度经济后果的相关研究，另一方面从终极大股东财富状况和外部银行市场化水平的视角拓展了企业风险承受的相关研究。

公司治理与企业风险承受的研究是公司金融和公司治理方面的新兴研究领域，在制度欠发达的情况下，这种研究可能具有更为重要的意义。在这个领域，还有许多重要的问题有待进一步深入研究。例如，从资金提供者的角度来看，大股东的风险规避行为是否影响企业的股权融资成本、债务融资成本以及企业资本结构选择？从公司治理的角度来看，企业的组织结构安排和政府监管政策如何发挥治理作用以缓解大股东的风险规避行为？

◎ 参考文献

[1] 曹廷求，杨秀丽，孙宇光. 股权结构与公司绩效：度量方法和内生性[J]. 经济研究，2007，10.

[2] 曹裕，陈晓红，万光羽. 控制权、现金流权与公司价值——基于企业生命周期的视角[J]. 中国管理科学，2010，3.

[3] 樊纲，王小鲁，朱恒鹏. 中国市场化指数——各地区市场化相对进程 2009 年报告[M]. 北京：经济科学出版社，2011.

[4] 谷棋，邓德强，路倩，现金流权与控制权分离下的公司价值——基于我国家族上市公司的实证研究[J]. 会计研究，2006，4.

[5]哈罗德·德姆塞茨. 所有权、控制与企业[M]. 北京：经济科学出版社，1999.

[6]韩朝华，陈凌，应丽芬. 传亲属还是聘专家：浙江家族企业接班问题考察[J]. 管理世界，2005，2.

[7]夏立军，方轶强. 政府控制、治理环境与公司价值[J]. 经济研究，2005，5.

[8]许静静，吕长江. 家族企业高管性质与盈余质量——来自中国上市公司的证据[J]. 管理世界，2011，1.

[9]徐莉萍，辛宇，陈工孟. 股权集中度和股权制衡及其对公司经营绩效的影响[J]. 经济研究，2006，1.

[10]许年行，吴世农. 我国中小投资者法律保护影响股权集中度的变化吗？[J]. 经济学（季刊），2006，4.

[11]余明桂，潘红波. 政治关系、制度环境与民营企业银行贷款[J]. 管理世界，2008，8.

[12]郑志刚，许荣，林玲，赵锡军. 公司治理与经理人的进取行为——基于我国 A 股上市公司的实证研究[J]. 金融研究，2013，1.

[13]Allen, F., Qian, J., and Qian, M. J.. Law, finance, and economic growth in China[J]. *Journal of Financial Economics*, 2005, 77.

[14]Anderson, R. C., and Reeb, D. M.. Founding-family ownership, corporate diversification, and firm leverage[J]. *Journal of Law and Economics*, 2003, 46.

[15]Baumol, W., Litan, R., and Schramm, C.. *Good capitalism, bad capitalism, and the economics of growth and prosperity*[M]. New Haven, CT: Yale University Press, 2007.

[16]Bodnaruk, A., Kandel, E., Massa, M., and Simonov, A.. Shareholder diversification and the decision to go public[J]. *Review of Financial Studies*, 2008, 21.

[17]Claessens, S., Djankov, S., Fan, J., and Lang, L.. Disentangling the incentive entrenchment effects of large shareholdings[J]. *Journal of Finance*, 2002, 57.

[18]Coles, J. L., Daniel, N. D., and Naveen, L.. Managerial incentives and risk-taking[J]. *Journal of Financial Economics*, 2006, 79.

[19]Djankov, S., Ganser, T., McLiesh, C., Ramalho, R., and Shleifer, A.. The effect of corporate taxes on investment and entrepreneurship[J]. *American Economic Journal*: *Macroeconomics*, 2010, 2.

[20]Faccio, M., Marchica, M. T., and Mura, R.. Large shareholder diversification and corporate risk-taking[J]. *Review of Financial Studies*, 2011, 24.

[21]Jensen, M. C., and Meckling, W. H.. Theory of the firm: Managerial behavior, agency costs and ownership structure[J]. *Journal of Financial Economics*, 1976, 3.

[22]John, K., Lubomir, L., and Yeung, B.. Corporate governance and risk-taking[J]. *Journal of Finance*, 2008, 63.

[23]Khanna, T., and Yafeh, Y.. Business groups in emerging markets: Paragons or parasites[J]. *Journal of Economic Literature*, 2007, 45.

[24]Kim, E. H., and Lu, Y.. CEO ownership, external governance, and risk-taking

[J]. *Journal of Financial Economics*, 2011, 102.

[25]La Porta, R. , Lopez-de-Silanes, F. , Shleifer, A. , and Vishny , R. W.. Law and finance[J]. *Journal of Political Economy*, 1998, 106.

[26]Petersen, M. A.. Estimating standard errors in finance panel data sets: Comparing approaches[J]. *Review of Financial Studies*, 2009, 22.

[27]Shleifer, A. , and Vishny, R. W.. Large shareholders and corporate control[J]. *Journal of Political Economy*, 1986, 94.

[28]Villalonga, B. , and Amit, R.. How do family ownership, control and management affect firm value[J]. *Journal of Financial Economics*, 2006, 3.

[29]Williameon, O. E.. *The economic institutions of capitalism* [M]. New York: Free Press, 1985.

Ownership Concentration, Institution Environments, and Corporate Risk-Taking

Pan Hongbo[1] Yi Meifang[2] Liu Huiling[3]

(1, 2, 3 Economics and Management School of Wuhan University, Wuhan, 430072)

Abstract: This paper, employing listed private companies from 2003 to 2011 in China as sample, tests whether ownership concentration has a negative impact on corporate risk-taking. We find that ownership concentration has a significantly negative impact on corporate risk-taking, which becomes particularly pronounced in firms with less wealthy controlling shareholder or weaker external bank market. These results suggest that higher ownership concentration will lead to higher risk exposure of the largest shareholder, and thus result into lower risk-taking. This paper implies that ownership concentration is associated with corporate risk avoidance in addition to the incentive effect.

Key words: Ownership concentration; Corporate risk-taking; Institution environments

专业主编：潘红波

价值创造、战略协同与企业社会责任决策*

● 刘建秋[1]　刘雅琴[2]　黄蕴洁[3]

(1　湖南商学院会计学院　长沙　410205；2　湖南汽车工程职业学院　株洲　412001；

3　株洲南车时代电气股份有限公司　株洲　412001)

【摘　要】目前社会责任已经成为现代企业决策理论的重要组成部分，企业社会责任研究重点应该由是否承担责任转向如何承担责任。企业社会责任活动需要发生直接的付现成本，也能给企业带来直接或间接的价值与收益，因此企业社会责任投入同样是企业内部的一项资源配置，需要在企业的整体战略视野里对社会责任承担进行决策与管理。本文通过研究企业社会责任的价值创造特征，探索企业社会责任承担与企业整体战略的关系，提出企业社会责任的决策理论，在企业整体战略发展视野里，构建企业社会责任的决策体系框架，为企业内部社会责任资源配置决策和社会责任过程管理提供全新的理论视角和实践参考。

【关键词】价值创造　战略协同　社会责任决策

1. 企业社会责任决策研究的理论缘起

随着社会经济发展步入全球化时代，企业行为对社会发展的影响日益受到全社会的关注，可持续发展与企业社会责任成为当今社会发展领域的主要议题。企业社会责任的兴起，同时也推动了对社会责任经济后果的关注和社会责任管理实践的发展。会计领域对企业社会责任的研究方兴未艾，社会责任信息披露的研究和企业承担社会责任经济后果研究是目前的热点问题，已有研究成果相当丰富，包括探索企业社会责任与企业绩效的关系（李正，2006；沈洪涛，2007；温素彬、方苑，2008），社会责任信息披露的影响因素与决策机制（沈洪涛，2007），社会责任信息披露的价值相关性与市场反应（宋献中、龚明晓，2006，2007），社会责任对企业绩效与价值影响的具体作用机理与价值驱动路径（刘建秋、宋献中，2010，2011）等。但这些研究都是基于事后对企业社会责任特征与经济后果的探索，而作为承担社会责任主体的微观企业，更关心的应该是如何提升社会责任的积

* 本研究得到国家社科基金项目"企业社会责任的决策模式研究"（项目批准号：12BGL051）和湖南省社科基金项目"我国上市公司控制权私利治理后果与监管研究"（项目批准号：11YBB211）的资助。

通讯作者：刘建秋，E-mail：ljqman@163. com。

极效益，这就需要探索企业社会责任的决策管理问题。自从 Waddock 和 Bodwell(2002)提出全面责任管理指南，社会责任的管理开始引起人们关注。经济社会的可持续发展要求把企业社会责任融入企业战略目标管理之中(许正良、刘娜，2008)，实现企业财务战略与企业社会责任战略对接和耦合(徐光华，2011)，从资源优化配置的角度来研究企业社会责任承担及其管理(李伟阳、肖红军，2009，2010)。但是，目前国内外学术界缺乏企业层面对社会责任管理决策的系统研究，企业承担社会责任的初始决策和过程管理缺乏具体可操作的决策方法。

当企业适当承担社会责任已经成为全社会的共识，社会责任也会越来越成为现代企业决策理论的重要组成部分(Cochran，2007)。从企业和社会责任项目层面建立一个社会责任履行的决策框架，使企业能够结合商业动因和战略发展来规划自身的社会责任行为，这将极大地推动企业承担社会责任的积极性，并且使社会责任决策变得科学和有据可依。社会责任决策要求企业在自身整体战略发展的框架下对社会责任履行进行战略规划与管理，需要企业制定科学的社会责任事前决策机制与管理流程来进行社会责任承担时的项目选择，提高社会责任资源配置的效率，也需要对社会责任行为进行积极的过程管理来提升社会责任的积极效益，使企业社会责任投入达到社会效益和经济效益的最优统一。

本文尝试从企业社会责任的价值创造特征，探索企业社会责任承担与企业整体战略的关系研究出发，在企业的整体战略制定与可持续发展的视野里，探索企业承担社会责任的理论框架与决策体系，为社会责任承担时的资源配置决策提供指导。

2. 社会责任的价值创造特征：社会责任决策的理论基础

企业对社会责任主观自愿参与程度的差异反映了不同社会责任经济后果的差异性。企业承担社会责任不可避免要发生直接成本支出，同时，社会责任的履行能给企业带来直接利益，并且社会责任与企业的整体战略发展相符合时，还能给企业带来长期竞争优势和战略利益①，因此，社会责任给企业带来的价值创造与社会责任项目的成本收益大小以及社会责任与企业战略的协同性密切相关。同时，社会责任绩效的提高需要通过合理地管理企业社会责任活动得以实现，使得企业的有限社会责任投入能够产生最大的责任产出。企业社会责任按照广义分类可以分为强制型、利他型和战略型 3 种基本形式(侯仕军，2009)，不同类型社会责任的边际收益和成本具有差异性，和企业整体战略的契合程度也不是一成不变的。因此，不同企业、同一企业的不同发展阶段社会责任最优承担模式存在差异性，企业社会责任存在合理的层次、范围与边界②。因而，企业社会责任的承担不能是随意为之，而必须经过科学的程序和方法进行决策与管理，这为企业社会责任决策提供了基本的理论依据。

---

① Porter，M. E.，and Kramer，M. R.. Strategy & society：The link between competitive advantage and corporate socisl responsibility[J]. *Harvard Businsee Review*，2006，84(12)：209-229.

② 刘建秋，宋献中. 契约理论视角下企业社会责任的层次与动因——基于问卷调查的实证分析[J]. 财政研究，2012，6：68-71.

企业履行社会责任的价值主要受社会责任收益、社会责任成本与社会责任风险的影响，认识社会责任的收益与成本特征是企业社会责任决策的前提。

2.1 企业社会责任的收益

规范和实证研究的成果都证实了企业社会责任能够给企业带来商业价值，归纳目前的社会责任和可持续发展领域的相关研究，承担社会责任对企业价值的积极影响主要表现在5个方面（Manuela Weber，2008）：（1）社会责任增加企业的形象和声誉。企业形象和声誉是其利益相关者对企业的心理感知和判断，而这些心理感知通过企业承担社会责任和利益相关者的沟通得到强化和促进，而企业形象和声誉能够有效提高企业的竞争力（Gray &Balmer，1988）。（2）社会责任能积极影响企业对员工的征募、保留，提高在职员工的工作动力。一方面社会责任可能提升企业对员工和潜在的应聘者的吸引力，另一方面社会责任的加强直接给员工提供更好的生活和工作环境，提高员工的工作热情，使他们自愿积极投身工作，提高企业的工作效率和企业的整体生产率。（3）社会责任可以带来直接的成本节约。可持续发展领域的研究对成本节约有深入的研究，如废物利用的倡导可以节约材料从而直接降低产品生产成本。对各利益相关者承担责任可以形成良好的利益相关者关系，这将使企业在与各利益相关者的交往中减少交易成本，如获得政府监管部门的支持、税收减免、获得优惠的资本等（Epsten and Roy，2001）。（4）直接增加企业收入。通常良好的社会责任可以通过销售增长和市场份额的提升直接增加企业销售收入。收入增长可能由于社会责任提升企业商标形象间接获得，或者由于企业提供社会责任驱动产品和社会责任市场开发而直接获得。（5）社会责任可以减少和管控相关企业相关风险。企业社会责任有时可以作为一种减少或者控制风险的手段和工具，例如通过承担社会责任减少或转移企业面临的负面压力，减少消费者或非政府组织（NGO）等发起的联合抵制。

以上五个主要的社会责任收益从理论上可以归结为直接的财务影响、市场影响、商业模式和产品生产过程的影响、组织学习和发展的影响、非市场影响等几个方面（Schaltegger and Wagner，2006）。而从社会责任对企业价值影响作用的具体途径分析，社会责任的价值驱动因素可以概括为：成本减少、收入增加、商标价值、声誉、获得进入许可、员工吸引与满意（Steger，2006）。因此，社会责任的价值创造结果可以进一步分为货币化收益和非货币化收益两部分（（Manuela Weber，2008）。其中货币化收益是直接可以通过一定手段量化或评估的收益部分，包括一般收入增加、成本减少、政府补贴、商标价值等。非货币化收益指不能直接用货币单位量化但能直接影响企业未来竞争力和财务绩效的价值驱动因素，虽然不能直接货币化但企业可以通过定量指标对非货币化收益进行评价，例如消费者重复购买率、员工忠诚度、企业声誉指数等，非货币化收益最终都会在未来转化为企业货币化收益。

2.2 企业社会责任的成本

企业的任何经济活动都会发生成本，社会责任作为企业越来越普遍的经济活动，其成本与企业的其他生产经营活动并没有本质的不同。为了方便企业项目层面的社会责任决策，从社会责任履行过程的时间维度看，企业社会责任成本可以分为一次性成本和持续性成本。一次性成本主要在一次性完成的社会责任活动中发生，慈善责任中的一次性捐赠是典型的一次性成本，如2004年印尼海啸的捐赠、2008年汶川大地震中企业对受害地区的一次性捐赠等。社会责任一次性成本还包括对于一些社会责任活动和具体项目中的一次性投入，如电厂的节能减排设施成本。社会责任持续性成本是指社会责任活动需要在较长的时间跨度内持续投入的社会责任活动成本，有些社会责任项目需要持续的人力、物力和资金的投入，如对贫困儿童学习的长期资助，对员工的定期持续性关怀和对顾客的投入等。

但是企业传统的成本会计系统难以单独取得社会责任成本方面的信息，因为现行成本计算方法没有区分社会责任成本和非社会责任成本。而且传统成本核算按产品成本项目归集全部成本，而没有把社会责任成本单独核算，可能造成产品成本的扭曲。作业成本法可以按照作业环节归集成本，便于有效区分社会责任活动过程的成本投入（Schaltegger and Muller，1997），从而有利于社会责任项目层面的决策。

2.3 社会责任风险

社会责任风险指由于社会责任引起的利益相关者行为可能导致企业不利的经济后果。有些社会责任活动如果开展不当或者误解可能导致不利的后果，反而损害企业的声誉和形象，招致消费者或社会公众的抵制，给企业带来经济上的损失，典型的案例如20世纪70—80年代，雀巢奶粉被非政府组织、政府和媒体指责不恰当地销售婴儿奶粉给发展中国家，从而遭到利益相关者的联合抵制（Janisch，1992）。近年来我国频繁出现的"捐赠门"事件，也是社会责任风险的证明。

2.4 单一社会责任项目的决策模型

在有效识别社会责任活动成本收益的基础上，企业可以利用关键业绩指标法（KPIs）来估算项目层面社会责任项目的价值水平，基本模型为（许正良、刘娜，2008）：

$$P = \sum_{j=1}^{n} \Big[\sum_{i=1}^{m} a_{ij}(I_{ij} - I_{ij-1}) \times Y_i - C_j \Big] \times \frac{1}{(1+r)^{j-1}}$$

其中 P 为社会责任项目的净收益，m 为KPIs指标表中指标数量，n 为社会责任项目对企业价值的影响年限，a_{ij} 为社会责任对第 i 个关键业绩指标第 j 年的指标值变化的贡献系数，I_{ij} 为社会责任第 i 个关键业绩指标第 j 年的指标值，I_{ij-1} 为第 $j-1$ 年的指标值，Y_i 为根据企业历史数据得出的第 i 个关键业绩指标增加一个单位造成的总收入增加，C_j 为项目第 n 年的投入成本，r 为报酬率。该方法应用的难点在于需要估算各关键业绩指标单位变化对企业收入造成的影响，需要利用企业长期的历史数据进行分析和预测，这使得关键业绩指标法的实践运用目前具有操作上的难度，但该方法为我们认识社会责任的价值创造提供了量化的可行思路，理论上可以对企业社会责任的收益价值进行科学的计算。

3. 社会责任与企业战略的协同性：社会责任决策的动态依据

企业从事社会责任活动不可避免地要消耗社会资源，如果这些资源利用于企业的其他核心业务上，可以给企业带来竞争优势和价值创造能力，因而企业社会责任上的资源耗费存在机会成本(Porter and Kramer,2006)。理性的企业在从事社会责任活动时,不仅要考虑社会责任投入的社会效益,还要兼顾到社会责任给企业带来的经济价值、竞争优势和长期战略利益。而研究已经证明社会责任能给企业带来一系列的商业利益和价值增值(Weber,2008;Heal,2005;Kong,2002),因此,企业社会责任逐渐被作为一种有效的管理策略引入企业战略管理(Baron,2003),社会责任在人们的视野里也由一种被动的负担演变为一种策略性的投资工具,这种能给企业带来商业利益和战略价值的社会责任叫做"战略型社会责任"(Porter and Kramer,2006;Grawford,2005;Salzmamm et al.,2005)。企业承担社会责任只要符合企业的整体目标、融入企业的长期发展愿景,并且与企业核心业务相关,这时社会责任与企业战略实现协同,社会责任行为成为实现社会效益和企业效益之间的一种双赢战略(Simmons and Olsen,2006)。企业在考虑社会责任活动履行内容与行动方案时,应该与企业不同阶段整体战略动态结合起来。

与企业战略协同的社会责任为企业带来利润和竞争优势,它能支持企业的核心业务和经营战略目标,从而有效地实现企业的使命。在承担社会责任的基础上,将社会责任融入企业战略的规划与执行中,将是企业未来可持续发展的新模式,能综合带动企业的良性循环发展。因此,企业必须将 CSR 作为一项战略投资,而非单纯的成本支出。早期迈克尔·波特(Michael Porter)就曾指出"应将社会责任理念嵌入到企业战略和日常活动中"。企业应该采取"战略型社会责任"代替"回应型社会责任",减少有害社会责任价值链活动对企业竞争优势的影响,从而更加有机地整合企业和社会的共同发展(Porter and Kramer,2006)。在竞争异常激烈的当今社会,企业社会责任已经成为企业发展战略的重要组成部分,并成为企业战略绩效评价体系的重要基石,以此引导企业走向健康的、永续的、与利益相关者共生共赢的轨道(徐光华等,2007)。企业应该通过社会责任与企业整体战略的融合,把社会责任问题纳入企业内部流程和利益相关者的互动过程,使企业社会责任承担决策与过程管理决策同企业战略实现协同统一,这是企业社会责任决策管理的动态依据。

因此,为了实现企业资源利用效率,最大限度提升企业社会责任活动对企业价值创造的潜力,企业应该把社会责任决策与管理纳入企业整体战略决策与管理体系,形成社会责任与企业战略协同的全新管理理念。这样,社会责任就不是传统意义上企业被迫或无奈承担的一种经济负担,而成为独具特色的企业竞争力和企业价值提升武器,为企业整体战略目标的实现和企业的长期稳定发展服务。

4. 企业社会责任战略管理现状与社会责任决策理论的提出

社会问题是复杂多变的,并不是所有的社会责任都和企业的整体发展战略相匹配(Ofori and Hinson,2007;Jamali and Mirshak,2007),企业承担社会责任应该结合自身特点和企业战略定位制定社会责任承担的基本内容和实施方案。而且,不同性质和类型的企业、企业所处的不同阶段和社会经济环境的不同,都可能使得企业承担社会责任的层次、内容和边界存在一定的差异。企业应该根据自身的发展战略和企业特点,决定自己的社会责任总体资源投入水平、社会责任内部资源配置和与利益相关者进行社会责任沟通与交流的内容和形式。因此,社会责任决策与管理、社会责任与企业战略的融合协调是企业社会责任承担中应该考虑的关键。

目前社会责任管理文献强调企业承担社会责任时与企业整体战略的协调和匹配，主张经理们利用一些机制来识别战略型社会责任，并从企业战略的视角对社会责任进行评价①。面对众多的社会热点问题，企业应该筛选出与自身战略发展相协调的社会责任项目。许多学者提出了社会责任管理的思路和方法，许正良、刘娜(2008)构建了社会责任和企业战略融合的分析、设计、执行和控制管理过程。Jeremy Galbreath(2009)提出从企业战略的六个维度，即企业使命、战略问题、市场、顾客需求、资源、竞争优势等方面融入社会责任的基本思路。Som(2010)建立了战略型社会责任筛选的"多层屏"(screens)模型，对企业价值增值与长期战略发展有利的战略型社会责任最终可以通过"屏孔"(screen holes)，而非战略型社会责任则被屏阻拦，从而实现对企业社会责任的选择甄别。

但目前社会责任与企业战略协同管理还缺乏操作性强的具体方法，社会责任管理领域把社会责任区分为"战略型社会责任"和"非战略型社会责任"的二分法也难以适用企业社会责任承担管理实践。事实上，企业不可能只承担战略型社会责任而对非战略型社会责任视而不见，否则这样社会责任就偏离了其本意和初衷，而且即使是仅仅对战略型社会责任，企业应该在多大的程度和范围内承担？社会责任承担有没有合适的边界？企业社会责任承担中还有许多问题亟待解决。目前企业缺乏科学的社会责任承担决策理论与操作方法来指导社会责任投入的项目选择和资源配置，实际社会责任承担基本处于随意状态，企业也缺少有效的社会责任过程管理来提升社会责任的积极效益，企业社会责任投入难以达到社会效益和经济效益的最优统一。为了实现企业资源利用效率，最大限度提升企业社会责任活动对企业价值创造的潜力，企业应该把社会责任决策与管理纳入企业整体战略决策与管理体系，形成基于价值创造的社会责任决策管理理念。社会责任决策理论的研究思路是对社会责任战略管理理论的继承和超越，必须建立系统的社会责任决策体系与技术方法。因此社会责任决策的理论研究是社会责任会计领域的迫切需要。

5. 企业社会责任决策的内容体系框架与模型构建

所谓决策，是指组织或个人为了实现某种目标而对未来一定时期内有关活动的方向、内容及方式的选择或调整过程，其实质就是资源配置的选择和经济后果的管理过程。因此，社会责任决策的本质是企业应结合自身产品经营的特点，把有限的社会责任资源投入到急需的、能够产生最大价值并且与企业战略协同的社会责任项目中，以此实现社会责任资源的最佳配置。因此，可采用相关决策模型，实现社会责任资源优化配置、项目优化选择以及社会责任承担过程的管理。决策最佳选择模型包含三个基本要素：决策变量、支出预算约束和目标变量(王茂祥、李东，2011)。决策变量是决策客体，对社会责任决策而言，是指企业需要决策的社会责任项目类型识别，即企业社会责任承担的可能行动方案集合。支出预算约束应该包括社会责任项目的总体资源投入决策，不同项目之间的资金配置

---

① Som, S. B.. Exploring the concept of strategic corporate social responsibility for an integrated persspective[J]. *European Business Review*, 2010, 22(1): 82-101.

决策、每个项目的资金支持规模等，做到资金的使用效用最大化。目标变量规定社会责任行动的目的，确保所实施的社会责任项目得到社会广泛的认可，特别是得到利益相关方的认同，为企业和社会创造最优经济价值和社会效益，这与社会责任沟通与社会责任实施机制相关。

把社会责任置于企业整体战略发展框架内，评估社会责任的价值创造能力与企业整体战略的协同性，是企业社会责任决策要考虑的两个关键变量。同时，社会责任活动是一个过程，企业需要考虑社会责任活动事前、事中控制和事后评价，把握好社会责任活动的过程管理，以取得最优的社会责任投入效益，因此，企业社会责任决策实质是企业社会责任资源的最优配制问题。根据决策过程中决策变量、支出预算、目标变量、行动方案与实施机制等要素内涵，从企业社会责任项目投入的角度看，企业关注的社会责任决策内容应该包括如下几个方面：一是社会责任资源总体投入决策管理；二是社会责任分项范围决策，即应该考虑企业层面社会责任内部的资源配置结构，决定各种类型社会责任分别承担的比例；三是社会责任沟通决策，包括企业与利益相关者沟通的社会责任内容、沟通社会责任采用的渠道和方式、如何提高社会责任沟通效益等问题；四是企业社会责任决策的机制设计和过程管理。依据上述社会责任决策内容，本文构建企业社会责任决策体系模型如图1所示。

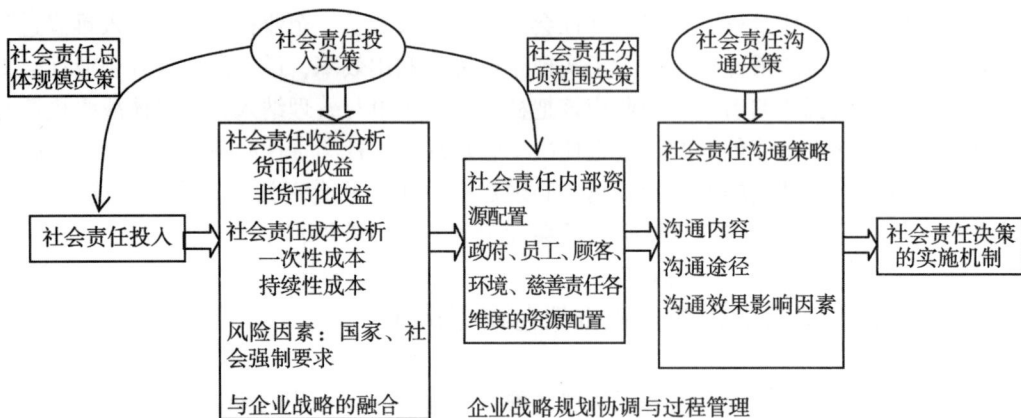

图1 企业社会责任决策体系模型

5.1 企业社会责任资源的总体投入决策

既然承担社会责任不可避免要消耗企业资源，并且资源投入具有机会成本和边际效益递减规律，企业特定时期内投入社会责任的资源数量自然存在一个合适的总量水平，因此企业必须进行社会责任资源的总体投入决策，社会责任总体投入是企业层面的资源配置决策。企业应该考虑企业社会责任总体规模投入水平对企业战略发展的影响，将社会责任融入企业整体战略发展需要中进行考虑(Jeremy Galbreath, 2009)。

企业承担社会责任具有收益、成本，也可能产生社会责任风险，而社会责任收益可以分为货币化收益和非货币化受益，因此可以利用传统的投资决策模型衡量社会责任的当期货币化折现收益大小，利用非货币化收益与企业战略的协同来衡量社会责任项目的长期价值创造能力。利用二维的社会责任决策矩阵，来评价企业社会责任的投入决策。具体的社会责任决策矩阵如图2所示。

其中1区的社会责任由于当期货币化收益和战略协同度都是最高的，是企业优先履行的社会责任类型。而2区和3区的社会责任，是企业次优履行的社会责任，而具体哪种相对优先，要看企业是侧重当期收益还是偏好长期战略。4区的社会责任甚至包括一些没有收益的社会责任，企业必须满足监管的要求，在一定程度和范围内自愿承担。

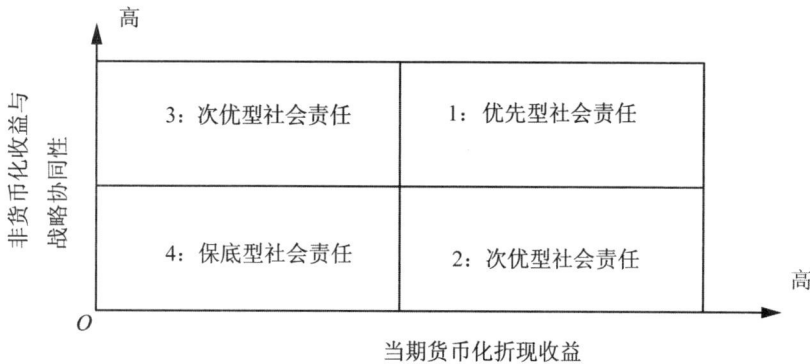

图2　企业社会责任决策矩阵图

5.2　社会责任分项范围决策

企业社会责任分项范围决策是社会责任总体投入在各社会责任项目层面的具体分配。社会责任内部资源分项配置受制于各种社会责任活动收益、成本的边际变化规律。

企业履行社会责任能产生特定的收益，也需要花费成本，但不同类型的社会责任比较，其成本和收益的边际变化应该是存在差异的。比如环境责任，政府有对企业最低的环保责任要求，可以称为环保责任的临界点，企业没有完成最低的环保责任而造成污染，会面临巨大的行政与经济处罚成本，因此，在临界点之前履行的环保责任，边际收益会相对很高。超过环保责任临界点再从事额外的环保责任，成本支出会更大（如技术难度等），但企业取得的收益会越来越小。可见，企业环保责任的履行可能存在一个最佳经济水平。其他责任履行的边际收益和边际成本变化具有类似性，因此企业不同社会责任资源配置之间可能还存在一个结构平衡的问题。社会责任内部资源配置决策可以采用经济学的均衡方法进行分析。

企业社会责任具有成本和收益，可以用经济学的边际收益分析对企业社会责任内部资源配置进行科学决策。假设企业不同维度社会责任的收益为U_i，$i=1$，2，3，4，5分别表示对政府责任、员工责任、顾客责任、环境责任和慈善责任投入社会资源而给企业带来的责任收益。相应社会责任发生的成本为C_i，$i=1$，2，3，4，5。因为企业资源投入具有边际收益递减的属性，企业社会责任资源投入同样不能例外。在企业社会责任总体履约能力和资源一定的情况下，社会责任内部各项目资源配置存在一个均衡的模式，此时的社会责任内部投入比例结构可以称为企业社会责任履行的效率边界。其表达式如下：

$$\frac{\partial u_1}{\partial c_1} = \frac{\partial u_2}{\partial c_2} = \frac{\partial u_3}{\partial c_3} = \frac{\partial u_4}{\partial c_4} = \frac{\partial u_5}{\partial c_5}$$

因此，根据边际收益相同的均衡等式，企业社会责任内部资源配置的原则是：各种类型社会责任边际收益相等的情况下实现的社会责任内部投入结构是最佳的社会责任资源配置模式。这样可以达到社会效益和经济效益的统一。

5.3　社会责任沟通决策

Shuili、Bhaattacharya 和 Sen(2010)认为企业必须建立社会责任沟通机制，以使企业利益相关者知悉企业社会责任的表现，从而影响企业利益相关者对企业的认同，实现企业社会责任的价值驱动，并构建了企业社会责任沟通的基本框架。社会责任沟通是指企业主动通过各种信息传播方式，通过一定的媒介向社会发布企业承担社会责任的信息，让利益相关者知晓企业履行社会责任行为的现状、目的及其后果。

社会责任沟通的基本内容和主要方法应该包括完整地对社会责任经济后果进行反映的会计决策体系，具体包括社会责任业务的确认、计量、记录和报告系统。但由于社会责任经济活动目前还难以完全与企业其他经济业务分离，而且社会责任活动包括部分非财务的信息，传统财务决策体不能完全适应社会责任业务的会计处理，目前主流的社会责任会计研究大多只停留在社会责任报告方面。而社会责任实践中，企业最常用的社会责任沟通方式就是企业发布社会责任报告，社会责任报告经过了雇员报告、环境报告、健康安全环境报告、综合性社会责任报告的演进过程(殷格非、李伟阳，2010)。

但广义的社会责任沟通不仅包括社会责任会计系统，还包括企业与利益相关者沟通社会责任的各种手段，而其中一些往往被很多企业所忽视。因此，企业应该制定适当的社会责任沟通策略，以达到最好的社会责任沟通效果。社会责任沟通策略包括社会责任沟通内容选择，沟通途径选择，沟通方式设计与沟通效果影响因素的考虑(刘建秋、宋献中，2011)，其决策受制于企业特征与利益相关者类型等企业内外因素的影响。

社会责任沟通内容就是企业向利益相关者报告和交流的具体社会责任履行情况，社会责任活动执行现状、承担该社会责任的原因一般是沟通的主要内容。国外企业社会责任沟通的内容一般包括：社会责任承诺及行动状况、社会责任影响、社会责任动机、社会责任与企业业务的一致性①。

社会责任沟通途径是企业向利益相关者报告社会责任行为的具体渠道和方式。信息沟通的目的在于消除企业和利益相关者之间对于企业社会责任承担的信息不对称，从而实现

---

① Shuili, D. , Bhaattacharya, C. B. , and Sankar Sen. Maximizing business returns to CSR：The role of CSR communittion[J]. *International Journal of Management Review* , 2010, 4：8-18.

社会责任对企业价值创造的驱动。目前最常见的企业社会责任沟通方式就是单独披露与财务报告类似的社会责任报告，有些企业只是在财务报表附注中披露社会责任信息。事实上企业可以采用更多灵活的途径与利益相关者进行社会责任信息沟通。扩展的社会责任沟通途径可以分为企业官方文件、大众传媒、其他非正式途径等。官方文件是最主要的沟通方式，包括社会责任年度报告、财务报告附注、产品包装说明等，大众传媒沟通包括报纸、杂志、电视、广播新闻网站、企业网站等形式，非正式途径是利益相关者的"口口相传"（Dankins，2004）。

社会责任沟通效果是企业决策时应该重点考虑的问题，因为社会责任沟通效果是企业承担社会责任能否给企业带来积极经济后果的关键。社会责任沟通效果除了受社会责任本身的责任内容、社会问题本身的受关注度、社会责任沟通渠道等影响外，还受到公司内部因素如公司声誉、企业社会责任定位、公司性质和行业特点等的制约。

5.4 企业社会责任决策实施机制设计

企业社会责任实施中应该重点执行好如下几个步骤：(1)关注、分析和提炼社会焦点问题，结合企业的自身特点，确定企业社会责任备选集。(2)识别各种社会责任的收益、成本与风险特征，估算社会责任价值和企业战略协同性两个重要变量，列出社会责任决策矩阵。(3)针对被选社会责任项目，规划社会责任与企业战略目标的结合方式，编写详细的社会责任行动手册。(4)把社会责任管理过程融合到企业采购、生产、经营和销售等业务环节，贯穿于企业整个质量控制和管理体系过程。(5)建立企业内部社会责任实施的控制和实施体系，加强社会责任的全过程目标管理。

6. 研究结论

企业承担社会责任是目前社会经济可持续发展的必然要求，国外严格的社会责任标准已经成为我国企业出口贸易新的贸易壁垒，我国企业积极履行社会责任势在必行。但企业缺乏科学的事前社会责任决策机制来指导社会责任项目选择和资源配置决策，企业实际社会责任承担基本处于随意状态。因此，推进我国企业社会责任必须研究企业承担社会责任的决策问题。

不同企业承担社会责任具有合适的层次、范围和边界，企业承担社会责任需要发生付现成本，同时可以给企业带来直接和间接的长期利益，在企业战略视野里，社会责任不应视作企业被动承担的一项强制义务，而是能给企业带来价值创造的战略行动，因此企业社会责任决策必须纳入企业整体战略框架。本文依据企业社会责任的收入与成本特征以及社会责任给企业带来的战略价值属性，系统地提出了社会责任决策的基本理论框架。社会责任决策体系包括资源的总体投入决策、社会责任分项范围决策、社会责任沟通决策、社会责任决策机制设计等完整的决策体系。企业可在社会责任决策模型的框架下，对自身承担社会责任总量范围、社会责任项目选择、社会责任沟通管理等问题进行具体运用。企业社会责任决策模型的构建在企业长期战略发展视野里为企业社会责任承担决策与过程管理提供了较完整的理论依据，这将极大地推动我国企业社会责任运动，增强我国企业的国际竞争力。

◎ **参考文献**

[1]李伟阳，肖红军．全面社会责任管理：新的企业管理模式[J]．中国工业经济，2010，1．

[2]李正．企业社会责任与企业价值的相关性研究：来自沪市上市公司的经验证据[J]．中国工业经济，2006，2．

[3]刘建秋，宋献中．社会责任活动、社会责任沟通与企业价值[J]．财经论丛，2011，2．

[4]沈洪涛．公司特征与公司社会责任信息披露——来自我国上市公司的经验证据[J]．会计研究，2007，3．

[5]宋献中，龚明晓．社会责任信息的质量与决策价值评价——上市公司会计研究的内容分析[J]．会计研究，2007，2．

[6]刘建秋，宋献中．契约理论视角下企业社会责任的层次与动因——基于问卷调查的实证分析[J]．财政研究，2012，6．

[7]徐光华，沈弋．企业共生财务战略及其实现路径[J]．会计研究，2011，2．

[8]许正良，刘娜．基于持续发展的企业社会责任与企业战略目标管理融合研究[J]．中国工业经济，2008，9．

[9]殷格非，李伟阳．企业社会责任报告编制指导[M]．北京：中国人民大学出版社，2010．

[10]王茂祥，李东．企业社会责任的系统化管理[J]．经营与管理，2011，7．

[11]温素彬，方苑．企业社会责任与财务绩效的实证研究[J]．中国工业经济，2008，10．

[12]Cochran，P. L. . The evolution of corporate social responsibility[J]. *Business Horizons*，2007，50．

[13]Dankins. Corporate responsibility：The communication challenge[J]. *Journal of Communication Challenge*，2004，9．

[14]Janish，M. . Das strategische strategiche anspruchsgruppenmanagement：Vom shareholder value zum stakeholder value[J]. *Difo-Druck*，*Bamberg*，2011，6．

[15]Jeremy，G. . Building corporate social responsibility into strategy[J]. *European Business Review*，2009，21（2）．

[16]Manuela Weber. The business case for corporate social responsibility：A company level measurement approach for CSR[J]. *Europen Management Journal*，2008，26．

[17]Simmons and Becker Olsen. Achieveing maketing objectives through sponsorship[J]. *Journal of Marketing*，2006，70．

Value Creation, Strategic Synergy and Corporate Social Responsibility Decision

Liu Jianqiu[1]   Liu Yaqin[2]   Huang Yunjie[3]

(1   Accounting School of Hunan University of Commerce, Changsha, 410205;

2   Hunan Automotice Engineering Vocitation College, Zhuzhou, 412001;

3   Zhuzhou CSR Electric Co. Ltd. , Zhuzhou, 412001)

Abstract: The social responsibility has become an important part of decision theory of modern enterprises, and the research on corporate social responsibility should focus on the problems of how to undertake social responsibility. This paper studies the value creation characteristic of corporate social responsibility and explores the relationship between CSR and strategy. In the vision of enterprise strategy, constructing of corporate social responsibility decision-making system framework and providing a new research perspective for resource allocation and the social responsibility management.

Key words: Value creation; Strategic synergy; CSR decision

专业主编：李青原

珞珈管理评论［2014 年卷 第 2 辑（总第 15 辑）］ Luojia Management Review No. 2，2014（Sum. 15）

财税政策与企业经营绩效
——基于中国上市公司数据的实证分析 *

● 卢盛峰[1]　付爱军[2]

（1，2　武汉大学经济与管理学院　武汉　430072）

【摘　要】长期以来，既有研究更多侧重于从市场潜能、经济集聚等市场因素对地区间企业经济绩效差异进行解释；而忽视了政府财税政策环境在中间的影响作用。本文基于 1998—2012 年中国 A 股上市公司与地区财税政策匹配数据，从微观层面上切入，全面考察了地区税负环境及财政支出政策对企业经营绩效的影响效应。研究结果表明：(1)中国政府财政支出政策并未有效地激励企业经济绩效的提高；(2)地区税负环境显著抑制着企业营业收入的扩大；(3)进一步的分财政支出项目及税负类别检验以及稳健性分析都大致支持这一结论。本文的政策建议是，试图强化政府干预手段的"重税负—高支出"政策实际上不能有效激励企业经营绩效的提高；减少干预、充分发挥市场机制的决定性作用可能更有利于提高企业等微观主体的生产积极性。

【关键词】财政政策　税收政策　企业绩效

1. 引言

　　企业偏好集聚于特定地区，一方面可以利用当地良好的基础设施，另一方面又可以方便地进行企业间的往来，节约成本。来自国家统计局的统计数据显示，截至 2012 年，全国共有各类企业共 800 多万家，其中江苏、广东、浙江地区的企业数位居前三甲，在地域上，企业多集中于京津唐、长三角和珠三角地区，这三个地区的企业占比占全国总数的 60% 以上。与此同时，集聚于这些地区的企业绩效水平也往往相对较高。2011 年，根据国家统计局数字，京津冀、长三角和珠三角地区的 GDP 总量占全国的 40% 以上，这与当地企业良好的发展态势是分不开的。

　　目前，国内的对企业经营绩效的研究多侧重从市场潜能、经济集聚等方面给出解释。如金煜(2006)、刘修岩(2007)等通过实证研究发现市场潜能很大程度上影响了中国制造

　　* 本研究得到国家社会科学基金重大招标项目(项目批准号：2011&ZD041)的资助。
　　通讯作者：卢盛峰，E-mail：shengflu@whu.edu.cn。

业企业的空间集聚。赵增耀、夏斌(2012)通过研究我国2004—2010年的省际面板数据后发现国内市场潜能与工业集聚之间是一个"U"形关系，只有跨国特定值时工业集聚的优势才能凸显。孙军(2009)通过建立一个新经济地理学模型，运用2002—2007年的省际面板数据研究后发现地区市场潜能显著影响工业产业集聚，并最终表现为当地企业的绩效提升上。毫无疑问，上述研究对于研究企业经营绩效的影响因素有着极为重要的作用，他们给出了工业集聚和地区差异能够造就当地企业不同业绩表现的原因。但是，他们的分析很少从地区财税政策的不同来给出解释，财税政策作为政府调控经济的重要手段，对企业绩效也会产生巨大影响。

相对于既有研究而言，本文的创新点主要体现在以下三个方面：(1)全面而深入地剖析财税政策对企业经营绩效的影响效应及传导机制，这在国内尚属首次；(2)本文采用了1997—2012年全国A股上市公司数据和各类财税数据进行匹配研究，从企业微观层面切入的大样本研究能够保证本研究更加准确和可信；(3)本研究将对现有企业绩效、财税政策微观效应等领域的文献形成有益补充，并提供难得的微观经验。

文章后续的结构安排如下：第二部分为文献综述；第三部分模型设定与指标选取；第四部分实证结果分析；最后是文章的结论与政策性建议。

2. 文献综述

国内外针对该问题的研究主要集中于三个方面：其一是税收政策对企业经营状况的影响；其二是政府支出政策对企业经营绩效的影响；其三是其他的诸如政府补贴等政策对微观企业的影响。这里分别从这三个方面进行综述。

2.1 税收政策与企业经营绩效

国外关于税收政策对企业经营绩效的影响的研究由来已久，并且多侧重从某一个剖面来进行探讨，如税收对企业资本结构、技术创新和税收负担的影响等。Givoly等(1992)通过将企业负债作为因变量，测度出企业所得税水平和其自身的负债变化有一定程度的正相关。Rajan和Zingales(1995)在修正MM理论的基础上，通过研究各国财务政策数据，发现如果某一国的公司税率较高，那么该国的公司一般会倾向采用负债融资。由于企业R&D支出对其生产能力具有显著的正向推动，国外关于税收政策对企业技术创新的影响问题，多从R&D支出方面入手。Warda(1996)通过研究，设计出一个B指数来测度R&D税收优惠政策实施强度。在此基础上，Bloom等(1998)采集了8个国家的样本，就R&D税收优惠对企业成本利润率展开了研究；而Guellec和Van Pottelsberghe(2003)又用17个OECD国家的数据对Bloom的研究进行了扩展，他们的结果均支出，税收优惠使企业纳税额减少，进而促进了其在R&D方面支出的增长。关于企业税收负担的问题，Siegfried早在1974年就提出了计算实际税率(ETR)的方法，此后大量文献均采用了ETR进行研究。Citizens for Tax Justice(CTJ)(1986)通过比较250家公司的ETR，证明其中大部分公司的ETR低于法定税率。Grant和Roman(2007)发现在澳大利亚税改法案颁布以后，该国公司的ETR受到了显著影响。此外，一些国外学者也研究税收对公司投资价值的影响，如

Jensen(1993)认为公司价值会因为过度投资而受到损害，从而对国民经济产生阻碍作用。

国内由于市场经济起步晚，在税收政策对企业经营绩效的影响的研究方面也是较晚才开始。马国强(1992)整理了企业税收负担水平的几个测定和判断方法，这算是较早的一例。在税收与公司资本结构方面，国内有少数学者进行了研究。吴联生、岳衡(2006)在我国"先征后返"政策取消后，运用实证研究的手段，发现公司财务杠杆因为所得税税负的上升而提高，从而提出了在中国资本结构理论不适用的观点。黄明峰、吴斌(2010)基于我国两税合并的背景，通过对比两税合并前后税率下降的样本公司与税率不变的样本公司之间的权重，发现税收政策确实能够显著影响公司的资本结构的决策。而关于企业技术创新与税收政策的关系的研究，国内则相对较多。曾国祥(2001)从理论的角度，认为我国税收优惠应该以鼓励企业加大科技创新的研究与开发投入为主，同时要注意结合产业性优惠与区域性优惠，做到税基减免、税额减免、税率优惠相结合。柳剑平等(2005)通过构建一个三阶段的博弈模型，分析了税收和补贴的 R&D 活动，就政府如何进行最优政策安排进行了探讨。与此相应，戴晨、郑怡(2008)通过实证研究，发现税收优惠比财政补贴对企业的 R&D 投资具有更强的激励作用，然而财政补贴在针对性方面强于税收优惠。解维敏等(2009)发现政府的 R&D 资助刺激了企业的 R&D 支出。基于中国的特殊国情，李元旭、宋渊洋(2011)探讨了在地方保护主义背景下，地方政府的所得税优惠对本地企业的保护作用，发现市场分割如果越严重其保护力度就越大。吴联生(2009)通过研究我国国有股权与公司税负之间的关系以及税收优惠对国有股权与公司税负关系的影响，发现我国公司国有股权与其实际税率呈正相关关系。另外，基于我国 2008 年税率调整的背景，李增福、徐媛(2010)利用我国上市公司的数据，发现税率调整下我国上市公司实际税率变动与其名义税率变动具有一致性，但实际税率的变化幅度较小。

2.2 政府支出与企业经营绩效

国外学者对企业资本结构的研究，已经由原来的静态框架，转变为目前的动态模型。Banjeree 等(2000)运用英美两国的公司数据，通过动态模型分析，发现如利率、货币供应量等因素会影响企业资本结构的调整速度。在此基础上，Cook 和 Tian Tang(2009)运用美国公司 1976—2005 年间的数据，通过二阶段动态资本模型和集成动态局部调整资本结构模型进行分析，得出了经济繁荣会加快公司资本结构调整速度的结论。关于企业经营绩效与政府的关系，国外学者很注意从产权保护的角度来进行研究。Demirguc - Kunt 和 Makismovic(1998)通过研究后发现，企业更偏好于在一个产权保护良好的环境中进行外部融资。与此相应，Johnson 和 McMillan(1999)在其研究中指出，如果一个国家的产权保护机制弱，那么该国企业将不愿意将自己的利润进行再投资。国外争议最大的领域，集中在政府支出对企业绩效的影响上。Fisher(1993)在对不同地区的截面数据进行时间序列回归之后，发现企业投资与政府预算盈余之间存在着正相关；而 Bairam 和 Ward(1993)在采取了 25 个 OECD 国家的数据进行回归分析后，得出了这些国家的政府支出对投资有负面影响的结论；Levine 和 Renelt(1992)则认为政府支出和投资之间不存在显著联系；Martinez-Lopez(2006)通过对西班牙语地区 32 年的数据进行检验后发现，教育领域的政府投资对私人投资存在显著的挤入效应。

国内的研究虽然较国外起步较晚，但是也有自己鲜明的特色。雒敏和聂文忠（2012）运用 GLM 模型和 Logit 最大似然估计法，研究了 439 家公司自 1999—2009 年的数据，发现非国有企业对政策变化更为敏感，尽管财政政策和货币政策对企业资本结构的调整速度并不会因为企业的产权性质而发生改变。而古志辉（2006）则通过研究地方政府与企业所有者的博弈关系后认为地方政府在时间偏好不一致的情况下拥有剩余控制权（或者称为相对讨价还价的优势）。在政府支出对企业绩效的影响方面，庄子银、邹薇（2003）认为公共支出的调整成本上升后，对我国经济增长带来的负面影响是不容忽视的。吴洪鹏、刘璐（2007）在对我国 1997 年 1 月至 2004 年 12 月的月度数据进行 VER 模型检验后发现，公共投资的扩大实际上产生了对民间投资的挤入效应。值得注意的是，由于近年来我国财政分权改革的背景，很多研究也从这一方面进行探讨。周中胜、罗正英（2011）在通过我国2000—2007 年的上市公司数据，研究了我国的财政分权程度与大股东利益输送对上市公司现金股利政策的影响。曹书军、刘星和张婉君（2009）认为上市公司实际税负与所在地区财政对中央财政依赖程度呈倒 U 形关系，而且非国有上市公司对地方政府干预最敏感。

2.3 政府优惠和补贴与企业经营绩效

国外对于政府优惠和补贴对企业的影响说法不一，有的学者认为其促进了企业出口增长，提高了其研发能力；也有学者尝试考察补贴带来的负面影响。Alvarez 和 Crespi（2000）通过考察 1992—1996 年智利 365 家出口企业的微观面板数据后发现，智利政府的出口促进政策对企业出口产生了正向作用，如企业创新增加、出口额增长和市场范围的扩大等等。与此类似的是，Volpe Martincus 和 Carballo（2008）通过研究秘鲁出口企业在2001—2005 年的数据后发现，政府出口政策不仅促进了该国企业出口产品种类的增加，而且还扩大了市场范围，然而在贸易量增加方面则效果不大。与此相反，Helmers 和Trofimenko（2010）提出了政府补贴的负面效应，如可能引发贸易伙伴的报复行为、弱化市场信号、扭曲资源配置等等。Leibenstein（1966）和 Schmidt（1997）也分别在各自的研究中指出，由于政府补贴使企业获得超额利润，企业避免了倒闭风险，于是便失去了改善生产和改进管理的动力，对企业长期发展不利。

国内的研究基本上跟着国外的思路走，早期注重用中观产业数据来进行研究，当前则是基于微观企业层面数据的分析。黄先海、谢璐（2005）采集了中国汽车产业的数据，利用R&D 补贴模型和财路恶性贸易政策实证研究中的"校正模型"，分析了 R&D 补贴政策和出口补贴政策的实施效果，结果发现 R&D 补贴由于出口补贴，更能够产生更大的国民福利。邵敏、包群（2012）采用广义倾向评分匹配方法，发现当政府对企业的补贴力度小于某一临界值时，政府补贴能够显著地促进企业生产率水平的提高；反之，则会产生抑制作用，不利于企业生产率水平的提高。与此相应，苏振东等（2012）采用中国制造企业 5 万多个样本的微观数据，通过 Logit 模型和 Fractional Logit 模型分析后发现生产性补贴对中国制造业企业的出口行为产生了正向促进作用。相反，刘海洋等（2012）在运用倾向得分匹配方法对 1999—2008 年中国工业企业 200 万个微观数据进行研究后发现受补贴企业的购买成本明显高于未受补贴的企业，并且中间投入的使用比例越高，扭曲行为就越严重。刘穷志（2005）通过建立中国出口退税对产业、就业、税收收入以及出口等的激励模型，在对相关数据进行检验分析后发现出口退税仅能短期影响出口，而长期影响出口的因素是汇率、中国商品生产能力和中国商品在世界的相对价格。比较中性的结果是，施炳展等（2013）通过研究后发现中国企业"低价竞争、数量取胜"的出口模式很大程度上是因为补贴降低了中国企业的出口价格，而在近几年，这种作用正在减弱。另一方面，R&D 补贴对企业 R&D 支出的影响问题一直是国内研究的一个热点。解维敏等（2009）发现政府的R&D 资助刺激了企业的 R&D 支出。与此相应，刘虹等（2012）通过研究中国上市公司2007—2009 年的数据后发现，政府补贴对企业产生的激励效应和补贴效应分布图呈现"倒U 形"，是一个先增后减的模式，同时民企比国企得到的补贴效应更加显著。

3. 模型设定与指标选取

3.1 数据来源

本文选取了中国上市公司自 1997—2013 年的经营财务数据，为了满足分析需要及与宏观年度财政收支数据进行匹配，上市公司财务数据中只保留当年 12 月 31 日发布的全年财务报表，而剔除了前三季度或上半年份财务报表资料；同时只包含 A 股市场上市公司，即那些在中国大陆注册、在中国大陆上市的普通股票。进一步基于企业所处省份信息，本文将中国省级财政收支宏观数据与企业微观经营绩效数据进行匹配，这构成了本文的基础性分析数据。但是考虑到文章分析需要，进一步对数据进行了如下处理：

（1）考虑到地区差异巨大，在样本中剔除掉位于西藏藏族自治区的上市公司样本点。包括西藏发展（股票代码：000752）、西藏矿业（股票代码：000762）、西藏药业（股票代码：600211）、西藏天路（股票代码：600326）、西藏珠峰（股票代码：600338）、西藏旅游（股票代码：600749）、西藏城投（股票代码：600773）。

（2）由于本文分析年度跨度较长，为了确保数据的可比性，所有金额类数据均采用1997 年为基期的 GDP 平减指数进行了消胀处理；此外，在后续的实证分析过程中，对于企业经营绩效金额指标均采用企业当年资产总额进行标准化处理，从而进一步通过相对指标来确保数据可比性。

（3）此外，由于北京及上海等城市少量集团公司旗下存在 2 家上市公司，而为了规避这些关联企业的不可观测交易导致数据失真问题，在稳健性分析部分中，我们也进一步剔除掉这两个城市的企业样本点之后进行检验分析。

本文的各项公司财务数据来自深圳国泰安技术有限公司的 CSMAR 数据库，而地区的GDP 数据、人口数和各项财政收入支出数据则来自《中国统计年鉴》（1997—2012 年）各地区支出法国内生产总值指标、人口数量统计指标和财政收入支出统计指标，各地区的人均数据是通过《中国统计年鉴》的基础数据进行处理后得到的。

3.2 模型与指标

为了系统性检验财税政策对企业经营绩效的影响，本文构建如下模型：

$$Performance_{it} = \alpha_0 + \alpha_1 fiscal_{it} + \sum_{j=2}^{l} \alpha_j X_{jt} + \delta_\iota + \eta_\kappa + \varphi_i + \lambda_t + \varepsilon_{it}$$

其中，Performance 为企业经营绩效指标，fiscal 是企业所面对的各类财政政策及税收政策，X_{jt} 代表一系列企业层面特征因素；此外模型还将控制企业所处行业特征 δ_ι、地区特征 η_κ 以及企业不可观测个体效应 φ_i 及年份时间效应 λ_t；ε_{it} 为随机扰动项。为了对模型参数进行估计，进一步对各变量的设定及选取说明如下：

3.2.1 企业经营绩效

本文对因变量在各类检验中均采用了两个不同的指标对其进行测度：企业营业总收入和营业收入，其中后者是企业经营过程中经过确认的收入。同时为了剔除企业规模因素的影响，经营绩效均采用企业的资产总额进行了标准化处理，这也是既有文献中的一种常用方法，如 Cai 和 Liu（2009）、Desai 和 Dharmapala（2006）。

3.2.2 财税政策

本文将同时从规模和结构两个方面来展开分析，在规模方面具体包括人均财政支出（perczzc）和人均税收收入（perssssr）两个方面；在结构方面具体包括：人均一般公共服务支出（perybggfw）、人均科学技术支出（perkxjszc）、人均交通运输支出（perjtyszc）和人均商业服务业事务支出（persyfwysw）以及人均增值税（perzzs）、人均营业税（peryys）、人均企业所得税（perqysds）、人均个人所得税（pergrsds）和人均非税收入（perfssr）。

3.2.3 其他控制变量

我们进一步控制了企业资产负债率（zcfzl）、流动资产比重（ldzcbz）、流动负债比重（ldfzbz）、实收股本占所有者权益比重（ssgbqybz）、股权集中状况（gqjz）以及企业费用结构（fyjg）。其中，前三个控制变量用于衡量企业的变现能力和应对危机能力，后三者反映了企业的起点和资本运行效率。

此外进一步控制了行业特征、企业异质性、地区特征以及年份特征，所有的金额数据均进行了消胀处理。各变量的具体定义及统计行描述如表1所示。

表1　　　　　　　　　　　变量定义及统计性描述

变量	度量方式	观测值	平均值	标准差
yyzsr	营业总收入：企业当年经营总收入与资产总额比值	25833	0.6381	0.5891
yysr	营业收入：企业当年经营确认收入与资产总额比值	25502	0.6455	0.5892
zcfzl	资产负债率：企业当年总负债在资产总额中占比重	25864	0.5891	5.8037
ldzcbz	流动资产比重：企业当年流动资产在总资产中占比	25637	0.5515	0.2164

变量	度量方式	观测值	平均值	标准差
ldfzbz	流动负债比重：企业当年流动负债在总负债中占比	25636	0.8439	0.1864
ssgbqybz	实收股本比重：实收股本在所有者权益中所占比重	25863	0.6147	14.9964
gqjz	股权集中状况：1 减去少数股东权益在总权益中占比	25359	0.9392	0.8921
fyjg	费用结构：企业销售费用及财务费用在营业总成本中占比	25145	0.0904	0.1055
perczzc	人均财政支出：当年省际财政支出与总人口比值	23344	0.4611	0.4010
perybggfw	人均一般服务支出：当年一般公共服务支出与总人口比值	11902	0.0764	0.0235
perkxjszc	人均科学技术支出：当年省际科学技术支出与总人口比值	11902	0.0245	0.0282
perjtyszc	人均交通运输支出：当年省际交通运输支出与总人口比值	11902	0.0375	0.0264
persyfwysw	人均商业服务业事务支出：当年省际商业服务业支出与人口比	6055	0.0124	0.0050
persssr	人均税收负担：当年省际税收总额与总人口比值	19946	0.2520	0.2797
perzzs	人均增值税：当年省际增值税总额与总人口比值	22610	0.0462	0.0453
peryys	人均营业税：当年省际营业税总额与总人口比值	22610	0.1015	0.1191
perqysds	人均企业所得税：当年省际企业所得税总额与总人口比值	22610	0.0554	0.0781
pergrsds	人均个人所得税：当年省际个人所得税总额与总人口比值	22610	0.0228	0.0318
perfssr	人均非税收入：当年省际非税收入总额与总人口比值	19946	0.0446	0.0443

4. 实证结果分析

在本部分中，我们将分别检验政府财政支出政策及税收政策对企业经营绩效的实证效应，并区分支出项目、税种类别来展开进一步分析。此外，为了保证结论的可靠性，针对各部分进行了相应的稳健性检验。

4.1 财政支出政策与企业经营绩效

表2展现了地区财政支出政策与企业经营绩效的关系。模型1和模型2的实证结果表明，不论是在营业总收入还是确认后的经营收入来度量企业经营绩效，在控制企业特征因素、行业、企业及年份效应基础上，地区人均财政支出对企业经营绩效的影响均显著为负。这意味着中国政府的财政支出政策并未有效地在激励企业经营绩效提高方面发挥促进作用，反而起到的是一种负面的抑制作用。

表2 **财政支出政策与经营绩效**

因变量	模型 1	模型 2	模型 3	模型 4	模型 5	模型 6
	营业总收入	经营收入	营业总收入	经营收入	营业总收入	经营收入
perczzc	-0.065^{***}	-0.070^{***}	-0.063^{***}	-0.067^{***}	-0.266^{***}	-0.277^{***}
	(-3.30)	(-3.62)	(-3.24)	(-3.44)	(-7.48)	(-7.89)
zcfzl	0.039^{***}	0.040^{***}	0.039^{***}	0.040^{***}	0.039^{***}	0.040^{***}
	(111.06)	(113.73)	(111.45)	(114.05)	(114.35)	(117.76)
ldzcbz	0.185^{***}	0.195^{***}	0.182^{***}	0.193^{***}	0.149^{***}	0.161^{***}
	(10.06)	(10.61)	(9.86)	(10.51)	(6.88)	(7.47)
ldfzbz	0.331^{***}	0.328^{***}	0.327^{***}	0.329^{***}	0.316^{***}	0.309^{***}
	(19.20)	(19.07)	(18.90)	(19.14)	(15.86)	(15.58)
ssgbqybz	-0.01^{***}	0.002	-0.01^{***}	0.003	-0.01^{***}	0.004
	(-4.76)	(0.87)	(-4.76)	(1.18)	(-5.24)	(1.19)
gqjz	-0.004^{*}	0.0001	-0.004	0.0005	-0.0137^{***}	0.003
	(-1.84)	(0.05)	(-1.53)	(0.20)	(-2.83)	(0.48)
fyjg	-0.721^{***}	-0.750^{***}	-0.728^{***}	-0.756^{***}	-0.676^{***}	-0.719^{***}
	(-23.05)	(-24.10)	(-23.27)	(-24.27)	(-17.06)	(-18.33)
_cons	0.197^{***}	0.192^{***}	0.204^{***}	0.194^{***}	0.270^{***}	0.255^{***}
	(9.29)	(9.07)	(9.55)	(9.14)	(10.81)	(10.14)

因变量	模型 1	模型 2	模型 3	模型 4	模型 5	模型 6
	营业总收入	经营收入	营业总收入	经营收入	营业总收入	经营收入
行业特征	控制	控制	控制	控制	控制	控制
企业效应	控制	控制	控制	控制	控制	控制
年份效应	控制	控制	控制	控制	控制	控制
R^2_within	0.4335	0.4447	0.436	0.4469	0.5228	0.537
F 值	682.8***	713.4***	686.7***	716.9***	688.0***	727.0***
样本点	22214	22149	22081	22057	15583	15546

注：＊＊＊、＊＊、＊分别表示在 1%、5% 和 10% 的水平上显著。

在控制变量方面，资产负债率更高、流动资产和流动负债比重更大的企业经营绩效相对更好。这表明企业更多依靠债务融资相对更有利于发挥撬动更大资源的作用；与此同时，企业资产的运转周期更短往往更容易带来更高的收益。这一结论也在实收股本总权益占比和股权集中状况符号上得到进一步佐证。过多依靠股东实收资本来融资以及大股东影响更大的企业反而会不利于经营绩效的提高。因此，更高分散化和市场化的运作和经营方式实际上更有利于提高绩效。在生产和销售成本结构上，销售和财务等非生产性费用占比更高实际上不利于绩效的提高，而更多地将资源使用于产品的生产过程在促进绩效提高上更加有利。

考虑到金融行业企业在经营特征上的特殊性，以及中国北京、上海以及广东对于上市公司的特殊意义，模型 3 至模型 6 进一步进行了稳健性检验。模型 3 和模型 4 是剔除了金融行业的样本点之后的估计结果。不难发现，在非金融行业上市公司分析结果上，财政支出政策对企业经营绩效的影响作用有所减小，但是依然显著为负。模型 5 和模型 6 的估计中未包含北京、上海以及广东等三个特殊省市。结果显示，其他地区的财政支出政策对企业经营绩效的负向抑制作用相对更强。

因此，在地区支出规模上，人均财政支出水平更高反而不利于企业经营绩效的提高；同时这一结论在稳健性检验中依然显著成立。

4.2 财政支出类别与企业经营绩效

为了进一步对比分析各类别财政支出对于企业经营绩效的影响，在表 3 中我们进一步考察了一般公共服务支出、科学技术支出、交通运输支出以及商业服务业支出等与企业密切相关的支出项目的影响效应。

表 3 中的模型 1、模型 2 分别检验了地区人均一般公共服务支出对企业绩效的影响；模型 3、模型 4 检验了地区人均科学技术支出对企业绩效的影响；模型 5、模型 6 分析的是人均交通运输支出，模型 7、模型 8 分析了地区商业服务业事务支出环境的影响。这些支出项目同企业经营直接相关，或者间接作用性较强。但是，从各项财政支出类别对企业经营绩效的实证结果来看，均未能有效地增进企业的经营绩效，反而有时候对企业会造成

负面影响。控制变量的结果大体上与表 2 的回归结果相一致,这里不再进行赘述。

表 3 财政支出类别与企业经营绩效

因变量	模型 1	模型 2	模型 3	模型 4	模型 5	模型 6	模型 7	模型 8
	营业总收入	经营收入	营业总收入	经营收入	营业总收入	经营收入	营业总收入	经营收入
perybggfw	−0.774 (−1.48)	−0.862* (−1.66)	—	—	—	—	—	—
perkxjszc	—	—	−0.190 (−0.49)	0.207 (−0.54)	—	—	—	—
perjtyszc	—	—	—	—	0.097 (0.39)	0.027 (0.11)	—	—
persyfwysw	—	—	—	—	—	—	−0.195 (−0.12)	0.288 (0.18)
zcfzl	0.01*** (7.59)	0.02*** (12.53)	0.01*** (7.60)	0.02*** (12.55)	0.01*** (7.60)	0.02*** (12.54)	−0.01 (−1.18)	−0.005 (−0.79)
ldzcbz	0.14*** (4.89)	0.13*** (4.77)	0.14*** (4.86)	0.13*** (4.73)	0.14*** (4.87)	0.13*** (4.74)	0.08*** (2.26)	0.035 (0.95)
ldfzbz	0.26*** (11.00)	0.26*** (10.97)	0.26*** (10.99)	0.26*** (10.96)	0.26*** (10.99)	0.26*** (10.95)	0.13*** (4.59)	0.14*** (4.63)
ssgbqybz	−0.01*** (−8.27)	0.01*** (3.62)	−0.01*** (−8.28)	0.01*** (3.58)	−0.01*** (−8.28)	0.01*** (3.58)	−0.02*** (−21.02)	0.01* (1.85)
gqjz	−0.02*** (−3.58)	0.02*** (3.12)	−0.02*** (−3.59)	0.02*** (3.08)	−0.02*** (−3.58)	0.02*** (3.08)	−0.016 (−0.87)	−0.003 (−0.18)
fyjg	−0.43*** (−9.82)	−0.57*** (−12.6)	−0.43*** (−9.81)	−0.57*** (−12.60)	−0.43*** (−9.83)	−0.58*** (−12.62)	−0.28*** (−4.60)	−0.32*** (−5.31)
_cons	0.52*** (12.12)	0.50*** (11.60)	0.47*** (17.59)	0.45*** (16.11)	0.47*** (17.85)	0.45*** (16.33)	0.56*** (13.54)	0.58*** (13.99)
行业特征	控制	控制	控制	控制	控制	控制	控制	控制
企业效应	控制	控制	控制	控制	控制	控制	控制	控制
年份效应	控制	控制	控制	控制	控制	控制	控制	控制
R2_within	0.0526	0.0604	0.0524	0.0601	0.0524	0.0601	0.1107	0.024
F 值	41.0***	47.3***	40.9***	47.1***	40.9***	47.1***	58.4***	11.5***
样本点	11379	11314	11379	11314	11379	11314	6720	6664

注:***、**、*分别表示在 1%、5% 和 10% 的水平上显著。

综合表 2 和表 3 的研究结果，我们不难发现：不论是在规模上还是在具体的与企业经营密切相关的支出项目上，政府的财政支出政策均未能有效地发挥增进企业经营绩效的作用。究其原因可能在于两个方面：其一，财政支出资金使用不合理、效率不高，这最终影响了其实际作用；其二，财政支出资金所依赖的财政收入负担过高，抑制着企业经营绩效的提高。基于此在后续的部分中，我们将进一步对地区税负环境在企业经营绩效中的作用进行检验。

4.3 地区税负环境与企业绩效

表 4 显示了进一步考察地区税负环境对企业经营绩效的影响效应。模型 1 和模型 2 的结果表明，地区人均税收负担越高，该地区的上市公司企业的经营状况越差。在地区税负提高的时候，企业要将一部分收入转化为上缴的税收，会造成其收入的下降；同时，税负的提高产生的外部性也会造成企业生产积极性的降低，从而使企业减少生产，最后反映在营业收入的减少上。

表 4　　　　　　　　　　　　　　地区税负环境与企业经营绩效

因变量	模型 1	模型 2	模型 3	模型 4	模型 5	模型 6
	营业总收入	经营收入	营业总收入	经营收入	营业总收入	经营收入
perssssr	-0.137^{***}	-0.147^{***}	-0.140^{***}	-0.146^{***}	-0.505^{***}	-0.522^{***}
	(-5.36)	(-5.81)	(-5.49)	(-5.80)	(-9.09)	(-9.57)
zcfzl	0.040^{***}	0.040^{***}	0.040^{***}	0.040^{***}	0.039^{***}	0.040^{***}
	(116.84)	(120.11)	(117.43)	(120.54)	(117.06)	(120.92)
ldzcbz	0.148^{***}	0.157^{***}	0.144^{***}	0.155^{***}	0.146^{***}	0.157^{***}
	(7.47)	(7.95)	(7.25)	(7.86)	(6.47)	(7.05)
ldfzbz	0.319^{***}	0.313^{***}	0.313^{***}	0.314^{***}	0.313^{***}	0.303^{***}
	(17.60)	(17.38)	(17.21)	(17.46)	(15.28)	(14.94)
ssgbqybz	-0.007^{***}	0.003	-0.007^{***}	0.004	-0.008^{***}	0.005^{***}
	(-4.98)	(1.16)	(-4.97)	(1.51)	(-5.34)	(1.42)
gqjz	-0.006^{**}	0.0003	-0.005^{***}	0.0007	-0.013^{***}	0.0045
	(-2.19)	(0.11)	(-1.84)	(0.25)	(-2.81)	(0.70)
fyjg	-0.722^{***}	-0.760^{***}	-0.730^{***}	-0.767^{***}	0.686^{***}	-0.738^{***}
	(-21.04)	(-22.28)	(-21.30)	(-22.48)	(-16.47)	(-17.92)
_cons	0.179^{***}	0.176^{***}	0.188^{***}	0.177^{***}	0.219^{***}	0.206^{***}
	(8.35)	(8.25)	(8.73)	(8.33)	(9.01)	(8.42)

因变量	模型 1	模型 2	模型 3	模型 4	模型 5	模型 6
	营业总收入	经营收入	营业总收入	经营收入	营业总收入	经营收入
行业特征	控制	控制	控制	控制	控制	控制
企业效应	控制	控制	控制	控制	控制	控制
年份效应	控制	控制	控制	控制	控制	控制
R2_within	0.4916	0.5049	0.4947	0.5074	0.5508	0.5664
F 值	797.64***	839.92***	804.66***	845.59***	783.50***	832.99***
样本点	19008	18951	18913	18892	14544	14507

注：＊＊＊、＊＊、＊分别表示在 1%、5% 和 10% 的水平上显著。

从其他控制变量的结果上来看，影响作用和前文分析完全一致。资产负债率更高、流动资产和流动负债比重更大的企业经营绩效相对更好；过多依靠股东实收资本来融资以及大股东影响更大的企业反而会不利于经营绩效的提高；同时在生产和销售成本结构上，销售和财务等非生产性费用占比更高实际上不利于绩效的提高，而更多地将资源使用于产品的生产过程在促进绩效提高上更加有利。

同样考虑到金融行业的特殊性及北京、上海和广东等政治和经济中心对企业的影响，模型 3、模型 4 以及模型 5、模型 6 分别在剔除掉这两类特殊样本公司之后进行了重新估计。从分析结果来看，各个指标对企业经营绩效的影响完全一致，并且都十分显著。这些结果再次表明，地区税负环境与企业经营绩效之间是存在着负相关关系的，并且在剔除了相关扰动项后，这种关系表现得更为明显。相比于金融业和北上广地区，其他行业由于灵活度及地域性更明显，因此更容易受当地税负环境的压制，从而造成其经营状况的恶化；而非北上广地区的开放性相对较弱，当地企业遇到税负困境时其转嫁能力是相对较弱的，因此从实证结果来看，表现出了地区税负对企业经营绩效更强的影响。

4.4 分项税负与企业经营绩效

为进一步测度地区不同税负对企业经营绩效的影响，本部分继续对税负进行分项分析，对比不同税负影响的差异。我们重点考察增值税、营业税、企业所得税、个人所得税以及非税收入等五类税费负担，表 5 显示了实证分析结果。

从表中我们可以看到，人均增值税、人均营业税、人均企业所得税、人均个人所得税以及人均非税收入均显著地抑制着企业经营绩效的提升。值得注意的是，从影响的相对大小上来看：人均增值税的-0.46，人均营业税在-0.21，人均企业所得税为-0.23，人均个人所得税为-0.61，人均非税收入为-0.38。这说明在分项税负的情况下，企业对税收的变化更为敏感。同时，也可能是因为这几项税收是针对企业和个人征收的主要税种，所以对企业及其负责人的行为影响较大，进而对企业绩效产生作用。因此，从分项税收负担对企业经营绩效的影响实证结果来看，分类别的税负均显著地降低了企业经营绩效，特别是针对企业征收的几个主体税种，对企业的影响更大。作为以营利为目的的个体，企业的行为模式最终指向都是为了提高自己的经营绩效，从而增加收入；而过高的税负则抑制了企业的积极性，这对地区经济的长远发展事实上是不利的。在分项税负的情况下各税种对企业经营绩效的影响程度是各不相同的，要合理降低企业税负可以从这一个方面来着手。

其他控制变量的表现基本上与前文的分析结果完全一致，同时与既有文献的研究成果一致，这里不再赘述。

表5 　　　　　　　　　　　　　　分项税负与企业经营绩效

因变量	模型1	模型2	模型3	模型4	模型5	模型6	模型7	模型8	模型9	模型10
	营业总收入	经营收入	营业总收入	经营收入	营业总收入	经营收入	营业总收入	经营收入	营业总收入	经营收入
perzzs	-0.451 *** (-3.30)	-0.47 *** (-3.47)	—	—	—	—	—	—	—	—
peryys	—	—	-0.202 *** (-3.57)	-0.219 *** (-3.91)	—	—	—	—	—	—
perqysds	—	—	—	—	-0.223 *** (-3.27)	-0.238 *** (-3.53)	—	—	—	—
pergrsds	—	—	—	—	—	—	-0.612 *** (-3.20)	-0.657 *** (-3.47)	—	—
perfssr	—	—	—	—	—	—	—	—	-0.37 *** (-3.23)	-0.396 *** (-3.51)
zcfzl	0.039 *** (112.90)	0.040 *** (115.73)	0.039 *** (112.90)	0.040 *** (115.74)	0.0387 *** (112.90)	0.040 *** (115.74)	0.039 *** (112.90)	0.040 *** (115.74)	0.04 *** (116.79)	0.040 *** (120.04)
ldzcbz	0.179 *** (9.62)	0.188 *** (10.16)	0.179 *** (9.63)	0.189 *** (10.17)	0.1787 *** (9.59)	0.188 *** (10.13)	0.179 *** (9.58)	0.188 *** (10.12)	0.15 *** (7.44)	0.156 *** (7.92)
ldfzbz	0.327 *** (18.84)	0.323 *** (18.68)	0.328 *** (18.87)	0.3235 *** (18.71)	0.3275 *** (18.86)	0.3235 *** (18.70)	0.327 *** (18.84)	0.323 *** (18.68)	0.32 *** (17.70)	0.316 *** (17.51)
ssgbqybz	-0.01 *** (-4.90)	0.003 (1.01)	-0.01 *** (-4.91)	0.01 (1.01)	-0.0068 *** (-4.91)	0.003 (1.00)	-0.008 *** (-4.91)	0.003 (1.01)	-0.007 *** (-4.94)	0.003 (1.23)
gqjz	-0.004 * (-1.82)	0.0005 (0.18)	-0.004 * (-1.82)	0.0005 (0.18)	-0.0043 * (-1.85)	0.0004 (0.15)	-0.004 * (-1.84)	0.0004 (0.15)	-0.0056 *** (-2.21)	0.0003 (0.13)
fyjg	-0.742 *** (-23.03)	-0.77 *** (-24.15)	-0.741 *** (-23.01)	-0.773 *** (-24.14)	-0.741 *** (-23.00)	-0.773 *** (-24.12)	-0.741 *** (-22.99)	-0.773 *** (-24.11)	-0.72 *** (-21.07)	-0.7608 *** (-22.29)
_cons	0.151 *** (7.20)	0.147 *** (7.00)	0.150 *** (7.16)	0.146 *** (6.91)	0.147 *** (7.04)	0.143 *** (6.83)	0.150 *** (7.14)	0.146 *** (6.94)	0.17 *** (8.04)	0.168 *** (7.90)
行业特征	控制	控制	控制	控制	控制	控制	控制	控制	控制	控制

52

因变量	模型 1	模型 2	模型 3	模型 4	模型 5	模型 6	模型 7	模型 8	模型 9	模型 10
	营业总收入	经营收入	营业总收入	经营收入	营业总收入	经营收入	营业总收入	经营收入	营业总收入	经营收入
企业效应	控制	控制	控制	控制	控制	控制	控制	控制	控制	控制
年份效应	控制	控制	控制	控制	控制	控制	控制	控制	控制	控制
R2_within	0.448	0.4602	0.4485	0.4603	0.4484	0.4602	0.4484	0.4602	0.491	0.5043
F 值	733.55***	768.0***	733.67***	768.19***	733.53***	767.94***	733.49***	767.90***	796.1***	837.76***
样本点	21526	21461	21526	21461	21526	21461	21526	21461	19008	18951

注:＊＊＊、＊＊、＊分别表示在 1%、5% 和 10% 的水平上显著。

5. 结论与政策建议

本文以我国 1998—2012 年 A 股上市公司数据作为研究样本,实证分析了财税政策对我国企业经营绩效的影响。研究发现:第一,我国各地区之间公司的经营绩效表现差异很大,而我国地区财政支出与企业营业总收入和经营收入负相关。第二,政府支出方面,不论是从规模上还是从具体的支出结构上,均未能有效地发挥激励企业经营绩效提高的作用。第三,这些结论在一系列稳健性检验中依然保持着高度稳健性。

基于本文的研究结论,我们对完善我国政府的财政税收政策给出如下政策性检验:

第一,减少对市场的干预,真正让“看不见的手”可以自主发挥调节作用。市场需要自由,价值规律要求市场能够充分发挥作用,而政府干预不可避免会产生负外部性。但是,这也不意味着政府就应该放弃干预,而是要将其控制在一个合理的范围内。当前国家正在进行的“简政放权”行动正是这一方面的一个有益尝试,期待其能产生良好的效果。

第二,政府更多将自己的职能定位于提供公共服务和完善基础设施上,而不是以行政手段来干预企业的运转。这一点在中国个别地方表现得尤其严重,甚至让一些原本发展良好的企业最终走向了末路。当然,这里说政府转变职能只是说明政府要将其侧重点进行转移,而不是让政府放弃对市场的引导,合理的政府投资对于社会经济是有良好的存进作用的。

第三,规范和制度化政府征税行为,使企业税负控制在合理的范围内。这也是当年国内税制改革的一个重点。国家要继续推进税收制度改革,加快进行营业税改征增值税的行动,减轻企业的税收负担。另外,鉴于本文在测度个人所得税税负对企业经营绩效的影响时,发现该税种对企业经营绩效影响甚大,而目前我国个人所得税改革呼声也越来越大,本文认为国家也应该改革个人所得税,个人税负的减轻也有利于企业经营绩效的提高。

◎ 参考文献

[1] 戴晨，刘怡. 税收优惠与财政补贴对企业 R&D 影响的比较分析[J]. 经济科学，2008，3.

[2] 顾元媛. 寻租行为与 R&D 补贴效率损失[J]. 经济科学，2011，5.

[3] 古志辉. 地方政府财政政策与企业股权融资：理论与实证[J]. 南方经济，2006，4.

[4] 黄明峰，吴斌. 税收政策的变化影响公司资本结构吗？——基于两税合并的经验数据[J]. 南方经济，2010，8.

[5] 解维敏，唐清泉，陆珊珊. 政府 R&D 资助、企业 R&D 支出与自主创新——来自中国上市公司的经验证据[J]. 金融研究，2009，6.

[6] 孔东民，傅蕴英，康继军. 政府支出、金融发展、对外开放与企业投资[J]. 南方经济，2012，3.

[7] 李元旭，宋渊洋. 地方政府通过所得税优惠保护本地企业吗？——来自中国上市公司的经验证据[J]. 中国工业经济，2011，5.

[8] 李增福，徐媛. 税率调整对我国上市公司实际税收负担的影响[J]. 经济科学，2010，3.

[9] 刘凤委，于旭辉，李琳. 地方保护能提升公司绩效吗？——来自上市公司的经验证据[J]. 中国工业经济，2007，4.

[10] 刘海洋，孔祥贞，马靖. 补贴扭曲了中国工业企业的购买行为吗？——基于讨价还价理论的分析[J]. 管理世界，2012，10.

[11] 刘虹，肖美凤，唐清泉. R&D 补贴对企业 R&D 支出的激励与挤出效应——基于中国上市公司数据的实证分析[J]. 经济管理，2012，4.

[12] 柳剑平，郑绪涛，喻美辞. 税收、补贴与 R&D 溢出效应分析[J]. 数量经济技术经济研究，2005，12.

[13] 刘穷志. 出口退税与中国的出口激励政策[J]. 世界经济，2005，6.

[14] 雒敏，聂文忠. 财政政策、货币政策与企业资本结构动态调整——基于我国上市公司的经验证据[J]. 经济科学，2012，5.

[15] 马国强. 企业税收负担水平的测定与判断[J]. 财贸经济，1992，8.

[16] 万华林，朱凯，陈信元. 税制改革与公司投资价值相关性[J]. 经济研究，2012，3.

[17] 吴洪鹏，刘璐. 挤出还是挤入：公共投资对民间投资的影响[J]. 世界经济，2007，2.

[18] 吴联生. 国有股权、税收优惠与公司税负[J]. 经济研究，2009，10.

[19] 邵敏，包群. 政府补贴与企业生产率——基于我国工业企业的经验分析[J]. 中国工业经济，2012，7.

[20] 施炳展，逯建，王有鑫. 补贴对中国企业出口模式的影响：数量还是价格？[J]. 经济学(季刊)，2013，7.

[21] 苏振东，洪玉娟，刘璐瑶. 政府生产性补贴是否促进了中国企业出口？——基于制

造业企业面板数据的微观计量分析[J]. 管理世界, 2012, 5.

[22] 孙军. 地区市场潜能、出口开放与我国工业集聚效应研究[J]. 数量经济技术经济研究, 2009, 7.

[23] 曾国祥. 税收政策与企业科技创新[J]. 财贸经济, 2001, 3.

[24] 赵增耀, 夏斌. 市场潜能、地理溢出与工业集聚——基于非线性空间门槛效应的经验分析[J]. 中国工业经济, 2012, 11.

[25] 庄子银, 邹薇. 公共支出能否促进经济增长：中国的经验分析[J]. 管理世界, 2003, 7.

[26] 周中胜, 罗正英. 财政分权、利益输送与企业现金股利政策[J]. 经济管理, 2011, 1.

[27] Alvarez, R. , and Crespi, G. . Exporter performance and promotion instruments: Chilean empirical evidence[J]. *Estudios de Economia*, 2000, 27(2).

[28] Banjeree, S. , Almas , H. , and Clas, W. . The dynamics of capital structure [R]. *Working Paper Series in Economics and Finance*, 2000.

[29] DemirgüC-Kunt, A. , and Makismovic, V. . Law, finance, and firm growth[J]. *Journal of Finance*, 1998, 53.

[30] Fisher, W. H. , and Tumoveky, S. J. . Public investment, congestion, and private capital accumulation[J]. *The Economic Journal*, 1998, 5.

[31] Givoly, D. , Hahn, C. , Ofer, A. , and Sarig, O. H. . Taxes and capital structure evidence from firms' response to the *Tax Reform Act* of 1986 [J]. *Review of Financial Studies*, 1992, 5.

[32] Grant , R. , and Roman, L. . Determinants of the variability in corporate effective tax rates and tax reform: Evidence from Australia [J]. *Journal of Accounting and Public Policy*, 2007, 26.

[33] Guellec, D. , and Van Pottelsberghe. The impact of public R&D expenditure on business R&D[J]. *Economiclnnovation New Technology*, 2003, 12(3).

[34] Helmers, C. , and Trofimenko , N. . Export subsidies in a heterogeneous firms framework, der trade unions in U. S. manufacturing[J]. *American Economic Review*, 2010, 79.

[35] Jensen, M. . The modern industrial revolution, exit, and the failure of internal control systems[J]. *Journal of Finance*, 1993, 3.

[36] Johnson, S. , McMillan, J. , and Woodruff, C. M. . Property right, finance, and entrepreneurship[R]. *Working Paper of NBER*, 1999.

[37] Levine , R. , and David Renelt. A sensitivity analysis of cross-country growth regressions [J]. *American Economics Review*, 1992, 82(4).

[38] Martinez-Lopez , D. . Linking public investment to private investment—The case of Spanish regions[J]. *International Review of Applied Economics*, 2006, 20.

[39] Rajan , and Zingales. Financial dependence and growth [J]. *The American Economicis Review*, 1995, 88.

[40] Siegfried, J.. Effective average U. S. corporation income tax rates [J]. *National Tax Journal*, 1974, 27.

Fiscal Policies and Firm Operating Performance
—Empirical Evidence from Chinese Listed Companies

Lu Shenfeng[1] Fu Aijun[2]

(1, 2 Economics and Management School of Wuhan University, Wuhan, 430072)

Abstract: As to the factors that result in regional differences of firm operating performance, existing relevant studies focused mainly on market potential and economic agglomeration, however, the role that government fiscal and taxation policy has played is usually neglected. This paper is based on the matched data between China's A-share listed companies and their local fiscal-taxation policy from 1998 to 2012. The following conclusions can be made after research. Firstly, government fiscal expenditure policy failed to offer an effective drive for the improvement of enterprise economic performance. Secondly, regional tax environment notably inhibit its enterprises' growth in operating revenue. Thirdly, further analyses about divided fiscal expenditure projects and tax category as well as robustness analysis generally support the previous two conclusions. This paper gives corresponding policy recommendations: as the Heavy Taxes-High Spending policy which tries to strengthen government intervention actually cannot effectively stimulate the operating performance of enterprises, now what should be done is to reduce government intervention and give full play to the decisive role of market in order to improve the enthusiasm for production of the microcosmic market players like the enterprises.

Key words: Fiscal policy; Tax policy; Firm operating performance

专业主编: 李青原

人民币汇率对产业结构调整影响的实证研究[*]

● 王博雅[1]　刘思跃[2]

（1，2　武汉大学经济与管理学院　武汉　430072）

【摘　要】本文通过构建非线性半对数模型，对我国 1994—2014 年的相关经济数据进行实证检验，直接研究汇率对我国产业结构调整的影响。结果表明，人民币名义有效汇率对第一产业影响不明显。人民币升值在一定程度上会抑制第二产业的发展，促进第三产业的发展。汇率对第三产业的影响程度大于对第二产业的影响，与以前大多数研究不同，本研究是人民币一定范围内的升值会促进产业结构优化的有力证据。2005 年汇率改革减小了汇率对经济的冲击，表明促进外汇市场的成熟有利于经济发展。

【关键词】汇率　产业结构　非线性模型

1. 引言

汇率作为一种相对价格，影响物价水平、对外贸易和国际资本流动等一系列经济因素，在经济全球化不断深入的当今世界，其变动与产业结构的调整息息相关。2005 年 7 月，中国人民银行宣布实行"以市场供求为基础，参考一篮子货币进行调节、有管理的浮动汇率制度"以来，随着外汇市场的逐步成熟，汇率对促进经济发展起到了越来越重要的作用。

近年来，我国产业结构的问题日渐凸显，改变经济发展方式刻不容缓。2013 年 12 月，习近平在中央经济工作会议上强调国家要的是要劳动生产率同步提高、经济活力增强、结构调整有成效的经济发展速度。研究汇率对我国产业结构调整的影响，对于制定合理政策，促进我国产业结构调整有重要的现实意义。

汇率传递不完全且存在时滞的结论基本达成统一。微观层面的研究从商品市场结构差异对此进行了解释。Krugman（1987）提出依市定价理论（Pricing to Market，PTM），认为企

---

* 本文是教育部人文社科规划基金项目"汇率波动与通货膨胀对我国汇率传递效应影响的理论与实证研究"（项目批准号：10YJA790119）和武汉大学人文社会科学研究项目"汇率变动、汇率传递和产业结构调整研究"的阶段性成果。

通讯作者：王博雅，E-mail：987750351@qq. com。

业会调整价格加成采取差别定价策略，自身吸收汇率变动带来的成本以保持其原有市场份额。Dornbusch（1987）、Dixit（1989）分别指出价格黏性和沉淀成本减少了汇率传递的弹性。对汇率不完全传递的宏观层面研究主要从一国通货膨胀环境、对外经济开放度、货币制度等角度出发。Taylor（2000）提出在全球竞争压力提高和稳定的低通货膨胀环境中，汇率对价格传递效应减弱。对我国现状的研究成果基本上支持汇率传递的不完全性且具有时滞（卜永祥，2001；毕玉江、朱钟棣，2006；封北麟，2006；周阳，2011），汇率冲击对价格的传递效应沿商品流通链呈递减趋势（傅强、吴卯会，2011）。

学术界对汇率变动与国际贸易的关系尚未达成统一。Chowdhury（1993）、Caporale 和 Doroodian（1994）认为持续的大幅汇率波动不利于贸易的发展，Klein（1990）、Daly（1998）、Chou（2000）提出汇率对贸易的影响随国家和产业的不同而变化。人民币汇率波动在长期内对贸易的影响的研究基本赞同汇率对不同产品影响程度不同，对劳动密集型产品的影响大于对资本密集型产品的影响（曾铮、张亚斌，2007；魏晓琴、刘国峰，2010）。对外贸易促进了产业结构的优化升级，但同时也存在一定问题（刘希宋、邱瑞，2009；黄小兵，2011）。

汇率变动对 FDI 的影响存在较大争议。Caves（1989）、Froot 和 Stein（1991）研究发现美元贬值促进了美国大量 FDI 的流入，而 Goldberg 和 Kolstad（1995）并未发现汇率贬值对外商直接投资有明显影响。Secru 和 Vanhulle（1992）认为汇率波动程度会抑制外商直接投资，而 Cushman（1988）则持相反观点。我国学者认为 FDI 促进了我国经济增长，促进了产业结构的优化升级（薄文广，2005；吴凡，2008；张望，2009）。

汇率变动会影响就业结构，不同产业部门受影响程度不同（Dixit，1989；Pindyck，1991；Lebow，1993；Ansgar Belke and Leo Kaas，2002；Frenkel Roberto，2004）。汇率变动会引起贸易品价格、生产要素价格的变化，进而引起要素资源在国民经济各部门间的重新分配，并导致产业结构的调整（谷克鉴、余剑，2008；巴曙松、王群，2009；黄先军、曹家和，2011）。

总结现有研究成果，汇率变动通过价格传递、国际贸易、国际投资三条路径对产业结构调整产生影响。汇率的不完全传递使得汇率变动对不同产业影响程度不同，同时汇率通过影响国际贸易和国际投资促进了产业结构调整。

目前直接研究汇率对产业结构影响文献的较少，且实证研究中很少考虑影响产业结构发展的因素存在复杂的非线性关系这一点。针对上述不足，本文沿袭钱纳里—赛尔昆的产业模型构建方法，构建符合中国现状的非线性半对数模型，直接研究汇率对我国产业结构的影响。本文结构安排如下：第二部分从理论上分析汇率从通过价格传递效应、对外贸易途径及国际投资对产业结构的影响；第三部分构建非线性模型；第四部分对人民币名义有效汇率、各产业占 GDP 的比重等经济数据进行实证研究，分析汇率变动对我国产业结构的影响程度。最后，根据本文研究结果得出结论，提出适合我国经济发展需要、有利于促进我国产业结构优化升级的政策建议。

2. 汇率影响产业结构调整的理论路径

综合已有的理论和研究成果，汇率变动对产业结构调整的影响从理论上可分为价格穿越路径、对外贸易路径、国际投资路径三种方式。汇率作为一种相对价格，其变动会通过对价格的影响改变生产要素的丰裕程度及资本的相对存量，促使要素资源在不同产业部门间重新配置，最终促进产业结构的调整。其中，汇率对价格不完全传递效应贯穿始终。

价格穿越路径通过两个阶段性的传导机制发挥作用，在价格不完全传递效应的前提下，汇率变动对进口价格、生产者价格、消费者价格的影响通过商品流通链不断减弱，而且存在一定的时滞。不同产业部门的相对价格发生改变，进而促进资源和要素的重新配置，从而导致产业结构的改变。例如，汇率的改变直接引起贸易品和非贸易品之间相对价格的变化，在贸易部门生产率明显高于非贸易部门时，根据巴拉萨和萨缪尔森1964年提出的"巴拉萨—萨缪尔森效应"，即使实际汇率升值导致非贸易品价格上升，投资于贸易部门仍存在更高的利润空间，更多资源流向贸易部门，产业结构发生改变。

对外贸易路径是指汇率变动通过贸易条件的改变影响一国对外贸易的状况，进而影响经济增长，促进产业结构转变。根据弹性分析法可知，汇率变动改变了进出口商品的相对价格，影响国内外商品的需求量，对外贸易状况发生改变。对外贸易的增长，一方面会直接影响贸易部门的产出及利润，促进生产要素及资源在不同部门之间的重新配置；另一方面对外贸易作为经济增长的引擎，可以促进国民经济的整体发展，进而影响产业结构的调整。

汇率变动对产业结构产生影响的国际投资路径也分两阶段发挥作用。汇率水平的变动会产生财富效应即本国财富存量相对于国外发生价值变化，汇率波动性的变动则会改变国际投资的风险和投资者的预期，促进资产的国际转移，影响国际投资的收益。在国际投资的直接和间接投资两种形式中，直接投资尤其受到关注。直接投资可直接增加资本要素的供给，促进就业，其技术外溢效应能有效提升一国的生产技术及经营管理水平，有助于相关产业部门生产力的提高，影响产业结构的调整。

3. 模型设定

钱纳里、赛尔昆(1975)认为发展过程受到经济结构、政策等多种因素的非线性影响，通过将影响产业结构的因素独立出来，提出了经典的半对数模型：

$$X = \alpha + \beta_1 \ln y + \beta_2 (\ln y)^2 + \gamma_1 \ln N + \gamma_2 (\ln N)^2 + \sum \delta_i T_j + \varepsilon F \tag{1}$$

其中 X 代表以比重形式表示的经济结构；y 代表人均国民生产总值；N 是以百万为单位的人口数；F 作为国内生产总值一部分的净资源流入，用进口减去商品和非要素劳务的出口来表示；T 是时间虚拟变量。

钱纳里同时指出，完整模型适用于跨国横截面型的平均时间序列分析，但任何一国的有限差异范围则要求简化公式。此时，为区分不同规模经济体而加入的人口 (N) 变量会导致序列相关，因此略去 N。

由上文的理论分析可知,汇率通过价格穿越路径、对外贸易路径、国际投资路径三种方式促进了产业结构的调整,对产业结构有极其重要的影响。根据钱纳里—赛尔昆模型的构建思路,本文加入对产业结构有重要影响的汇率因素。又由于汇率对国际投资和国际贸易有重要影响,即对决定 F 的进口、出口、储蓄、投资均有直接的决定性作用,汇率对产业结构影响的三条路径中包含了 F 对产业结构的影响,研究更为全面,所以去掉 F。相较于国民生产总值,国内生产总值对经济结构的描述更为精确,同时在去掉人口(N)之后仍考虑经济规模的影响。从我国实际考虑,采用 2005 年 7 月汇率改革作为虚拟变量比单纯的时间段虚拟变量更为合适,而交互项更能突出该政策的效果。基于上述考虑,本文构建的非线性模型为:

$$X_t = \alpha + \beta_1 \ln Y_t + \beta_2 (\ln Y)^2_t + \beta_3 E_t + \beta_4 \mathrm{DUME} + u_t \qquad (2)$$

其中,X 表示各产业占国内生产总值的比重,Y 表示国内生产总值,E 表示汇率,DUME 为 2005 年汇率改革的虚拟变量和汇率的乘积交互项。

4. 实证分析

1985 年后我国三次产业的产出比重呈现"二三一"的格局。第一产业增加值占 GDP 的比重从 1990 年起基本上呈不断下降趋势,2013 年下降到 10.01%。第二产业增加值占 GDP 的比重在 45% 上下波动。第三产业增加值占 GDP 的比重呈上升趋势,2013 年首次超过第二产业 2.2 个百分点,达到了 46.09%。产业结构呈现"三二一"格局,如图 1 所示。

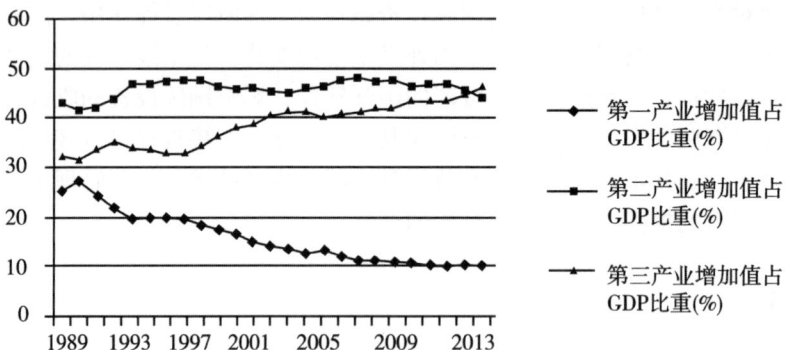

图 1　我国三次产业增加值占 GDP 比重

从三次产业内部结构来看,产业结构也得到了一定的优化。第一产业中,农业所占比重下降、林业比重相对维持稳定、牧业和渔业比重有所上升。第二产业中,工业所占比重仍处于较高水平,工业结构正在逐步向以加工组装工业为核心的资本密集型和技术密集型工业发展。第三产业中,金融保险业、信息服务业等生产性服务业发展迅速,电子商务、文化创意等新兴产业有了长足进步。

从总体上看来,我国产业结构不断优化,第三产业在国民经济中的地位逐渐增加。但是产业结构存在的问题也不容忽视,我国三次产业的产值比重失衡,尤其是服务业发展不足。农业、工业、服务业在技术水平、产业附加值等方面存在着不同程度的发展"短板"，产业竞争力不强。由图 1 可看出，产业结构在 2005 年左右发生变化，这可能与汇率政策的调整有关，下面将进行实证研究。

4.1 数据说明

1994 年 1 月 1 日起，我国开始实行以市场供求为基础、单一的、有管理的浮动汇率制度，故选用 1994 年后的数据。由于数据可得性，采用季度数据，样本区间从 1994 年第一季度到 2014 年第二季度。

汇率采用人民币名义有效汇率，来源于国际清算银行，为名义标价法下月度平均汇率，处理为基期 2010 = 1。

对于产业结构的衡量，分别选用第一、二、三产业增加值占 GDP 的比重。国内生产总值和第一、二、三产业的增加值(分别记为 FI、SI、TI)均源于中经网统计数据库。

对源数据进行如下初步处理：将名义有效汇率用 Hodrick-Prescott 滤波处理后转换频率为季度数据，记为 NEER；对国内生产总值 Y 取对数，记为 LY，相应平方值记为 LY^2；第一、二、三产业增加值占 GDP 的比重分别由 FI/Y、SI/Y、TI/Y 得到，分别记为 FIY、SIY、TIY。各变量均经过 X12 季节调整。DUME 为 DUM 和 NEER 的乘积，记为 DUMNEER。其中 $DUM_t = 0$ （$t \leqslant 2005 \, Q_2$），$DUM_t = 1$ （$t \geqslant 2005 \, Q_3$）。

本文计量处理采用 Eviews 6.0 完成。

4.2 模型检验

4.2.1 平稳性检验

对 FIY、SIY、TIY、LY、LY^2、NEER、DUMNEER 进行 ADF 平稳性检验，结果如表 1 所示。

表 1   **各变量的平稳性检验结果**

原序列	t 统计值	P 统计值	差分序列	t 统计值	P 统计值	结论
FIY	−2.69725	0.24060	$D(\text{FIY})$	−13.13387	0.00000	I(1)
SIY	−1.98812	0.59880	$D(\text{SIY})$	−10.90555	0.00000	I(1)
TIY	−1.75574	0.71690	$D(\text{TIY})$	−2.82467	0.05960	I(1)
LY	−1.47859	0.82890	$D(\text{LY})$	−6.20867	0.00000	I(1)
LY^2	−1.49975	0.82170	$D(\text{LY}^2)$	−4.06394	0.00190	I(1)
NEER	−2.03306	0.57310	$D(\text{NEER})$	−2.84214	0.05740	I(1)
DUMNEER	−2.13370	0.51930	$D(\text{DUMNEER})$	−8.97736	0.00000	I(1)

表 1 结果表明，在 10% 的置信水平下，各变量都是非平稳的，经过一阶差分后均转化为平稳序列，即均为一阶单整序列。

4.2.2 协整检验

本部分检验的三个模型如下:

$$FIY_t = \alpha + \beta_1 LY_t + \beta_2 (LY)^2_t + \beta_3 NEER_t + \beta_4 DUMNEER_t + u_t \quad (3)$$

$$SIY_t = \alpha + \beta_1 LY_t + \beta_2 (LY)^2_t + \beta_3 NEER_t + \beta_4 DUMNEER_t + u_t \quad (4)$$

$$TIY_t = \alpha + \beta_1 LY_t + \beta_2 (LY)^2_t + \beta_3 NEER_t + \beta_4 DUMNEER_t + u_t \quad (5)$$

采用 Johansen(1988)、Juselius(1990)提出的 JJ 检验对变量进行多重协整检验,结果如表 2 所示。

表2   **各模型 JJ 检验结果**

模型	原假设	特征值	迹统计量	5%临界值	P 值
	None	0.656128	173.7429	69.81889	0
(3)	At most 1	0.381717	89.41163	47.85613	0
	At most 2	0.278343	51.42772	29.79707	0
	None	0.691194	156.1856	69.81889	0
(4)	At most 1	0.313848	63.35732	47.85613	0.0009
	At most 2	0.252828	33.60151	29.79707	0.0174
	None	0.625966	157.31	69.81889	0
(5)	At most 1	0.419632	79.62073	47.85613	0
	At most 2	0.290616	36.63746	29.79707	0.007

可以看出,模型(3)、模型(4)、模型(5)均存在不止两个协整关系。由于下文将采用最小二乘法估计模型,所以不具体列出以上各模型的正规化协整关系。

4.2.3 最小二乘回归

由于四个模型均协整,故可根据模型建立方程检验汇率对产业结构的影响。采用最小二乘法回归得到:

FIY = 0.221071 − 0.0843360LY + 0.0157776LY2 − 0.006917NEER − 0.004880DUMNEER

    (13.07512) (−11.65283) (7.551553)   (−0.302943)   (−0.807726)

$R^2 = 0.932351$ Adjusted $R^2 = 0.928837$ Durbin-Watson stat = 0.529718   (6)

SIY = 0.580208 + 0.022826LY − 0.007004LY2 − 0.143944NEER + 0.013745DUMNEER

    (49.35980) (4.536475) (−4.821617) (−9.067418)   (3.272139)

$R^2 = 0.753342$ Adjusted $R^2 = 0.740528$ Durbin-Watson stat = 0.977726   (7)

TIY = 0.190379 + 0.062486LY − 0.009492LY2 + 0.159894NEER − 0.007932DUMNEER

    (8.920731) (6.840224) (−3.599335) (5.547696)   (−1.040001)

$R^2 = 0.923054$ Adjusted $R^2 = 0.919057$ Durbin-Watson stat = 0.240892   (8)

三个方程的 D.W. 值均表示模型残差存在严重的自相关性,下面通过广义差分法解决这一问题。

4.2.4　广义差分法估计

分别将方程(6)、(7)、(8)的残差序列分别命名为 res01、res02、res03，判断其滞后期。结果如表 3 所示。

表 3　　　　　　　　　　　　　各方程残差项滞后期

序列	Lag	LogL	LR	FPE	AIC	SC	HQ
res01	0	283.6247	NA	5.00e−05	−7.065617	−7.035842	−7.053679
	1	308.1505	47.82543*	2.78e−05	−7.653764	−7.594213*	−7.629888*
	2	309.2185	2.055818	2.77e−05*	−7.655462*	−7.566136	−7.619649
res02	0	280.9468	NA	3.35e−05	−7.465248	−7.434348	−7.45291
	1	297.2399	31.71719*	2.23e−05*	−7.873063*	−7.811264*	−7.848387*
	2	297.3043	0.123705	2.29e−05	−7.848115	−7.755415	−7.811101
res03	0	256.357	NA	9.89e−05	−6.383926	−6.35415	−6.371988
	1	309.4947	103.6184*	2.69e−05*	−7.687367*	−7.627816*	−7.663491*
	2	309.5753	0.155299	2.75e−05	−7.664383	−7.575057	−7.62857

注：＊表示在 0.1 水平上显著。

由表中结果可以看出，三个模型残差项自回归的滞后阶数均为 1。对各残差序列分别自回归，得到 res01 = 0.677438res01（−1），res02 = 0.510785res02（−1），res03 = 0.824656res03(−1)。

模型中存在 LY^2 的平方项，一般的差分方法不适用。方程(6)、(7)、(8)的估计结果为无偏估计，且关注点在各解释变量对产业结构的影响程度即斜率上，所以本文借鉴肖芳芳（2011）的方法，引入残差滞后项，建立新的差分模型如下：

$$\mathrm{FIY}_t = \alpha + \beta_1 \mathrm{LY}_t + \beta_2 (\mathrm{LY})_t^2 + \beta_3 \mathrm{NEER}_t + \beta_4 \mathrm{DUMNEER}_t + 0.677438 u_{t-1} + v_t \quad (9)$$

$$\mathrm{SIY}_t = \alpha + \beta_1 \mathrm{LY}_t + \beta_2 (\mathrm{LY})^2_t + \beta_3 \mathrm{NEER}_t + \beta_4 \mathrm{DUMNEER}_t + 0.510785 u_{t-1} + v_t \quad (10)$$

$$\mathrm{TIY}_t = \alpha + \beta_1 \mathrm{LY}_t + \beta_2 (LY)_t^2 + \beta_3 \mathrm{NEER}_t + \beta_4 \mathrm{DUMNEER}_t + 0.824656 u_{t-1} + v_t \quad (11)$$

进行最小二乘估计的结果如表 4 所示。

估计结果中 D.W. 值显示三个模型的自相关性基本消除，而且各模型的拟合优度明显提高，与样本观测值拟合的程度较好。

对于 LY 和其平方项 LY^2 可能存在的多重共线性问题。首先，对数的二次项可以很好拟合发展过程的渐进水平，且保留平方项可以检验总量构成的变化中存在非线性。其次，放弃平方项会导致对方程的错误解释，这是多重共线性的最大危险。同时，从上述估计结果可以看出，LY 和 LY^2 都是显著的，而且更重要的是这两者的综合结果，可以预计这种共线性未来还将存在，对预测不构成严重问题。

由表 4 回归结果可以看出，汇率 NEER 及其与汇率改革的交互项 DUMNEER 对第一产业所占比重的影响均不明显。2005 年汇率改革前，汇率每升值 1%，第二产业所占比重减少 0.15127%，第三产业所占比重增加 0.191706%。汇率改革后汇率对产业结构的影响程度可根据 NEER 和 DUMNEER 的系数之和反映出来，表 4 结果表明，汇率改革后汇率对产业结构的影响均略有降低，汇率每升值 1%，第二产业所占比重减少 0.138714%（−0.138714 = −0.151270 + 0.012556），第三产业所占比重增加 0.185604%（0.185604 = 0.191706−0.006102）。汇率对第三产业的影响程度大于第二产业，汇率改革对第二产业影响更明显。

表4 广义差分估计回归结果

解释变量	被解释变量		
	FIY	SIY	TIY
C	0.23844 *** (21.82171)	0.585489 *** (56.68624)	0.161588 *** (17.51515)
LY	−0.08828 *** (−18.27494)	0.024265 *** (5.313990)	0.064547 *** (15.82579)
LY2	0.017492 *** (12.55490)	−0.007035 *** (−5.341617)	−0.011298 *** (−9.604374)
NEER	−0.023956 (−1.642866)	−0.151270 *** (−10.97475)	0.191706 *** (15.57135)
DUMNEER	−0.005073 (−1.315185)	0.012556 *** (3.443835)	−0.006102 * (−1.873882)
R-squared	0.970908	2.005647	0.985184
Adjusted R-squared	0.969377	0.799057	2.390564
Durbin-Watson stat	2.399368	0.809104	0.984404

注：*、* *、* * * 分别表示在 0.1、0.05、0.01 水平上显著。

LY 及其平方项对第一产业影响明显，国内生产总值平均每增加 1%，第一产业占 GDP 的比重减少 0.000378 个百分点[①]（−0.08828+2×0.017492×1.443856），这符合我国第一产业在国民经济中的地位随经济发展逐渐降低的现实。国内生产总值平均每增加 1%，第二产业占 GDP 比重增加 0.0000395 个百分点小于第三产业占 GDP 比重的增加

---

① 由模型得出 $\overline{\partial X/\partial LY} = \beta_1 + 2\beta_2 \overline{LY}$，由相关计量经济学知识可知，该方程表示因内生产总值 Y 每变动 1 个单位，产业结构 X 变动（$\beta_1 + 2\beta_2 \overline{LY}$）%。其中，根据样本值计算得现 $\overline{LY}$=1.443856，进而可以代入表 4 所列出的不同模型估计结果中的 LY 和 LY2 的系数，计算出国内生产总值对相应产业占 GDP 比重的影响程度。

（0.0003192 个百分点）。

5. 结论及相关政策建议

5.1 结论

本文通过构建非线性模型对人民币汇率对产业结构的影响进行了实证研究，对我国1994—2014 年的相关季度数据依次进行单位根检验、协整检验、最小二乘估计、广义差分法估计，得出如下结论：

5.1.1 人民币名义有效汇率对第一产业影响不明显

同时，人民币升值在一定程度上抑制了第二产业的发展，促进第三产业的发展。我国第一产业相较于第二、三产业的经济外向性较弱，对汇率变化的敏感度低，且我国第一产业尤其农业生产效率低下，在资源配置中的影响较小。人民币升值一方面会增加我国出口商品在国际贸易中的相对价格，从而减少出口；另一方面主要是由于我国出口企业国际竞争力普遍较弱，定价能力低，出口企业自身会通过降低商品价格来维持市场占有率，从而导致在平均利润较低的情况下进一步降低利润，这不利于企业的进一步发展。人民币购买力的上升也会通过影响国内市场对国内外商品的相对需求，进而削弱出口企业在国内市场的竞争力。所以人民币名义有效汇率的上升会在一定程度上抑制第二产业的发展。近年来，我国第三产业中以信息技术为代表的高新技术产业迅速崛起，并且在国际市场中的竞争力逐渐增大，人民币名义有效汇率的升高有利于这些企业利润的增加，从而促进第三产业的发展。

5.1.2 人民币名义有效汇率变动对第三产业的影响程度大于对第二产业的影响

这是本文与之前的相关研究结论不同的地方。在之前的大多数研究中，由于我国第三产业发展相对落后、对第三产业出于各种考虑存在多种管制，对外贸易中第二产业占绝大多数的情况下，人民币名义有效汇率的上升对第二产业的影响要大于第三产业。本文的研究结果表明，近年来在我国逐步放松对第三产业相关管制等情况下，第三产业得到较好发展，在对外贸易中所占的份额增大，在对外贸易中的地位明显提升。人民币升值会吸引国际投资的流入，增加资本和技术密集型产业的比重，淘汰一部分生产率低下的产业部门，促进高新技术产业及服务业的发展，从而使得第三产业相对于第二产业在国民经济中的地位逐渐上升。在这一前提下，人民币名义有效汇率在一定范围内的上升将进一步促进产业结构的优化升级。

5.1.3 2005 年汇率制度的改革降低了汇率变动对我国产业结构的影响程度

汇率改革促进了我国外汇市场的成熟，有利于交易主体的自主定价和汇率风险管理，减小了汇率变动的冲击，有利于经济的长远发展。随国内生产总值的增加，第一产业所占比重有小幅降低，第三产业所占比重增长快于第二产业。这符合一般的经济发展趋势，随着经济实力的增强，产业结构逐渐优化。

基于我国目前第二产业内部发展并不均衡，国际竞争力较低，同时第二产业在促进我国经济发展中的地位依然极为重要，而且出于经济安全稳定的考虑，人民币的升值应该在一定范围内，才能保证产业结构的优化升级。

5.2 相关政策建议

推进产业结构的优化需要多种政策的协调实施，根据本文上述分析结果，提出以下政策建议：（1）逐步增加汇率弹性，进一步完善汇率市场，促进汇率决定市场化机制的形成。逐步放宽对资本市场的管制，以利于出口企业在国际金融市场采用多种投融资、结算方式进行风险管理，积极主动应对汇率变动带来的风险，进行外汇避险。（2）加大自主创新的投入，完善技术创新体系，提高关键技术的自给能力，增强我国出口企业的国际竞争力和品牌影响力，争取在国际市场的"话语权"；逐步放宽对第三产业的准入限制，引入竞争机制，对高新技术产业给予诸如出口退税等相应政策支持，促进第三产业的进一步发展。（3）积极引导市场需求，继续实行扩大内需的政策，充分发挥内需在拉动经济增长中的作用，拓展国内市场，降低我国经济发展尤其是出口企业对国际市场的过度依赖。（4）积极引导各产业的发展，加快推进产业兼并重组，淘汰生产力落后企业，同时主动引导外商直接投资结构和流向，优化进出口商品结构，优化第二产业内部结构，促进传统产业的转型升级，大力培育战略性新兴产业。

◎ 参考文献

[1] 巴曙松，王群. 人民币实际有效汇率对我国产业、就业结构影响的实证分析[J]. 财经理论与实践，2009，30.

[2] 毕玉江，朱钟棣. 人民币汇率变动的价格传递效应[J]. 财经研究，2006，7.

[3] 薄文广. FDI、国内投资与经济增长：基于中国数据的分析和检验[J]. 世界经济研究，2005，9.

[4] 卜永祥. 人民币汇率变动对国内物价水平的影响[J]. 金融研究，2001，3.

[5] 封北麟. 汇率传递效应与宏观经济冲击对通货膨胀的影响分析[J]. 世界经济研究，2006，12.

[6] 傅强，吴卯会. 人民币汇率变动的价格传递效应研究[J]. 世界经济研究，2011，7.

[7] 谷克鉴，余剑. 汇率变化与中国产业结构调整研究[M]. 北京：中国人民大学出版社，2008.

[8] 胡邦勇. 实际汇率变动对我国 FDI 的影响[J]. 统计与决策，2007，24.

[9] 黄小兵. 异质企业、汇率波动与出口——基于中国企业的实证研究[J]. 国际金融研究，2011，10.

[10] 黄先军，曹家和. 中国产业结构调整的汇率驱动模型及实证分析[J]. 经济问题，2011，4.

[11] 刘希宋，邱瑞. 我国对外贸易与产业结构关系动态分析[J]. 统计与决策，2009，4.

[12] 王海军. FDI、国内投资与经济增长的实证分析[J]. 经济研究导刊，2009，30.

[13] 魏晓琴，刘国峰. 汇率传递效应对我国出口商品结构调整的实证分析[J]. 金融理论

与实践，2010，4.

[14]吴凡. 全球化背景下外商直接投资与中国产业结构优化研究[M]. 成都：西南财经大学出版社，2008.

[15]吴进红. 对外贸易与长江三角洲地区的产业结构升级[J]. 国际贸易问题，2005，4.

[16]于津平，赵佳. 人民币—美元汇率与中国 FDI 的利用关系的实证分析[J]. 世界经济研究，2007，12.

[17]曾铮，张亚斌. 人民币实际汇率升值于中国出口商品结构调整[J]. 世界经济，2007，5.

[18]张谊浩. 现行人民币汇率有利于引进外商直接投资[J]. 财经科学，2003，6.

[19]张望. FDI 对国内投资与经济增长的冲击效应分析——基于 VAR 模型的分析[J]. 技术经济与管理研究，2009，6.

[20]周阳. 人民币汇率变动对我国物价水平的传递效应[J]. 商业研究，2011，8.

[21]Caves, R. E.. *Multinational enterprises and economic analysis*[M]. Cambridge：Cambridge University Press，1982.

[22]Chenery, and Syrquin. *Patterns of development* 1950-1970 [M]. Oxford：Oxford University Press. 1975.

[23]Chowdhury, A. R.. Does exchange rate volatility depress trade flows? Evidence from error-correction models[J]. *Review of Economics and Statistics*，1993，75.

[24]Cushman, D. O.. Exchange-rate uncertainty and foreign direct investment in the United States[J]. *Review of World Economics*，1988，124(2).

[25]Dixit, A.. Hysteresis, import penetration and exchange rate pass-through[J]. *Quarterly Journal of Economics*，1989，104.

[26]Dornbusch, R.. Exchange rates and prices[J]. *American Economic Review*，1987，77.

[27]Froot, K. A. , and Stein, J. C.. Exchange rates and foreign direct investment：An imperfect capital market approach[J]. *Quarterly Journal of Economics*，1991，106.

[28]Goldberg, L. S. , and Kolstad, C. D.. Foreign direct investment, exchange rate variability and demand uncertainty[J]. *International Economics Review*，1995，36(4).

[29]Klein, M. W. , and Rosengren, R.. The real exchange rate and foreign direct investment in the United States relative wealth vs. relative wage effects[J]. *Journal of International Economics*，1994，36.

[30]Lebow, D. E.. Import competition and wages：The role of the nontradable sector[J]. *The Review of Economics and Statistics*，1993，75.

[31]Sercu, P. , and Vanhulle, C.. Exchange rate volatility, international trade, and the value of exporting firms[J]. *Journal of Banking and Finance*，1992，16.

[32]Taylor, J. B.. Low inflation, pass-through, and the pricing power of firms[J]. *European Economic Review*，2000，44(7).

An Empirical Analysis of the Impact of RMB Exchange Rate on Industrial Restructure

Wang Boya[1]   Liu Siyue[2]

(1, 2 Economics and Management School of Wuhan University, Wuhan, 430072)

Abstract: This paper establishes a nonlinear semi-logarithmic model to empirically test China's economic data from 1994 to 2014 in order to directly analyze the impact of RMB exchange rate's changes on industrial restructure. We draw the conclusion that the appreciation of nominal effective exchange rate hastens the development of the tertiary industry while it restrains the secondary industry, and it shows non-significant effects on primary industry. Different from most previous studies, it comes to the conclusion that RMB nominal effective exchange rate has more influence on the tertiary industry than secondary industry, and it supports more strongly that RMB appreciation raises the tertiary industry's position in national economy. Reform of the exchange rate regime in 2005 has reduced exchange rate's impact on economy, so a mature foreign exchange market is conducive to economic development.

Key words: Exchange rate; Industrial restructure; Nonlinear model

专业主编：潘红波

共享领导与层级领导：共享还是
独享的领导责任？*

● 王丹妮[1]　黄　惠[2]　段承瑶[3]

（1　美国亚利桑那州立大学凯瑞商学院；2，3　武汉大学经济与管理学院　武汉　430072）

【摘　要】基于集体的共享领导得到越来越多学者的关注。本文在回顾共享领导以往研究的基础上，重点探讨了共享领导和层级领导的相互作用：作为团队领导力的一种，共享领导侧重于考虑团队成员的责任共享；而层级领导侧重于考虑团队正式领导者的唯一责任。层级领导是共享领导力的前因变量之一，同时层级领导也与共享领导相互作用达到团队利益最大化。在未来的研究中以下议题值得深入探讨：层级领导与共享领导的交互作用，层级领导与共享领导在团队里的角色构成以及其随时间变化对团队的影响等。最后，本文提出了基于集体的共享领导对实践的应用意义。

【关键词】共享领导　层级领导　交互作用

1. 引言

20 世纪后半时期，领导理论与研究主要集中于单一的正式领导者以及这些个体如何在组织中产生影响（Bass & Bass，2009）。具体而言，其重点关注正式领导者的特质和行为，如变革型领导等。最近，一个更广阔的视角开始进入研究者的视野，即共享领导。该视角将基于集体的共享领导描述为一种发生在组织内部的影响过程，而单一的正式领导者在该组织中仅承担一部分角色（Day，2000；Day & Harrison，2007；Mehra，Smith，Dixon，& Robertson，2006）。正如 Wang、Waldman 和 Zhang（2014）所表述的，领导力除了由组织层级中的正式个体（如某一主管）提供之外，由组织中其他成员所提供的非正式领导力同样对团队或单元层面的有效性起到重要作用（Friedrich，Vessey，Schuelke，Ruark，& Mumford，2009；Klein，Ziegert，Knight，& Xiao，2006；Pearce & Sims，2002）。理解团队领导力中共享领导，以及共享领导和层级领导如何互相作用，不仅对团队产出十分重要（Morgeson，DeRue，& Karam 2010；Zaccaro et al.，2002），对组织产出也具有重要意义

---

* 本研究得到国家自然科学基金面上项目（项目批准号：71172202）的资助。

通讯作者：段承瑶，E-mail：debra. duan@ whu. edu. cn。

（Denis et al. ，2012）。

基于集体的共享领导包含以下几个相似概念，如团队领导（team leadership，Morgeson et al. ，2010）、共享领导（shared leadership，Carson et al. ，2007）、集体领导（collective leadership，Yammarino et al. ，2012）和分布式领导（distributed leadership；Gronn，2002）。这些概念具有一个共同特征，即它们不仅关注被正式指定的领导者，还集中关注由团体成员之间共享的非正式、扁平化领导。研究共享领导，原因有以下几点：第一，交叉功能团队（cross-functional teams，Pearce & Conger，2003）的发展与日益复杂的外部环境需要更为有效的领导。第二，个体所能承担的角色十分有限，即一个被指定的领导者无法为了帮助成员实现目标而扮演所有可能的重要角色（Conger & Pearce，2003）。第三，领导能力（leadership capacity）不但包括正式的层级领导，同时也包括在团队中同样扮演领导角色的非正式领导（Day，Gronn，and Salas，2004）。只有通过对团队中正式领导与非正式领导的领导能力进行共同培养，团队才能充分利用所有成员的专长以更好地应对复杂环境与处理问题。因此，为了更好地理解基于集体的领导与所有领导的有效性，我们需要将正式领导与非正式领导综合起来进行研究。通过在基于集体的领导框架中将正式领导与非正式领导进行整合，我们可以更好地理解领导能力的作用（Day et al. ，2004）。此外，理解共享领导与层级领导的关系，可以帮助找到非正式领导出现的原因以及之后可能产生的结果。本文的模型将关注共享领导及其与层级领导力之间的关系，并基于已有研究提出可能的未来研究方向。该部分至今仍未得到完全探索，因此值得进一步研究（Yammarino，2013）。

2. 共享领导与层级领导的关系

2.1 共享领导

我们采用了 Carson 等（2007）的表述来命名共享领导并将其定义为"多个团队成员互相承担责任，相互协作产生的一种团队领导属性"。这一狭义的共享领导术语与更为广义的基于集体的领导（如团队领导）并不相同，共享领导更强调团队成员（而不是正式领导）之间的相互领导与影响。此外，尽管与超出个体扮演领导角色的相关概念相似，如自我领导（self-leadership，Manz & Sims，1980）、协同领导（co-leadership，Rittner & Hammons，1992）以及轮换领导（rotated leadership，Erez，Lepine，& Elms，2002）等，但共享领导强调在对领导力进行集体设定的情况下，团队成员间的社会互动（Conger & Pearce，2003；Contractor et al. ，2012；Hiller，Day，& Vance，2006）。

在共享领导可能的结果变量方面，有相关研究表明共享领导对团队进程与团队效能会产生影响。正如 Carson 等（2007）所提到的，共享领导能够提高团队水平与个体水平的积极产出，原因是处于共享领导中的成员会对团队目标更加具有责任感，且将更多地参与到决策的制定过程（Hoch & Dulebohn，2013）。通过鼓励团队成员共担责任并进行更多互动，共享领导能够增强团队凝聚力并提高团队满意度（Bergman et al. ，2012）。日益增加的互动与凝聚力也将导致整个团队资本的增加（Day et al. ，2004）。已有研究证明，共享领导与团队水平的产出正相关，且共享领导与关系冲突负相关（Ensley et al. ，2006；Hmieleski et al.，2012；Wang，Waldman，Zhang，2014）。此外，与团队绩效相比，共享领导与团队进程的关系更加紧密（Wang et al.，2014）。共享领导与团队效能之间的正向关系则通过相关团队产出（如团队集体效能感和团队凝聚力）的中介作用进行传递。

2.2 共享领导与层级领导

作为对领导力传统单一形式的一项潜在重要补充，共享领导力与传统垂直领导力之间的关键区别在于前者是一个"同步的，持续的，相互影响的过程"（Pearce，2004），该过程包含"对成员同级的，横向的，向上或向下的影响"（Conger & Pearce，2003），而后者仅包含"由某一指定的或被推举的领导者对下级向下的影响"（Conger & Pearce，2003）。

上文提到共享领导对团队进程与团队绩效会产生影响，而事实上已有研究表明，共享领导与层级领导共同解释团队绩效。当将层级领导这一变量加以考虑后，共享领导在团队效能上会产生独特的变异。而且，当在同一研究中对两种领导进行评价时，共享领导的确可以解释关于预测团队效能的更多变异（Wang et al.，2014）。

2.3 层级领导是共享领导的前因变量之一

已有研究显示，共享领导的前因变量包括层级领导、层级文化等。为了有一个整体性把握，我们提出了一个模型以说明共享领导的前因变量和结果变量以及它与层级领导之前的关系（见图1）。

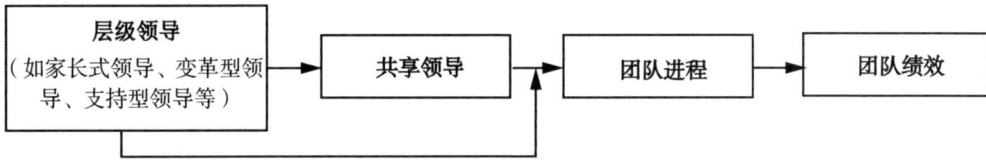

图1　共享领导与层级领导的关系模型

团队层面的投入描述了团队如何影响团队活动（Mathieu et al.，2008）。团队的层级领导者是产生该种影响的重要来源。一些领导者可能会支持领导共享而另一些领导者却可能对共享提出反对。此外，通过激励下属进行领导，支持型的正式领导者可以成为共享领导的一个角色模型（Kark & Van Dijk，2007）。正如 Antonakis 等（2011）所言："变革型领导包含领导者将下属培养为领导者的过程。"一个有效的变革型领导可以促进小组成员共享变革型领导。

层级领导可以被视为由团队构成投入而产生的一种团队属性（Carson et al.，2007；Hoch & Dulebohn，2013）。类似的投入有团队成员个性，例如 Mount 等（2006）发现外倾性更高的个体往往更可能相互影响并更加愿意分享影响力与责任。因此，若团队成员在外倾性上的均值较高且方差较小时，成员中的共享领导水平也将更高。

组织层面或情境层面的投入对共享领导的形成也同样重要。共享领导包含所有团队成员的参与。环境的不确定性需要团队成员的集体角色，因为不确定性将会导致更多问题的出现。此外，通过对共享影响力的成员进行政策激励，组织文化也同样可以支持共享领导。

3. 共享与层级领导的相互作用

至今仍未解答的一个研究问题是，共享领导与层级领导之间如何进行相互作用（如图 1 所示）。探索这一问题可以便于理解基于集体的共享领导如何作用以更好地预测产出。

3.1 共享领导与层级领导的最佳组合方式

在团队中，探究层级领导与共享领导的最佳组合方式有助于充分发挥团队领导力并有效提升团队绩效。基于集体的领导既包括共享领导，也包括层级领导，但这两种领导之间的关系并不明晰。尽管在共享领导与垂直领导对团队绩效的独特作用方面均有一些理论证据（如，Morgeson et al.，2010；Yammarino et al.，2012）与实证证据（Hoch et al.，2002；Wang et al.，2013）。但我们认为应进行更多研究以理解上述两种领导类型如何在一个团队中有效共存的具体机制。例如，正如我们前面所提到的（将垂直领导视为团队层面的投入），共享领导可能在层级领导与产出的关系中起中介作用。例如，有研究发现，变革型领导和授权式领导与它们相应的共享领导行为正相关，且该共享领导行为在垂直领导行为与团队效能间起中介作用。此外，层级领导与共享领导能够相互促进。当自身已成为非正式的领导者时，该成员可能会增加他们对正式领导角色的理解与同理心，并加强自身对领导者与团体的内化与认同（DeRue & Ashford，2010），而集体身份则可以进一步增加共享领导（Venus，Mao，Lanaj，& Johnson，2012）。此外，层级领导与共享领导能够相互作用以预测产出。一个有效的层级领导能够帮助解决由共享活动所产生的冲突，而这一监管可使共享领导更为有效。

人们也许会提出，我们是否可以让一个成员扮演交易型层级领导角色而让另一成员担任愿景式共享领导角色。例如，已有研究（Hoch & Morgeson，2014）表明，某些领导行为只有由正式领导实施时才会有效。尽管相较于依赖交换或维持等级秩序等更为传统的领导形式而言，强调变革与发展（Contractor et al.，2012）的新一类领导力（如变革型领导和授权型领导）作为一种共享领导能会更加有利。结合职能型领导理论与自我调节理论，有学者提出了一个动态共享领导理论以描述团队中共享领导的过程与结构，但目前我们未能探究清楚层级领导与共享领导在角色和结构上如何组合以达到团队利益最大化，未来的研究中应对此问题进行关注。

3.2 共享领导可能的消极作用

另一重要的研究问题是关于共享领导力的消极方面（Yammarino，2013）。正如我们所知，层级领导也存在一些消极方面，如太过独立于领导者（Kark，Shamir & Chen，2003）。然而，目前已发表的文章中并未研究共享领导的消极层面，探索共享领导的消极层面能够帮助更好地理解基于集体的领导的两面。作为团队相互作用的一种产出，共享领导可能会引起权力冲突与权力斗争。对共享领导的另一批评是，下属可能会抵制权力分配并对担任领导角色失去信心（O'Shea et al.，2012）。若成员不愿担任，我们则不应鼓励成员共享领导角色，否则共享领导可能会在团队中造成较大问题。未来研究应对共享领导的消极作用进行探索，并进一步探究在更好地激励成员进行领导之外，如何减少共享领导的消极效应。

3.3 基于集体的领导中的时间要素

在基于集体的共享领导研究中，时间要素也同样值得更多关注。首先，我们要考虑层级领导与共享领导以及团队状态随时间的变化。比如随着共享领导使越来越多的成员参与到群体中来，该群体中多个领导的出现将会导致多种领导—下属关系（Carson et al.，2007），从而为各方间的相互作用创造更多机会。Aime 等（2013）指出，对共享领导的运用将为群体成员创造积极的社会交换。这些交换包括使群体成员参与实施影响以及其他成员接受该种影响，并且此种交换能够对群体成员间的权力平衡状态有所改变。为了恢复平衡，权力更小的个体将通过提供有价值的资源作为回报以努力提高交换关系的价值（如信息、努力），从而增加更有权力的成员的依赖性。这些交换不仅能够恢复平衡，而且可以在群体成员间建立信任（Blau et al.，1982）。因此，在这些交换中，群体成员有机会在接受他人影响时证明他们的信任，即表示他们已相互信任（Vandewaerde，Voordeckers，Lambrechts，& Bammens，2011）。随着越来越多的群体成员参与到共享领导中，更多为建立信任交换的机会也将会出现（Drescher，Korsgaard，Welpe，Picot，2014）。

其次，随着团队的发展，层级领导可能会离职，而一些非正式领导者则拥有成为正式领导者的机会。这种团队成员的出现与退出构成团队中共享领导的动态模式。每一团队成员的领导轨迹的组合反过来也会导致领导力共享程度以及该领导力所产生作用大小（即团队领导力在某一时间点上的结构状态）的不同模式（Drescher，Korsgaard，Welpe，Picot，2014）。若在关于谁能得到这一机会上存在竞争，则共享领导系统也许会因晋升产生的竞争而显得十分脆弱（Denis et al.，2001）。此外，团体间的竞争研究也可以为基于集体的领导的研究提供新的视角（Hogg et al.，2012）。通过成为跨界者，层级领导在联系各团体方面起到了重要作用。然而，跨界人员也可能成为团体成员。跨界（外部领导角色）是否是共享领导的组成部分，这一问题也值得未来进行更为深入的研究。

4. 基于集体的共享领导对实践的意义

Yammarino、Salas、Serban、Shirreffs 和 Shuffler（2012）指出，鉴于上述的实证证据，当前对组织中选拔、培训与开发以及绩效考核所采取的个人方法可能并不恰当和完备。从以领导者为中心转变为基于集体的共享领导，为打造成功而高效的个人、团队和组织，需要实施基于集体的选拔、基于集体的培训与开发以及基于集体的绩效评估体系。无论考虑采用何种理论分析，事实上实践中总有一些首要的专业性的议题需要考虑。而且，这些议题也必须考虑到传统的垂直领导或层级领导和基于集体的共享领导同时发生的情况（例如，一个受到团队成员支持的正式领导，而这个团队的个体也承担了领导职责）。

就选拔而言，选拔也许不仅仅只和选拔一个领导者有关，而是需要在考虑到工作环境动态变化的性质的基础上，选拔多个领导人或是个体，他们应具备对组织成功有最重要的领导力潜质。因为工作环境变得愈发分散、多样和依赖虚拟技术，工作通常由完全或是部分分布在不同地方的成员组成的团队或单元完成（Connaughton & Shuffler，2007）。于是，团队也许需要这些在不同地方的多个个体来承担领导职责。因此，考虑选拔多个领导对于提前适应这些工作情境可能十分必要。或者说，因为成员变更、任务类型或成员专长等的变化会产生非正式领导网络，所以，为了便于根据团队需要来调整或重新分配领导职责，一种更柔性灵活的领导结构也许很必要。

此外，在基于集体的共享领导的环境下，选拔领导者的标准也会有所不同。那些希望独享领导职责并且很难和别人共享责任的"独狼"型个体，事实上会损害而非有助于集体绩效（Foushee，1984）。在基于集体的领导的情境下选拔人才时，个体在人格上的差异，诸如集体导向或对于与他人共事的偏好（Salas，Guthrie，Wilson，Priest，& Burke，2005），会因此需要考虑进来。不仅如此，擅长跨越边界和团队授权的个体可能同样会是基于集体的共享领导的最好人选，因为他们能够为有效的领导职责共享创造支持条件，尤其是在正式和非正式领导网络交错的情况下（Marrone，2010；Vecchio，Justin，& Pearce，2010）。

最后，在基于集体的共享领导的情境下选拔人才需要着眼全局。最好的实践基于集体的领导，很可能是由具有不同专长和特质的个体组成的群体或团队完成的，这些专长和特质的组合有助于激发高绩效所需的任务相关和人际关系为基础的领导行为（DeRue，Nahrgang，Wellman，&Humphrey，2011）。因此，正如团队构成一样，为了给基于集体的共享领导创造最有效的环境，选拔具有互补的知识、技能和能力的个体可能很必要。

个体经选拔到任基于集体的共享领导的岗位，开发和评估他们时，在实践上有一些建议。首先，他们是应该单独地接受开发还是作为一个群体或团队接受集体式地开发，这个问题十分重要。一般来说，领导力的开发和考核通常聚焦于将领导者作为单独个体来进行。但是，正如前文所提到的，考虑基于集体的共享领导的环境以及它如何影响开发需求很重要。在需要密切合作以实施领导行为的集体情境下，团队开发干预，如团队建设和团队培训（Salas & Cannon-Bowers，2001），可能需要考虑进来。这样的干预能够加强成员的共享心理模式和交互记忆系统，还可以在实施基于集体的领导时帮助提升个体高效配合的合作氛围（Klein et al.，2009；Salas et al.，2008）。

尽管这些干预措施通常是旨在提升团队合作，且不是领导力所必需的，但在基于集体的共享领导成功实施的情境下，拥有有效的团队合作能力会帮助改善工作氛围。此外，从实践的角度来看，不能忽视传统的层级领导和基于集体的共享领导的相互作用（Pearce & Conger，2003）。

不仅如此，实务工作者同样应当考虑到集体层面的领导力考核。领导力的传统考核方式可能不起作用，因为它可能没有充分考虑到基于集体的共享领导的环境下必然的变化和行为，例如在成员间轮换承担领导职责（Zaccaro & DeChurch，in press）。此外，当由一个或几个个体实施非正式领导以弥补正式领导者未能履行而又是所必需的领导行为时，传统的评估方式可能不能对这些充当非正式领导者角色的个体予以恰当地评价。为了更加系统地理解基于集体的领导，个体与集体考核的组合可能很必要。还有，相比传统方法，利用之前探讨过的网络指标，可能为更好地揭示领导力的构成以及它如何随着时间变化提供一个更加全面和优化的解释。

◎ 参考文献

[1] Aime, Federico, et al.. The riddle of heterarchy: Power transitions in cross-functional teams[J]. *Academy of Management Journal*, 2013, 7.

[2] Antonakis, J., et al.. *A very short fairly interesting and reasonably cheap book about studying leadership* [M]. New York: Sage Publications, 2011, 152.

[3] Bass, B. M., & Bass, R.. *The bass handbook of leadership: Theory, research, and managerial applications*[M]. New York: Simon and Schuster, 2009.

[4] Bergman, J. Z., Rentsch, J. R., Small, E. E., Davenport, S. W., and Bergman, S. M.. The shared leadership process in decision-making teams[J]. *The Journal of Social Psychology*, 2012, 152(1).

[5] Blau, G. J., and Katerberg, R.. Toward enhancing research with the social information processing approach to job design[J]. *Academy of Management Review*, 1982, 7(4).

[6] Carson, J. B., Tesluk, P. E., and Marrone, J. A.. Shared leadership in teams: An investigation of antecedent conditions and performance[J]. *Academy of Management Journal*, 2007, 50(5).

[7] Conger, J. A., and Pearce, C. L. *A landscape of opportunities, shared leadership, reframing the hows and whys of leadership*[M]. Canada: Sage Thousand Oaks, 2003.

[8] Connaughton, S. L., and Shuffler, M.. Multinational and multicultural distributed teams a review and future agenda[J]. *Small Group Research*, 2007, 38(3).

[9] Contractor, N. S., DeChurch, L. A., Carson, J., Carter, D. R., and Keegan, B.. The topology of collective leadership[J]. *The Leadership Quarterly*, 2012, 23(6).

[10] Day, D. V.. Leadership development: A review in context[J]. *The Leadership Quarterly*, 2000, 12(2).

[11] Day, D. V., Gronn, P., and Salas, E.. Leadership capacity in teams [J]. *The Leadership Quarterly*, 2004, 15(6).

[12] Day, D. V., and Harrison, M. M.. A multilevel, identity-based approach to leadership development[J]. *Human Resource Management Review*, 2007, 17(4).

[13] Denis, J. L., Langley, A., and Sergi, V.. Leadership in the plural[J]. *The Academy of Management Annals*, 2012, 6(1).

[14] Derue, D. S., and Ashford, S. J.. Who will lead and who will follow? A social process of leadership identity construction in organizations[J]. *Academy of Management Review*, 2010, 35(4).

[15] DeRue, D. S., Nahrgang, J. D., Wellman, N. E. D., and Humphrey, S. E.. Trait and behavioral theories of leadership: An integration and meta-analytic test of their relative

validity[J]. *Personnel Psychology*, 2011, 64(1).

[16] Drescher, M. A., Korsgaard, M. A., Welpe, I. M., Picot, A., & Wigand, R. T.. The dynamics of shared leadership: Building trust and enhancing performance [J]. *Journal of Applied Psychology*, 2014, 99(5).

[17] Ensley, M. D., Hmieleski, K. M., & Pearce, C. L.. The importance of vertical and shared leadership within new venture top management teams: Implications for the performance of startups[J]. *The Leadership Quarterly*, 2006, 17(3).

[18] Erez, A., Lepine, J. A., & Elms, H. Effects of rotated leadership and peer evaluation on the functioning and effectiveness of self-managed teams: A quasi-experiment [J]. *Personnel Psychology*, 2002, 55(4).

[19] Foushee, H. C.. Dyads and triads at 35,000 feet: Factors affecting group process and aircrew performance[J]. *American Psychologist*, 1984, 39(8).

[20] Friedrich, T. L., Vessey, W. B., Schuelke, M. J., Ruark, G. A., and Mumford, M. D.. A framework for understanding collective leadership: The selective utilization of leader and team expertise within networks[J]. *The Leadership Quarterly*, 2009, 20(6).

[21] Gronn, P.. Distributed leadership as a unit of analysis[J]. *The leadership quarterly*, 2002, 13(4).

[22] Hiller, N. J., Day, D. V., and Vance, R. J.. Collective enactment of leadership roles and team effectiveness: A field study[J]. *The Leadership Quarterly*, 2006, 17(4).

[23] Hmieleski, K. M., Cole, M. S., and Baron, R. A. Shared authentic leadership and new venture performance[J]. *Journal of Management*, 2012, 38(5).

[24] Hoch, J. E., and Dulebohn, J. H.. Shared leadership in enterprise resource planning and human resource management system implementation [J]. *Human Resource Management Review*, 2013, 23(1).

[25] Hogg, M. A., Van Knippenberg, D., & Rast, D. E.. Intergroup leadership in organizations: Leading across group and organizational boundaries [J]. *Academy of Management Review*, 2012, 37(2).

[26] Kark, R., Shamir, B., & Chen, G.. The two faces of transformational leadership: Empowerment and dependency[J]. *Journal of Applied Psychology*, 2003, 88(2).

[27] Klein, C., DiazGranados, D., Salas, E., Le, H., Burke, C. S., Lyons, R., and Goodwin, G. F.. Does team building work? [J]. *Small Group Research*, 2009, 5.

[28] Manz, C. C., and Sims, H. P.. Self-management as a substitute for leadership: A social learning theory perspective[J]. *Academy of Management Review*, 1980, 5(3).

[29] Marrone, J. A.. Team boundary spanning: A multilevel review of past research and proposals for the future[J]. *Journal of Management*, 2010, 36(4).

[30] Mathieu, J., Maynard, M. T., Rapp, T., and Gilson, L.. Team effectiveness 1997-2007: A review of recent advancements and a glimpse into the future [J]. *Journal of Management*, 2008, 34(3).

[31] Mehra, A., Smith, B. R., Dixon, A. L., and Robertson, B.. Distributed leadership in teams: The network of leadership perceptions and team performance [J]. *The Leadership Quarterly*, 2006, 17(3).

[32] Morgeson, F. P., Dierdorff, E. C., and Hmurovic, J. L.. Work design in situ: Understanding the role of occupational and organizational context [J]. *Journal of Organizational Behavior*, 2010, 31(2-3).

[33] Mount, M., Ilies, R., and Johnson, E.. Relationship of personality traits and counterproductive work behaviors: The mediating effects of job satisfaction [J]. *Personnel Psychology*, 2006, 59(3).

[34] O'SHEA, P. G.. Collectivistic leadership and follower resistance [J]. *Industrial and Organizational Psychology*, 2012, 5(4).

[35] Pearce, C. L., and Sims Jr, H. P.. Vertical versus shared leadership as predictors of the effectiveness of change management teams: An examination of aversive, directive, transactional, transformational, and empowering leader behaviors [J]. *Group Dynamics: Theory, Research, and Practice*, 2002, 6(2).

[36] Pearce, C. L., and Conger, J. A.. *Shared leadership: Reframing the hows and whys of leadership* [M]. New York: Sage Publications, 2003.

[37] Pearce, C. L.. The future of leadership: Combining vertical and shared leadership to transform knowledge work [J]. *The Academy of Management Executive*, 2004, 18(1).

[38] Rittner, B., and Hammons, K.. Telephone group work with people with end stage AIDS [J]. *Social Work with Groups*, 1993, 15(4).

[39] Salas, E., & Cannon-Bowers, J. A.. The science of training: A decade of progress [J]. *Annual Review of Psychology*, 2001, 52(1).

[40] Salas, E., Guthrie, J. W., Wilson-Donnelly, K. A., Priest, H. A., and Burke, C. S.. Modeling team performance: The basic ingredients and research needs [J]. *Organizational Simulation*, 2005.

[41] Vandewaerde, M., Voordeckers, W., Lambrechts, F., and Bammens, Y.. Board team leadership revisited: A conceptual model of shared leadership in the boardroom [J]. *Journal of Business Ethics*, 2011, 104(3).

[42] Vecchio, R. P., Justin, J. E., and Pearce, C. L.. Empowering leadership: An examination of mediating mechanisms within a hierarchical structure [J]. *The Leadership Quarterly*, 2010, 21(3).

[43] Venus, M., Mao, C., Lanaj, K., and Johnson, R. E.. Collectivistic leadership requires a collective identity [J]. *Industrial and Organizational Psychology*, 2012, 5(4).

[44] Wang, D., Waldman, D. A., and Zhang, Z.. A meta-analysis of shared leadership and team effectiveness [J]. *Journal of Applied Psychology*, 2014, 99(2).

[45] Yammarino, F. J., Salas, E., Serban, A., Shirreffs, K., and Shuffler, M. L.. Collectivistic leadership approaches: Putting the "we" in leadership science and

practice[J]. *Industrial and Organizational Psychology*, 2012, 5(4).

[46] Yammarino, F.. Leadership: Past, present, and future [J]. *Journal of Leadership & Organizational Studies*, 2013, 20(2).

[47] Yukl, G., and Falbe, C. M.. Importance of different power sources in downward and lateral relations[J]. *Journal of Applied Psychology*, 1991, 76(3).

[48] Zaccaro, S. J., Rittman, L., and Marks, M. A.. Team leadership[J]. *The Leadership Quarterly*, 2002, 12(4).

Shared Leadership and Hierarchical Leadership:
Do One or All Taking the Leadership Responsibility?

Wang Danni[1]   Huang Hui[2]   Du Chengyao[3]

(1   Arizona State University WP Carey School of Business ; 2, 3   Economics
and Management School of Wuhan University, Wuhan, 430072)

Abstract: Shared leadership has received increasing attention. By reviewing previous studies, we focus on the interaction between shared leadership and hierarchical leadership: As one kind of team leadership, shared leadership focuses on the responsibilities shared by team members, while hierarchical leadership team focuses on the sole responsibility taken by a formal leader. Hierarchical leadership is one antecedent of shared leadership. Meanwhile, hierarchical leadership interacts with the shared leadership to maximize team benefit. Future studies should shed more light on the following issues: the interaction between hierarchical leadership and shared leadership; the roles played by hierarchical leadership and sharing leadership in team composition; the changes of both leadership styles within the team over time. Finally, this paper presents the practical implication of shared leadership.

Key words: Shared leadership; Hierarchical leadership; Interaction

专业主编: 杜 旌

领导力本土化研究：理论与现实[*]

● 杜　旌[1]　尹　晶[2]

（1，2　武汉大学经济与管理学院，湖北　武汉　430072）

【摘　要】本文探索实务界管理人员对领导力的认知与当前理论研究的差异。选取国内 6 种核心期刊，以近五年的领导力论文为样本，分析了中国领导力的研究现状。而后运用扎根理论，通过 75 名 MBA 学生的书面访谈，构建了实务界管理人员对领导力认知框架。通过对比理论研究与现实认知，发现当前我国领导力研究较少涉及，但管理人员很关注的领导力主题有以下三点：不同类型企业特征对领导力风格和效用的影响；本土环境下领导关怀的内涵及维度；领导对下属期望、下属对领导期望以及二者的匹配。最后本文提出了未来研究建议，如从内隐领导理论和内隐追随者理论进行领导力效用研究。

【关键词】本土化　领导力　扎根理论

1. 引言

近年来领导力本土化研究受到国内外学者越来越多的关注。与西方国家相比，由于文化传统、政治制度、法律环境以及经济制度的差异，中国领导者的行为对员工的影响及其机制可能存在独特性（曹仰锋，2011）。Hofstede（1984）曾在文化情境的研究中指出，对于领导的研究不能抛开文化情境，领导应该是镶嵌在文化下的一种特殊现象。Osborn 等提出了情境领导的概念，认为领导是一个浮现的社会结构，而这一结构则是嵌入在每一个独特的组织之中，领导及其有效性很大程度上依赖于情境（Osborn，Hunt，& Jauch，2002）。

基于此，学术界和实践界越来越呼唤并鼓励在中国背景下进行本土的管理研究。Tsui主张在进行本土化研究的过程中，把情境因素（国家的社会、文化、法律和经济因素）作为自变量或调节变量当成理论构建的重要因素之一，探讨这些因素对于组织特征这些因变量的影响（Tsui，2011；Tsui、张志学，2011）。张志学等（2014）认为在现有的西方的理论框架下，用中国的样本检验，不能建立中国情境下的理论，也不足以解答中国管理者的疑问。解决这个问题的重要手段之一，就是研究问题要扎根于中国现实。只有将研究根植于本土情境中，才有可能产生深刻、系统的认识。

* 本研究得到国家自然科学基金面上项目（项目批准号：71172202）的资助。
通讯作者：杜旌，E-mail：dujing_dujing@163.com。

越来越多的学者已经开始注意本土化问题（Tsui，张志学，2011；席酉民，韩巍，2010；蒋建武，赵曙明，2010；王辉，张翠莲，2012），但企业实践者如何看待中国的领导力？他们眼中领导力是如何发挥效用的？对于这些问题我们还不是很清晰。延展当前本土化研究，我们关注实务界管理人员对领导的认知，探索其与当前学术界理论研究的差异，为未来领导力本土化研究提供参考。本文首先是选取国内6种核心期刊，以近五年的领导力论文为样本，从研究数量、研究内容以及中介调节机制系统地分析了中国领导力的研究现状。而后本研究通过质性研究，利用扎根理论来分析数据和建构理论，对领导力本土化作系统的分析。扎根理论作为一种重要的质性研究方法，连接了实证研究与理论建构之间的鸿沟，为质性研究提出了具体的研究策略和分析程序①。基于75名MBA学生扎根分析，得出领导力本土化的现实结论，构建了本土化领导力效用影响因素的模型。最后，基于此分析，对比分析理论与现实的差异，为未来的领导力研究给出具体建议。

2. 本土化领导力研究的现状

本研究针对2010年1月至2014年7月期间发表在国内重要学术期刊上的研究进行总结与分析，旨在回顾当今领导力本土化研究的现状。我们从国家自然科学基金委员会管理科学部认定的管理类30种重要期刊中，逐刊将其中的组织行为学研究挑选出来，这些期刊包括《管理世界》、《南开管理评论》、《管理评论》、《中国软科学》、《管理学报》。同时，《心理学报》作为组织行为学领域的重要期刊，我们也将其选入统计的范围。最终，我们选定这6本学术期刊为本研究的文献来源。

首先是文献收集，我们将中国知网上《管理世界》、《南开管理评论》、《管理评论》、《管理学报》、《心理学报》、《中国软科学》这6本期刊中2010年1月至2014年7月期间与"领导力"主题相关的论文挑选出来。步骤主要有以下3步：首先在文献来源输入相关期刊名称，同时时间选定为"2010年1月至2014年7月"；其次在主题中输入"领导"，在关键词中输入"领导"；最后，我们根据论文题目、关键词、文章摘要和论文的主要内容对文章进行筛选，将与领导主题有关论文挑选出来建立了本文文献研究的论文库(见表1)。

表1　　　　　　　　　领导力论文发表情况(2010.1—2014.7)

年份	管理世界	南开管理评论	管理学报	管理评论	心理学报	中国软科学	合计
2010	5	5	13	1	1	3	28
2011	7	5	8	1	2	3	26
2012	7	7	16	8	7	0	45
2013	6	7	26	7	5	3	54
2014	0	2	11	7	2	3	25
合计	25	26	74	24	17	12	178

①　孙晓娥. 扎根理论在深度访谈研究中的实例探析[J]. 西安交通大学学报(社会科学版)，2011，6：45.

通过对比以上两个表格，我们可以了解到，近五年来论文发表数量呈现上升趋势（见图1）。需要说明的是，鉴于文献收集的日期截至2014年7月，所以2013—2014年的趋势走向是根据现有数据预测得来的，仅作为参考。从图1我们可以清晰地看出论文发表数量越来越多，并且每年增长的数量也呈现上升趋势。曹仰峰和李平（2009）选取国内8种核心期刊为样本，统计了2000—2009年所发表的全部领导力论文的数量，共94篇。而近五年，领导力论文总数量已经达到178篇。虽然期刊样本、选取时间长度、筛选标准这些因素也需纳入考虑范围，但是领导力研究近年来出现爆炸式增长这一点是毋庸置疑的。说明随着领导力在企业发展中的重要性愈发突出，企业领导力越来越受到学术界和企业界的重视，越来越多的国内学者关注领导力的研究。

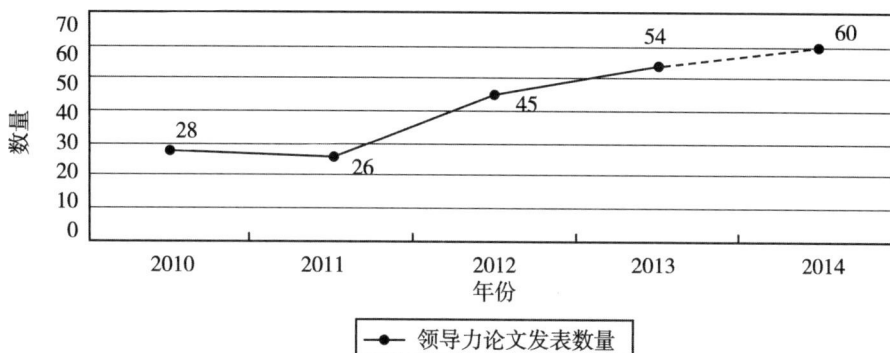

图1　领导力论文发表情况

就研究内容而言，涉及非常广泛，涉及很多热点内容。例如：变革型领导有14篇，领导成员交换理论（LMX）有12篇，家长式领导有6篇，还有关于战略型领导、破坏型领导、真实性领导的研究。除了上述这些有关领导风格的研究外，还有涉及领导智力、自我效能、组织信任等内容的研究。基于Richard等（2012）关于领导效用三维框架，我们对上述研究进行了回顾，将已有研究所关注层面的不同分为三类，分别是领导者、追随者、情境层面的变量。

2.1　领导层面变量

文献中领导者层面涉及的变量主要有领导情绪智力、领导感知自我情绪智力、领导行为、变革型领导、领导成员交换等（见表4"理论研究"一栏）。例如唐春勇、潘妍（2010）探讨了领导感知自我情绪智力、员工感知领导情绪智力与员工组织公民行为之间的跨层关系，并且在不同层次上讨论了领导情绪智力对员工组织认同、组织公民行为的影响，同时分析了领导情绪智力对组织公民行为的影响机制。领导感知自我情绪智力跨层调节员工感知领导情绪智力与组织公民行为、组织认同之间的关系。还有研究探究了变革型领导行为对员工建言行为的影响及其中介作用机制。在中介作用机制的探讨上，主要从心理认知和社会交换的理论视角出发，侧重于分析心理安全知觉和领导部属交换的中介作用（吴隆增，曹昆鹏，陈苑仪，唐贵瑶，2011）。

2.2 追随者层面变量

文献中追随者层面涉及的变量有员工自我效能感、心理资本等。江静和杨百寅（2014）通过结构方程和回归分析发现，批判性思维与员工创造力显著正相关，创新自我效能感在两者之间起完全中介作用，而领导成员交换在批判性思维与创新自我效能感之间起缓冲调节作用。仲理峰等通过对员工及其直接领导的问卷调查，分别考察了员工的心理资本和传统性在变革型领导与员工工作绩效间的中介作用和调节作用（仲理峰、王震、李梅、李超平，2013）。隋杨等考察了下属心理资本在变革型领导与下属工作绩效及满意度之间关系的中介作用，以及程序公平对该关系的调节作用（隋杨、王辉、岳旖旎、Fred，2012）。

2.3 组织层面变量

文献中组织层面涉及的变量有上下属关系、组织信任、中庸思想、创新氛围等。李锐、凌文辁和柳士顺（2012）检验上下属关系对传统价值观与沉默行为之间关系的调节作用，基于个体特征与情境特征两个视角，研究了集体主义倾向和个人传统性这两种中国传统价值观以及上下属关系对员工沉默行为的影响。王辉等采用实证研究的方法探讨中国组织情境下战略型领导者的领导行为对企业经营效果的影响作用，并检验组织文化的中介作用（王辉、张文慧、忻榕、徐淑英，2011）。刘小平（2011）的研究结果表明，组织信任在风险认知与情感承诺、规范承诺之间起中介作用，领导的变革型领导行为对下属的风险认知、组织信任、情感承诺、规范承诺都会产生显著影响。

陈建勋等指出高层领导者的中庸思维对组织两栖导向和组织绩效具有显著的正向影响，组织两栖导向在中庸思维与组织绩效之间起着部分中介作用（陈建勋、凌媛媛、刘松博，2010）。隋杨、陈云云和王辉（2012）探讨了创新氛围、创新效能感以及团队领导对团队创新绩效的影响。团队创新氛围与团队创新绩效有显著的正向关系，而团队创新效能感在这一关系中起到中介作用。

3. 基于扎根理论的领导力本土化实践情况研究

3.1 研究方法

为了进一步了解本土化情境下领导力的作用机制，本文探究了中国特色领导力在现实生活中的情况。选择以书面访谈的方式来搜集资料，并运用扎根理论来分析资料和建构理论。扎根理论是一种质性研究方法，其实质是一种系统化的分析程序，是通过交互运行资料搜集、归纳和演绎的一种方法，它针对特定现象的发掘和归纳，从而发展出扎根于现实的理论（Glaser&Strauss，1967）。扎根理论一般包含3个步骤的编码。首先是一级编码（开放式登录），即以一种开放的心态，将所有的资料按其本身所呈现的状态进行登录。这是一个将资料打散、赋予概念、形成可比较、归类的一条条短语的过程。其次是二级编码（关联式登录），即发现和建立概念类属之间的各种联系。最后是三级编码（核心登录），即经过系统的分析以后，构建出概念的初步框架。经过 3 个步骤的编码，将形成概念结构和测量量表的雏形（Strauss，1990）。

3.2 研究过程

本研究的资料来自于对 75 名 MBA 学生进行的访谈，此次访谈是书面访谈的形式。为了保证样本信息来源的多样化和代表性，在筛选 MBA 学生作为被访者时，选择了来自事业单位（10 名）、国企（18 名）、外企（22 名）、私企（25 名）等不同类型组织单位的学生。对于 MBA 学生来说，领导力这个话题与自己的日常生活联系密切，所以 MBA 学生对访问者提出的各种问题回答的积极性都很高。根据研究内容确定好访谈提纲之后，双方就访谈的主题、时间和地点达成了一致。书面访谈结束之后，在数据库里录入被访问者的个人信息，再由被访问者进行现场确认，保证信息的准确性。访谈问题主要有以下三个：（1）领导行为学强调对领导行为效用分析应该从领导者、跟随者、情境三个角度进行分析，你觉得这三个角度有效吗？请举例说明从这三个角度分析的有效性和无效性。（2）国家的文化、制度对领导力必然有影响。请阐述我国国家文化、制度对领导风格的影响。（3）你建议应该从什么角度来研究现实中的领导行为？通过上述方法收集信息分析文本之后，再进行编码。

3.2.1 开放式编码

开放式编码即开放式登录，"研究者要以一种开放的心态，尽量悬置个人倾见和研究定见，将所有资料按其自身所呈现的状态进行登录，这是一个将资料打散，赋予概念，再以新的方式重新组合起来的操作过程"（陈向明，1999）。我们对 75 名 MBA 学生的回答进行开放式编码，我们按照访谈编号–访谈主体–文中段落—具体句数的顺序编号。其中，访谈按主体分为四类：A 为来自事业单位的 MBA 学生的访谈内容，B 为来自国企的 MBA 学生的访谈内容，C 为来自外企的 MBA 学生的访谈内容，D 为来自私企的 MBA 学生的访谈内容。

例如：当被问到我国国家文化、制度对领导风格的影响时，编号为 13 的来自国企的被访问者的回答如下：

"我们国家几千年来的儒家文化以及现有的社会主义经济制度对领导力风格的影响是显而易见的。比如，中国古代文化强调君臣有别，强化了领导者的统治地位，对企业的影响就是家长式领导风格较重，这些领导重视权威的运用，要求员工服从，并试图了解其下属的家庭工作外的状况。所以中国的员工很少会问'为什么这么做'，否则会挑战领导的权威……"

将这位访谈者答案的第一段的第一句按照"访谈编号—访谈主体—文中段落—具体句数"的顺序进行编码，得到 13—B—1—1。

在开放式编码的基础上形成范畴，经过多次的整理和分析，我们最后根据分类确定了 7 个范畴：社会制度（包括社会形态、经济制度、政治制度、教育制度）、社会文化（包括思维方式、价值观念，行为准则、生活方式）、企业文化（包括企业价值观、员工发展、人际和谐、制度标准化、变革创新、企业社会责任）、职业特点（包括工作时间、工作性质、技术含量差异、主要职责、行业种类）、员工特征（包括受教育程度、工作能力、工作经验、员工忠诚度、员工积极性、个体价值观）、领导特征（包括领导能力、领导风格、领导行为)、上下级互动(包括领导对员工的关怀、上下级沟通、员工反馈)。这一阶段,各个编码纵横交错,它们之间的关系并没有得到厘清,如表2所示。

表2 开放式编码形成的概念和范畴

编号	主范畴	内 涵
1	社会制度	社会形态、经济制度、政治制度、教育制度
2	社会文化	思维方式、价值观念,行为准则、生活方式
3	企业文化	企业价值观、员工发展、人际和谐、制度标准化、变革创新、企业社会责任
4	职业特点	工作时间、工作性质、技术含量差异、主要职责、行业种类
5	员工特征	受教育程度、工作能力、工作经验、员工忠诚度、员工积极性、个体价值观
6	领导特征	领导能力、领导风格、领导行为
7	上下级互动	领导对员工的关怀、上下级沟通、员工反馈

3.2.2 主轴式编码

"主轴编码是将开放式编码中被分割的资料,通过聚类分析在不同范畴之间建立关联"(李燕萍,侯烜方,2012)。通过主轴编码,本文厘清了样本和范畴之间存在一定的因果关系和逻辑推理关系,如表3所示。本文获得了以下三大类:领导者层面、跟随者层面,情境层面。具体方式如表3所示。由于编码数量太多,现将部分编码举例如下:

(1)领导风格(领导做事方式、领导行为),领导能力(管理能力、统筹能力)形成了领导力本土化效用的领导者层面的因素。

(2)员工忠诚度(服从组织、信任程度)、员工工作能力(受教育程度、工作经验、工作效率)、期望距离(公司与期望的差距、领导与期望的差距)形成了领导本土化效用的追随者层面的因素。

(3)文化氛围(传统文化、价值观)、社会制度(经济制度、政治制度、教育制度)形成了领导力本土化效用的情境层面的因素。

表3 主轴式编码示例

编号	核心类属	关联范畴	关系的内涵
1	领导者层面	领导风格(12—A—2—3,4—B—5—1,7—B—7—6) 领导能力(6—C—4—3,10—C—2—1,39—D—4—1)	如果领导风格与管理情境不匹配,那么有两种改变途径:一是改变领导方式,二是改变领导情境。而且在实际过程中,有时环境也不容许领导者进行频繁或随意的调动,如国有企业、事业单位等,在这种情况下,为了保证最终的领导效果,改变领导风格适合情境的做法就显得尤为重要

编号	核心类属	关联范畴	关系的内涵
2	追随者层面	员工忠诚度（7—B—3—3，17—C—3—1，34—C—2—1） 员工工作能力（3—C—4—2，24—C—3—1） 期望距离（5—B—4—3，10—C—1—2）	员工追随领导分为积极追随和消极追随。如何发挥跟随者的作用，一方面是跟随者自身的素质，包括学历、工作经验、工作能力，另一方面是跟随者所受到的激励，直接影响到员工是消极跟随还是积极跟随。积极的跟随力是组织竞争的内驱力。员工的忠诚度和期望距离都会影响员工的跟随是呈现哪种状态
3	情境层面	文化氛围（1—D—1—1，26—D—2—4，13—B—1—1） 经济制度（6—C—3—3，19—C—2—1，37—D—4—1）	中西方文化和社会制度都有很大的差异，形成了不同的行为准则和思考方式。在组织内，人的行为意识是在特定的组织情境下发生的，受到组织结构文化和氛围等一系列组织情境因素的影响

注：按照"访谈编号—访谈主体—文中段落—具体句数"进行编码后，将 13—B—1—1 放入情境层面。

3.2.3 选择性编码的结果

我们在编码过程中反复思考，不断地对每一段每一句的原始数据和编码概念进行比较，选择核心范畴，把它系统地和其他范畴予以联系。这个核心范畴可以解释原始数据中的大部分现象，并且能整合现象中大部分编码概念的核心概念。当核心范畴形成以后，扎根理论分析进入了第三个重要阶段：选择性编码。将表 3 的三大范畴，编码"领导力本土化效用框架"，如图 2 所示。可以看出，扎根理论所形成的领导力效用框架与传统为领导力框架结构上是一致的，唯一不同是情境因素的内涵是本土情境特征。

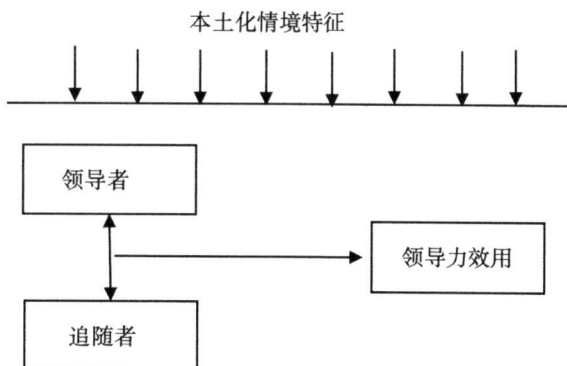

图 2　领导力本土化效用框架

3.3 研究结果与讨论

然而西方的领导力理论根植于西方的企业文化，在中国实践中会产生许多问题，所以情境化的研究有着重要意义。如果领导风格与管理情境不匹配，领导者有两种选择，改变自己的领导方式，或者改变领导情境。显然，经济制度、企业文化等改变难度很大。这种情况下，掌握本土化领导力理论就显得尤为重要了。在此基础上改变领导风格，使之适应情境，能使领导效用最大化。为此，我们基于扎根理论，对本土领导力实践情况进行研究，共有以下几点发现：

(1)领导力效用情境性的三个角度。

领导力效用是指领导者与被领导者(下属)之间关系作用最大化。每一个人都是跟随者，每个追随者的动机都不一样。领导者、跟随者、情境三个角度，在某个特定的情境下，如果领导者可提供的资源能够满足跟随者跟随这个领导的动机要求，而且这位跟随者，也就是这位领导者的下属，他所提供的能力能够满足或达到这位领导者的要求，此时领导者、跟随者、情境这三者结合对领导行为是有效用的。反之，则是无效的。

(2)领导者。

领导方式和领导风格并无好坏之分。作为企业的领导者，若能够了解这些不同的领导方式和领导风格的优点与不足，将有助于形成自己独有的领导方式与领导风格，进而可以影响员工潜力的发挥，影响整个企业的绩效。从国内外众多领导者的实践来看，成功的领导者应该根据实际情况，因地制宜地运用各种领导方式去指导员工、教育员工、激励员工，并在各种方式之间自由地进行转换，以充分发挥卓越的领导力。

(3)追随者。

员工的积极追随和消极追随。积极的追随力是组织发展的动力，是组织竞争的内驱力。员工的忠诚程度与期望距离都会影响员工追随是呈现消极还是积极状态。影响跟随者发挥作用的因素：一方面是跟随者自身的素质，包括学历、工作经验、工作能力；另一方面是跟随者所受到的激励，直接影响到员工是消极跟随还是积极跟随。

(4)情境的多层多样性

情境层面从大的角度包括国家文化、经济制度等。从小的角度讲包括企业文化、企业软实力等。领导在企业的不同的发展阶段和规模应该采用不同的领导方式，不同的行业或产业应该采用不同的领导方式，否则领导风格无法与情境相匹配，追随者也无法发挥自己的价值，使得领导效用不能最大化。

比如，MBA学员分别来自事业单位、国企、私企、外企，在被问到哪种领导风格比较适合组织发展时，这些来自不同类型单位的学员给出截然不同的回答。不同类型的企业拥有不同的企业文化，其组织的权力距离不同。通过对他们的访问，我们可以了解到，在事业单位、国企这样高权力距离的组织，相对变化小、发展慢的市场，"强制型"的领导风格就可能更能发挥作用。但是像在外企、私企的MBA学员面对的是快速而多变的市场，为了增强企业竞争力，领导需要充分了解和满足员工的需求，才能激发员工积极性与创造性，使员工的价值最大化。

4. 理论与现实

在上面已经提到过的文献中，领导者层面的变量有领导情绪智力、领导感知自我情绪智力等。跟随者层面的变量有心理资本、自我效能、价值观等。组织层面的变量有上下属关系、集体主义氛围、个体主义氛围、组织信任、中庸思想、创新氛围等(见表4)。

表4 理论研究与现实的差异

	领导者层面	跟随者层面	情境层面
现实	领导者能力、领导方式、对员工的关怀、与员工沟通	受教育程度、员工忠诚度、员工信任、期望距离	组织架构、工作性质、决策参与程度、权力距离
理论研究	领导情绪智力、领导行为与风格(变革型领导、家长式领导、真实型领导、破坏性领导、战略性领导)、领导成员交换	心理资本、员工自我效能、价值观(个人主义、集体主义)、员工沉默行为	组织信任、中庸氛围、创新氛围、集体主义氛围、个体主义氛围

注：领导成员交换应该是涉及领导者和追随者的层面，我们将它放入领导者层面。

通过观察理论研究与现实不同层面变量的对比，我们可以了解到理论研究与现实的差异。例如，现实中比较注重的"领导对追随者的关怀"、"期望距离"、"不同类型企业的特征"在已有的研究中涉及较少，因此我们对未来的领导力本土化研究作以下几点建议：

4.1 领导者层面

虽然在变革型领导和家长式领导的一些研究当中，有涉及员工关怀这个内容，但是鲜少有涉及员工关怀具体内容。从 MBA 的访谈结果来看，领导对员工的关怀对于调动员工积极性、创造性有很大影响。通过对访谈内容的编码和分析，员工关怀主要涉及以下几点：关怀员工身心健康、关心员工家庭生活、关心员工的薪酬福利、关怀员工的职业发展。只有了解员工真正的需求，才能有效地提高员工工作效率。未来的研究可以就员工关怀这个内容，作详细研究，用多样化的关怀满足员工多样化的需求。例如，我们可以对员工关怀进行验证性因子、探索性因子分析来确定其内涵。很多概念在不同文化环境下，内涵是不完全一样的。我们可以对其在中国情境下的概念进行进一步的探讨，再区分其具体维度。

4.2 跟随者层面

从本文的研究结果可以看出员工期望与现实的差距对员工工作效率有着重大影响，但在已有的文献中没有对这方面作系统的研究。员工期望贯穿于企业管理的每个环节。每个员工都会对企业、领导有所期望，如何对员工期望进行管理，是每个领导者都需要思考的重要问题。首先，领导者需要了解到员工的真实期望。其次，一方面对员工合理的期望尽量满足，缩小现实与期望之间的距离；另一方面要合理引导员工不合理的期望，帮助其建立正确的期望值，避免因为期望落差过大造成的消极行为。例如可以编制"期望测量量表"，分别从两方面来观察期望距离，一方面是上下级之间的期望距离，另一方面是随时间推移员工期望的变化。

与期望管理相关的研究有内隐领导理论(ILTs)。该理论被定义成一些认知结构和图式，在这些认知结构和图式里描述了(追随者期望)领导者本身具有的某种特征和能力(Lord，Foti，& De Vader，1984；Lord & Maher，1991)。隐式追随理论(IFTs)被定义为认知结构和模式，在这些认知结构和模式中用来描述(领导者期望的)追随者的特征和行为(Sy，2010)。研究还发现尽管人们的认知可能不是真实的，他们仍然运用感觉来评价并且以此来辨别领导者与非领导者以及有效的领导者与无效的领导者(Lord & Maher，1991)。也就是说，领导者或追随者有效与否并非完全取决于他们的能力、绩效，在某种程度上取决于期望与现实的差距。这些研究都是从领导者和追随者两方面的期望来探讨领导效用，未来研究还可以基于这两个角度展开研究。例如：现实与期望落差过大很有可能是 90 后新生代员工高离职率的原因之一。我们建议可以把"期望距离"量化，作为变量纳入研究，或展开对"员工期望管理"的研究。

4.3 情境层面

这些变量对于区分不同类型的企业(如事业单位、国企、私企、外企)并没有太大帮助。现实生活中，来自不同类型组织面对关于领导力方面的问题时，给出的答案不尽相同。通过对访问者的回答的编码，我们可以发现，拥有类似企业背景的学员，答案的相似度会高很多。但是通过文献回顾，可以发现，学者在选择调查样本时，并未注重样本的多源化。大多数会选择"企业"、"企业员工""企业领导"作为研究的对象，而"企业"是一个较为宽泛的概念。特别是在中国，像事业单位、国企这样具有中国特色的企业，其数量、地位都是不容忽视，在研究中却总是被忽视。为了更好地进行本土化研究，我们可以利用不同层面的特征作为中介或调节变量放在理论模型中，解释不同企业类型中领导者和跟随者的行为。例如，我们可以把企业性质作为调节变量，纳入领导方式对员工激励的研究中。在国有企业中，由于其员工进出机制的不完善，领导方式的改变可能并不会带来员工积极性的显著改变。

5. 研究局限与展望

本研究的局限主要有以下两个方面：第一，访谈样本的选择上，选择 MBA 学生作为我们的访谈对象，其结论的普适性有一定局限。例如，MBA 学生多是中层管理者，如果我们选择高层管理者的答案作为我们的样本来源，得出的结论很可能与中国制度变革下的战略领导力有关(Zhang，Chen，& Ang，2014)。第二，样本数量上，不管是文献研究的样本数量还是书面访谈的样本数量都有待提高，特别是文献研究的样本应包含国外的研究。

尽管有这些局限，但我们在统计分析文献和研究实务人员对领导认知过程中做了以下这些工作：通过总结和分析了近5年发表在国内核心期刊上的领导力的文献，展示了领导力本土化研究的现状。并运用扎根理论，探究了领导力本土化的实践情况。最后基于文献分析和扎根研究，对未来的领导力研究提出了建设性的意见：考察不同企业类型特征对领导效用的影响、确定本土环境下领导关怀的内涵及维度、展开对员工期望的研究，如从内隐领导理论和内隐追随者理论进行领导力效用研究。在未来的研究中，还应选取将更全面、更具有代表性的样本，还应有更广泛的扎根研究，更好地把理论与现实结合起来，来了解中国真实的领导。

◎ 参考文献

[1]陈建勋，凌媛媛，刘松博．领导者中庸思维与组织绩效：作用机制与情境条件研究[J]．南开管理评论，2010，2.

[2]陈向明．扎根理论的思路和方法[J]．教育研究与实验，1999，4.

[3]曹仰锋，吴春波，宋继文．高绩效团队领导者的行为结构与测量：中国本土文化背景下的研究[J]．中国软科学，2011，7.

[4]曹仰锋，李平．中国领导力本土化发展研究：现状分析与建议[J]．管理学报，2010，11.

[5]蒋建武，赵曙明．中国情境下的员工创造力研究：挑战与展望．第五届中国管理学年会——组织行为与人力资源管理分会场论文集[C]．中国管理现代化研究会，2010.

[6]江静，杨百寅．善于质疑辨析就会有高创造力吗：中国情境下的领导—成员交换的弱化作用[J]．南开管理评论，2014，2.

[7]李锐，凌文辁，柳士顺．传统价值观、上下属关系与员工沉默行为——一项本土文化情境下的实证探索[J]．管理世界，2012，3.

[8]李锡元，梁果，付珍．伦理型领导、组织公平和沉默行为——传统性的调节作用[J]．武汉大学学报(哲学社会科学版)，2014，1.

[9]李燕萍，侯烜方．新生代员工工作价值观结构及其对工作行为的影响机理[J]．经济管理，2012，5.

[10]刘小平．员工组织承诺的形成过程：内部机制和外部影响——基于社会交换理论的实证研究[J]．管理世界，2011，11.

[11]孙晓娥．扎根理论在深度访谈研究中的实例探析[J]．西安交通大学学报(社会科学版)，2011，6.

[12]隋杨，王辉，岳旖旎，Fred Luthans. 变革型领导对员工绩效和满意度的影响：心理资本的中介作用及程序公平的调节作用[J]．心理学报，2012，9.

[13]隋杨，陈云云，王辉．创新氛围、创新效能感与团队创新：团队领导的调节作用[J]．心理学报，2012，2.

[14]唐春勇，潘妍．领导情绪智力对员工组织认同、组织公民行为影响的跨层分析[J]．南开管理评论，2010，4.

[15] 王辉，张翠莲. 中国企业环境下领导行为的研究述评：高管领导行为，领导授权赋能及领导—部属交换[J]. 心理科学进展，2012，10.

[16] 王辉，张文慧，忻榕，徐淑英. 战略型领导行为与组织经营效果：组织文化的中介作用[J]. 管理世界，2011，9.

[17] 吴隆增，曹昆鹏，陈苑仪，唐贵瑶. 变革型领导行为对员工建言行为的影响研究[J]. 管理学报，2011，1.

[18] 徐淑英. 中国管理研究的现状及发展前景[N]. 光明日报，2011-7-29.

[19] 徐淑英，张志学. 管理问题与理论建立：开展中国本土管理研究的策略[J]. 重庆大学学报(社会科学版)，2011，4.

[20] 席酉民，韩巍. 中国管理学界的困境和出路：本土化领导研究思考的启示[J]. 西安交通大学学报(社会科学版)，2010，2.

[21] 张志学，鞠冬，马力. 组织行为学研究的现状：意义与建议[J]. 心理学报，2014，2.

[22] 仲理峰，王震，李梅，李超平. 变革型领导、心理资本对员工工作绩效的影响研究[J]. 管理学报，2013，4.

[23] Glazer Barney , Anselm Strauss. *The discovery of grounded theory：Strategies for qualitative research*[M]. Chicago：Aldine Publishing Company，1967.

[24] Hofstede, G.. *Culture's consequences：International differences in work-related values*[M]. New York：Sage，1984.

[25] Lord, R. G, Foti. R. G., and Devader, C. L.. A test of leadership categorization theory：Internal structure, information processing, and leadership perceptions[J]. *Organizational Behavior and Human Performance*，1984，34.

[26] Lord, R. G, and Maher, K. J.. *Leadership and information processing*[M]. London：Routledge，1991：81.

[27] Osborn, R. N., Hunt, J. G., and Jauch, L. R.. Toward a contextual theory of leadership[J]. *The Leadership Quarterly*，2002，13(6).

[28] Richard L. Hughes, Robert, C. Ginnett, and Gordon J. Curphy. 领导学[M]. 朱舟，译. 北京：机械出版社，2012.

[29] Strauss, A., and Corbin, J.. *Basics of qualitative research：Grounded theory procedures and techniques*[M]. New York：Sage，1990.

[30] Sy, T.. What do you think of followers? Examining the content, structure, and consequences of implicit followership theories[J]. *Organizational Behavior and Human Decision Processes*，2010，113(2).

[31] Zhang, Z. X., Chen, Y. R., and Ang, S.. Business leadership in the Chinese context：Trends, findings, and implications[J]. *Management and Organization Review*，2014，10 (2).

Indigenous Leadership: Theoretical Research and Practice

Du Jing[1] Yin Jing[2]

(1, 2Economics and Management School of Wuhan University, Wuhan, 430072)

Abstract: This article explores the difference between leadership cognition of practitioners and the current theoretical research. By reviewing leadership research published in six domestic core journals in past five years, this paper concluded the leadership research in China. And then this paper developed framework of leadership cognition of practitioners through paper interview with 75 MBA students using of the grounded theory. Comparing theoretical research with leadership cognition of practitioners, this paper found unexplored three issues: exploring the influence of various enterprises characteristics on leadership styles and effectiveness; examining contents of the leadership care in China, and investigating leader expectation, subordinate expectation, and their match. Future research should shed light on these issues, such as implicit leadership theory and the implicit followers theory.

Key words: Indigenous; Leadership; The grounded theory

（专业主编：杜旌）

工作中的活力：理论基础、概念与理论模型[*]

● 韩 翼[1] 陈 翔[2]

（1，2 中南财经政法大学　武汉　430074）

【摘 要】活力是指个体在工作中感觉到的他们所拥有的身体力量、情绪能量与认知活力等一系列具有内在联系的情绪体验。本文通过文献梳理，从三个方面对活力的研究进行了文献综述：活力的定义和测量，活力与相关构念的关系，活力的预测变量、结果变量和调节变量。最后，文章总结了现有研究的不足以及未来可能的研究方向。

【关键词】工作活力　积极情感　预测变量　结果变量

1. 引言

在组织行为学领域，Luthans（2000）首先开创了积极的研究取向，提出了积极组织行为学（Positive Organizational Behaviors，POB）。积极组织行为学的研究既包括希望、自信/自我效能、韧性、乐观等心理状态，也包括一些积极的特质和过程，如工作投入、组织繁荣、伦理型领导等。长期以来，学者们主要把活力作为一种心境状态和身体力量的反映，应用于医学心理学和运动心理学研究，而忽视了它在工作中的作用。近几年，一些学者开始研究工作中的活力，将活力作为一种情感状态，应用于积极组织行为学领域。本文对目前工作领域活力的理论和研究进行了系统的分析，并提出未来的研究方向。

1.1 活力的理论基础

1.1.1 积极情绪

活力是新兴的积极情绪研究领域中的一种情感状态。积极情绪是指个体由于内外刺激和事件以满足个体需要而产生的伴有愉悦感受的情绪，包括快乐、满意、兴趣、自豪、感

---

* 本文是国家社会科学基金"中国文化情景下领导纳谏结构维度及多层次作用机制研究"（项目批准号：14BGL199）、教育部人文社会科学规划基金"师徒关系结构维度、决定机制及其多层次效应机制研究"（项目批准号：13YJA630026）的阶段性成果。

通讯作者：韩翼，E-mail：hanyi7009@163. com。

激和爱等。积极情绪具有活动激活倾向和行动倾向①，能够扩大个体的认知范围增强认知的灵活性，能够建设个体资源(如身体资源、心理资源、人际资源和智力资源)，具有保护生理健康和心理健康的功能。活力是一种正向的情绪，属于积极情绪的范畴。活力作为一种积极情绪，具有积极情绪的共性，可能存在与积极情绪相同的前因变量和结果变量，因此积极情绪是活力的理论基础。

1.1.2 资源保护理论

活力的另一个理论基础是资源保护理论(Conservation of Resources，COR)(Hobfoll，1989)。COR 理论的主要观点是，人们有一种本能的动机去获得、维持和保护资源。资源包括人们重视的实物、个人特征、身份、能力等资源以及可使人们获得重要资源的实物、个人特征、处境或能力(Hobfoll，2002)，包括物质资源、身份资源、个体资源和能量资源。活力的定义包括身体上、情绪上和认知上的能量，均是指个体对内在能量资源的感觉。COR 理论认为以上三个维度都是个体所拥有的，代表了人拥有的能量中最为突出的三个部分，可以加速其他资源的开发和积累，同时三个维度代表了相互作用相互影响的资源。活力代表着一种情感状态，这种情感状态被自发的归因于工作本身和工作环境的特定方面，因此 COR 理论是探索活力前因变量的重要理论基础。

1.1.3 扩大建构理论

关于活力的另外一个重要的理论基础是积极情感的扩大建构理论(Fredrickson & Losada，2005a)。扩大建构理论认为，积极情感有两个重要的功能——扩大功能和建构功能。扩大功能主要体现在积极情感可以扩大个体即时的思维——行动范畴，包括个体的注意、认知、行动等的范围。建构功能是指积极情感促进行为的灵活性，它能够帮助个体建构持久的身体、智力、心理和社会资源，上述资源随着时间而积累，从而使个体更健康、更具有社会整合性、知识更加渊博和更有弹性。积极情感可能会带来思想的开拓和行为的改进，进而改变工作结果。研究表明，感觉有活力能够增加个体创造性思维和探索性活动，因此 Shirom(2011)使用扩大建构理论将活力与其可能的结果变量相联系。

1.2 活力的定义与测量

1.2.1 活力的定义

Shirom 用情感(affect)这个词定义情绪(emotion)和心境(mood)，他认为情绪和心境是情感的两个相近又有区别的类型。Gray 和 Watson(2001)用持续时间、环境的聚焦程度、密度、频率和功能这个维度区分情绪和心境。心境更倾向于分散，持续时间更长，可能会持续几天或几个星期，由不确定的原因引起的一种集中的情感状态，而情绪更为集中，是短期的并且有明确的客体和起因。

最初关于活力的研究往往是将活力定义为一种心境状态。McNair 等(1971)开发心境状态量表(Profile of Mood States，POMS)中，将活力作为一个子量表。POMS 活力量表中，活力包括活泼、精力充沛、充满活力等，反映了较低集中度的积极情感状态，如高兴和愉

---

① Fredrickson, B. L., and Branigan, C.. Positive emotion. in：Mayne ，T. J., Bonnano, G. A. (eds.). *Emotions：Current issues and future directions*[M]. New York，NY：The Guilford Press，2001b：123-151.

快。Shirom(2011)认为它测量的是一般的积极情绪而不是活力。POMS 量表主要用于临床医学研究领域，而不是工作领域。UWIST 心境形容词检测表(UWIST Mood Adjective Checklist, Matthews & Jones, 1990)中也包含对活力和精力水平的测量，这里的活力和精力水平同样代表的一种心境状态，如主动、精力充沛、敏捷和活力四射等。活力还被用于身体健康状况的测量，如 SF-36 的身体能量测量(Ware & Sherbourne, 1992)，包括测量身体能量的 36 个项目，其中的四个项目测量活力，如活力、精力和倦怠、疲倦，主要用于生命力的测量。总而言之，以上研究将活力定义为一种心境状态，对其测量主要集中在医学心理学研究和运动心理学领域，大部分的研究仅关注身体力量。

Shirom 认为活力既包括情绪的一些成分，因为活力是以个体的工作情境为背景的，但同时活力又更接近于心境状态，因为它比瞬时情绪持续时间更长，往往能够持续几天甚至几个星期，因此他将活力看做一种积极的情感状态。Shirom 对活力的定义为：个体对他们在工作中拥有的身体力量、情绪能量和认知活力的感觉，代表了工作中经历的中等密集度的情感。根据 COR 理论，活力由三个维度构成：身体力量是指个人的身体能力，情绪能量是指向重要的人表达同情和感情的能力，认知活力指人的思考过程和精神活跃。①

1.2.2 工作活力的测量

为了研究工作领域中的活力，Shirom 等(2004)开发了 Shirom-Melamed Vigor Measure (SMVM)量表。SMVM 量表将活力分成三个维度：身体力量、情绪能量和认知活力，并且在各方面预先测试以证明它的可行性。身体力量维度量表是根据 Hinkin(1998)的推论以演绎的方法产生的，同时也参考了 Thayer(1989，1996)的工作心情量表，包括"我感觉精力充沛"、"我感觉身体强健"、"我觉得活力四射"、"我觉得精力充沛"和"我觉得充满生命力"。关于活力相关的情感和认知资源的取样，是由健康的运动员、老师和蓝领阶层描述他们在面对工作上挑战时的感觉。由三个独立的专家分别评价每个项目与各量表的关联性，将最有关联的项目挑选出来，随后 Shirom 使用探索性因子分析选择五个信度最高的认知活力项目和四个情绪能量项目。认知活力量表包括"我感觉精神警觉"、"我感觉思维活跃"、"我感觉富有创造力"和"我感觉能提供新的想法"和"心流的感觉"(feeling of flow)，情绪能量量表包括"我感觉能向他人表示关怀"、"我感觉能对同事和顾客投入感情"、"我能敏锐感受到同事和顾客的需求"和"我感觉能与同事和顾客产生共鸣"。

Shirom 等(2004)验证了工作活力的三维度量表，被试者为来自两个科技企业的 87 位员工，SMVM 询问被试者最近工作时精力充沛的感觉频率，包含 14 个项目：身体力量(5 个项目)、情绪能量(4 个项目)、认知活力(5 个项目)，每个被试者会被问到在过去 30 个工作日里有关上述问题的感觉。数据分析的结果表明，SMVM 的三个子量表的 α 系数分别为身体力量(0.95)、情感能量(0.88)、认知活力(0.72)，同时 SMVM 三个子量表的组间平均相关系数为 0.44，其中身体力量和认知活力的相关程度最高。

---

① 转引自 Russell, J. A.. Core affect and the psychological construction of emotion[J]. *Psychological Review*, 2003, 110: 145-172.

1.3 活力与相关构念的关系

活力作为一种积极的情感状态，与组织行为学研究领域的其他相关构念之间存在一定程度的联系，但也存在概念上的区别。本文选取了与活力相关的几个概念，既包括积极情感如感觉愉悦、生命力、繁荣、工作投入，也包括消极情感如工作倦怠。有关活力与相关构念的关系的总结见表1。

表1   活力与相关构念的关系

概念	提出	定义	与活力的关系
感官愉悦	Fredrickson 和 Joiner（2002）	从运动中获得的快乐的身体感觉	联系：分享了生理上改变所获得的积极感觉，都有中等程度的唤起作用 区别：活力不依赖使人快乐的身体刺激；活力产生于主观的评价，而愉悦可以从运动中自动产生
生命力	Peterson 和 Seligman（2004）	精力充沛、感觉有活力和能充分发挥作用等主观经验相结合的积极感受	联系：都包括积极的心境状态和感觉 区别：活力代表一种积极的情感，而生命力更接近于一种心境或性格力量
繁荣	Spreitzer 等（2005）	个体在对工作中的活力和学习进行体验时所产生的一种心理状态	联系：都属于积极的情感状态，都包括积极向上的情绪能量 区别：工作繁荣中的活力没有包括工作活力的全部核心内容
工作投入	Schaufeli 等（2002）	工作投入是一种积极的、充实的、与工作相关的，具有活力、奉献和专注特征的心理状态	联系：都属于积极组织行为学范畴，一个共同的特点是充沛的精力 区别：工作投入的活力与消极情感的反应有关，而活力三维度概念主要集中于活力的积极核心情感；工作投入中的活力是一系列多样的反应或态度，而不是一种情感状态
倦怠	Maslach 和 Jackson（2003）	在以人为服务对象的职业领域中，个体的一种情感耗竭、人格解体和个人成就降低的症状	区别：活力属于积极情感，而倦怠属于消极情感。两者是间接相关的，它们并不代表一个连续体的两个极端，当进行持续的测量时，活力和倦怠有可能是并存的

（1）活力与感官愉悦（sensory pleasure）。

个体可从任何活动中感觉到愉悦。活力和感官愉悦分享了生理上改变所获得的积极感觉，都有中等程度的唤起作用。Shirom（2004）认为源自活力感中身体力量的情绪体验和从运动中获得的愉悦的身体感觉存在两个概念上的区别：第一，活力并不依赖使人快乐的身体刺激，例如当员工成功地解决了一个难题，他们可能会喜欢这种情景或事件，因为它产生了情绪能量、认知活力或身体力量而不是一些愉悦的身体刺激。第二，根据 Lazarus（1999）的情感理论，个体对情况或事件的评价是对自己有意义或有利时，会产生积极情绪。对大部分人来说，致力于运动能够自动地创造出一种愉悦感，这种愉悦感能够满足身体活跃的基本需求。

（2）活力与倦怠（burnout）。

活力属于积极情感，而倦怠属于消极情感。大部分把活力看成是心境状态的测量都是基于这样一种理论观点，认为活力和疲倦或者活力和倦怠这对概念反映了情感状态的两个极端，在工作中是不可能同时体验到的。研究发现，积极的情感和消极的情感存在于不同的生理系统中，有不同的前因变量，有相对独立的功能，代表人的完全不同的行为。Shirom（2004）认为情感状态的结构是灵活的，积极情感和消极情感之间的关系并不是一个连续体的两个极端，而只是两个不同的变量。因此，活力和倦怠是间接相关的，它们并不代表一个连续体的两个极端，当进行持续的测量时，活力和倦怠有可能是并存的。Shirom（2012）对倦怠、活力与高血脂水平关系的研究发现，活力水平的提高能够有效地降低高血脂，而倦怠的增加与高血脂水平并没有显著的关系，这个研究为以上假设提供了初始的证据。

（3）活力与生命力（vitality）。

生命力被定义为精力充沛、感觉有活力和能充分发挥作用等主观经验相结合的积极感受，它描述了这样一种生活状态：兴奋的、充满能量的、热情的、生机勃勃的、活跃的、积极向上的、不半途而废和将生活当作一次探险①。生命力的核心是指有活力的一种感觉，它与活力在概念上是不同的。Peterson 和 Seligman（2004）把生命力视为与健康高度相关的关键力量，将有生命力的人定义为一个将其活力和精神用自身的活动表达出来的个体。因此，从定义上看，活力代表一种积极的情感，而生命力更接近于一种心境或性格力量。

（4）活力与繁荣（thriving）。

Spreitzer 等（2005）将繁荣定义为"个体在对工作中的活力和学习进行体验时所产生的一种心理状态"，它的两个维度是活力和学习。其中，活力是指精力充沛的积极态度，是心理体验的情感，也包括心理功能和发展方面的快乐因素。工作繁荣中的活力和活力的三维度概念都被定义为一种积极的情感状态，但工作繁荣没有包括活力的全部核心内容。

（5）活力与工作投入（job engagement）。

Schaufeli 等（2002）将工作投入定义为一种积极的、充实的、与工作相关的心理状态，包括活力（vigor）、奉献（dedication）和专注（absorption）3 个维度，其中活力是指个体具有充沛的精力和良好的心理韧性，自愿为自己的工作付出努力而不易疲倦，并且在困难面前能够坚持不懈。韧性（resilience）被定义为面对巨大的困境时保持高水平的积极情绪和幸福的倾向，当有韧性的个体经历消极的情绪时，他们能够整理引起这种情绪的事件信息，从

---

① Kark, R., and Carmeli, A.. Alive and creating: The mediating role of vitality and aliveness in the relationship between psychological safety and creative work involvement[J]. *Journal of Organizational Behavior*, 2009, 30: 785-804.

中吸取经验,控制生理反应以最小化消极情绪的影响。从上述定义可以看出:韧性与消极情感的反应有关,而活力三维度概念主要集中于活力的积极核心情感;工作投入中的活力是一系列多样的反应或态度,而不是一种情感状态。而且,Shirom(2004)认为工作投入中活力的概念混淆了高水平的精力及其可能产生的结果——动机和韧性,不论个体有没有遭遇不良事件产生韧性,个体都能体验到活力。

2. 活力的理论模型

Shirom(2011)提出了一个活力的理论模型(见图1),这个理论模型包括活力的预测变量和预期的结果变量以及特定变量如何调节活力的预测变量与活力及活力与预期的结果变量之间的关系。活力通过几个关键的理论框架调节组织资源、工作相关资源、个体资源与工作态度、行为之间的关系。例如,情感事件理论认为,具有稳定特性的工作环境和影响工作态度、行为的工作场所事件的调节机制是基于工作产生的情感。

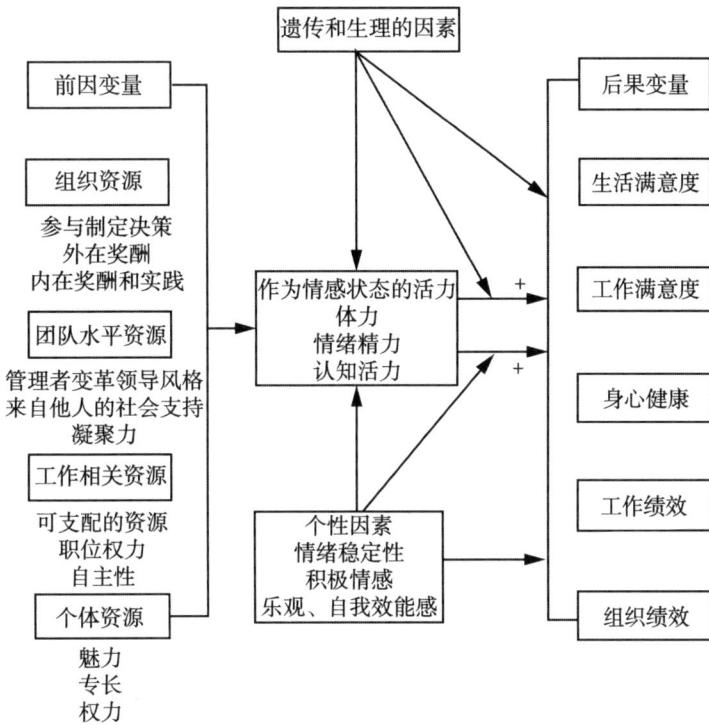

图1 工作中的活力:可能的前因变量、结果变量和调节变量

2.1 活力的预测变量

活力的预测变量与 COR 理论相关。根据 COR 理论,个体工作资源的水平越高,他们

对活力的感觉愈强烈①。活力代表了一种情感状态，这种情感状态被自发地归因于工作本身和工作场所的特定方面。很多支持活力预测变量的研究主要是基于活力作为一种心境状态的量表，而不是基于活力的三维量表。

（1）工作特性。

通过工作特点及其产生的心理状态来解释员工积极情感的最有影响力的模型是工作特征模型，包括5种相关的工作特征：工作自主性、工作重要性、反馈、任务一致性和任务多样性。Shraga 和 Shirom（2009）对36个受访者描述的107个事件和环境的匹配检测发现，他们在五个工作特征的影响下产生了活力，其中活力最有力的预测因素是工作重要性，其次是领导对员工的工作反馈，第三个是工作一致性。其他研究也发现，员工感到精力充沛与工作任务取得成功有关。

（2）团队水平资源。

基于资源保护理论，组织成员间的关系资源的积极相关，被认为能直接提高个体工作中产生活力的可能性。Karasek 等（1990）认为，工作团队有分享情感的倾向，相互信任和较高社会支持的工作团队表现为具有更强的凝聚力和目标导向，会形成较高的员工士气和工作安适。研究发现，一个员工与精力充沛的同事一起工作，他们之间的交流可能会让其更有活力。高质量的工作关系使员工感到充满活力，两个人之间的联系越紧密，他们感受到的精力水平越高。Carmeli 等（2009）基于活力三维概念的测量研究发现，当员工与同事在工作中建立良好的人际关系时，他们表现出更高的活力。

（3）领导风格。

领导的积极情感影响团队成员的个体情感和团队流程包括协作和团队努力。精力充沛的领导者能够让下属感觉到有精力，而员工也期望管理者展现活力。Carmeli 等（2009）基于活力三维概念的测量研究发现，领导的关系建立行为是员工活力的重要预测变量，作用机制包括直接作用或由关系建立行为产生的人际信任和凝聚力的中介作用。

（4）组织资源。

当员工拥有相关信息和执行一致性任务时，允许员工参与决策有可能产生积极的情感。Shraga 和 Shirom（2009）发现，参与制定决策能引起活力，因此他们推测，组织奖励实践的行为，包括提供工作成果的积极反馈，也能让员工感到有活力。组织在工作时间为员工提供补充精力资源的机会，也可能直接提高员工的活力水平。Sonnentag 和 Niessen（2008）基于 POMS 活力量表的实证研究证实，工作时间适当的休息和体力恢复有助于获得更高水平的活力。

（5）个体资源。

除了上述与工作相关的资源能预测活力，一些非工作领域的变量也会影响活力的产生，如社会地位、家庭因素、个人魅力等。工作组织中，社会地位代表了人际关系的一个方面，个体社会地位与个体心境的愉快经历有关。因此在理论模型中，Shirom（2011）将社会地位作为活力的预测变量，期望社会地位对活力有积极的影响。

---

① Hobfoll, S. E.. Conservation of resources: A new attempt at conceptualizing stress [J]. *American Psychologist*, 1989, 44: 513-524.

（6）职场压力和情绪智力。

吴伟琦（2006）对台南地区私立院校行政人员的研究发现，职场压力与工作活力呈反向相关，而个体的情绪智力对工作活力具有显著的正向影响，低情绪智力的员工在职场压力较大的情况下表现为较低的活力水平，而高情绪智力的员工随着职场压力的增加其活力水平不断上升。

2.2 活力的结果变量

Shirom 提出的活力结果变量的理论基础是扩大建构理论。扩大建构理论的主旨是，积极情感能够影响个体的思想和行为，促使个体表现出创造性思维和探索性活动。理论模型中提到的活力的结果变量主要包括生理和心理健康、动机、工作绩效和组织有效性、工作满意度、组织公民行为。

（1）生理和心理健康。

个体的活力水平可以认为是其最佳心理机能的指标，很多研究者在界定生活中有关健康的概念范围时包括活力。例如，世界卫生组织对健康的定义中包括"我感觉有精力"，"我感觉到活跃"，"我感觉到精力充沛"等项目。Shirom 等人在 SMVM 活力量表中使用这些项目测量活力，因此他认为，活力心理健康的影响是直接的。

很多研究证实了活力对生理健康的影响。Shirom 等（2009a）根据 Russell 的情感二维空间理论，研究高—愉快、高—唤醒维度和高—愉快、低—唤醒维度对身体内脂肪含量的影响，研究结果发现男性高—愉快、高—唤醒维度明显的降低体内胆固醇和甘油三酯的水平。因此，我们推测，处于高—愉快、高—唤醒维度的活力有可能降低肥胖。几项研究发现活力能够预测评估身体健康的主观指标。感觉有活力和主观身体健康在预测健康男性和女性员工随时间变化的健康状况时起交互作用——身体越健康，在控制基期健康情况下，基期活力对随后的健康状况水平影响越显著。高水平的活力有可能在降低几种炎症标志物的密度方面发挥着重要的作用，可以推测活力与生理健康改善的联系。Shirom 等（2010）根据 20 年的跟踪调查证实了基期员工感到有活力对各种原因造成的死亡率和糖尿病等的有利影响，该研究提供的证据表明初始水平的活力是降低健康员工死亡率的积极因素。最近的一个纵向研究表明，活力水平的提高与高血脂水平的降低有关，进一步为活力影响生理健康提供了证据。

（2）动机。

活力反映了个体在工作中拥有能量的感觉，因为活力与工作中的动机过程紧密相关。工作动机通常是指源自个体内部的一组有活力的力量，能够决定工作行为的方式、方向和集中度。因此组织中的动机过程部分代表了个体从他们的能量资源中对不同的活动分配精力的决定。活力可能拥有对目标吸引力进行预测的价值，因此可能会影响个体选择行为和投入精力的方向。所以，活力可以看做工作动机的前因变量。

（3）工作绩效和组织有效性。

根据扩大建构理论，感觉有活力能促进特定的思想行为活动的产生，这个思想行为活动能扩展活动、扩大选择范围，促进工作问题的创造性解决方法的产生。Carmeli 等（2009）基于活力三维概念的测量研究发现，当员工与同事在工作中建立良好的人际关系时，他们表现出更高的活力，产生行动的动机并致力于高质量地完成工作任务，进而改善工作绩效。Shirom(2011)认为以往的研究结果如具有积极情感的员工，在工作中表现更好的绩效和亲社会行为，为活力与组织有效性的关系提供了支持。

（4）工作满意度。

目前关于活力与工作满意度之间作用的方向没有定论。有研究证实情感是影响工作满意度的一个因素。情感事件理论(Affective Events Theory，AET)认为工作环境影响情感反应，情感反应影响工作满意度和其他工作态度①。Shraga 和 Shirom(2009)对 573 名健康员工进行了持续 22 个月的研究，试图发现活力和工作满意度之间的作用方向，研究结果表明，工作满意度能预测活力，而工作满意度和活力的双向作用关系和活力对工作满意度的作用没有足够的证据支持。

（5）组织公民行为。

工作中充满活力的员工有足够的身体力量、情绪能量和认知活力致力于帮助他人，保护组织，不会无故缺勤，提供有意义的建议和传递善意。活力帮助个体在不同的工作环境中建立社会联系，从而有利于工作场所的亲社会行为。Laura 等(2011)对一个大型的建筑设施维护组织中 331 名维修专家的研究显示，工作活力能积极地预测组织公民行为，因为更为有效身体、情感和认知资源的利用能够转化为组织公民行为。

2.3 活力的调节变量

（1）性格特点。

性格特点可能是活力的预测变量影响活力的重要调节因素。性格特点中特定的特质、气质以及人格素质影响活力的产生。外向的人更容易感受积极的情绪，能诱发个体对环境中积极的刺激反应更为强烈；具有较高亲和力的个体一般能积极地寻找友谊，体验环境中的愉悦，对自己和世界持有积极的看法。Armon 和 Shirom(2011)通过对 1217 名健康员工两个时点 T_1 和 T_2(间隔 24 个月)的跟踪研究发现，两个时点的活力是相互独立的，亲和力和自我意识能够预测 T_1 和 T_2 活力的情感维度，而外向性能够有效预测两个时点的认知维度。自我效能感包含一种信念，这种信念包括个体对自身精力资源的评价。研究表明，自我效能感信念影响个体从事的活动及他们付出多少努力和面对逆境时能坚持多久。因此，自我效能感可能是活力与结果变量的一个调节变量。

（2）依恋风格。

Laura 等(2011)研究员工依恋风格(attachment style)通过工作活力的中介作用影响组织公民行为、工作场所偏差行为，发现安全型依恋的员工在工作中表现出更高的活力；过度依赖型依恋风格与活力呈显著的负相关，因为消极情绪的高度活跃、悲伤的加剧等个性占用了过多的资源，导致没有足够的资源创造身体力量、情绪能量和认知活力；而回避型非安全依恋对活力同样具有消极的预测作用，因为回避型非安全依恋的个体孤立的工作，

---

① Weiss, H. M., and Cropanzano, R. . Affective events theory: A theoretical discussion of the structure, causes and consequences of affective experiences at work. in: Cummings, L. L. , Staw, B. M. (eds.). *Research in organizational behavior* [M]. Greenwich, CT: JAI Press, 1996, 18: 1-74.

拒绝寻求帮助，压抑消极情绪，这些因素消耗了他们的能量资源，以致在工作中表现出活力的缺乏。

（3）心理调节变量。

活力可能产生心理变化调节或中介其对结果变量的影响。例如，活力可能被荷尔蒙和神经递质的活动激活，活力也有可能与特定的身体姿势或面部表情有关，身体姿势和面部表情能向他人传递感觉精力充沛的信息。心理免疫学研究发现积极情感与改进的免疫功能相联系，因此免疫系统可能代表了活力理论模型的一个调节变量。

3. 未来研究方向

现有活力的理论研究存在以下几个方面的局限性：

3.1 理论模型存在局限性

首先，因为活力的定义是在工作领域，理论模型的重点是与工作有关的活力的预测变量，然而，活力有可能被非工作行为间接影响。Sonnentag（2009）对大学的员工（包括全职教授、学术人员、管理人员和后勤人员）的研究发现，睡眠质量和时间对身体力量和认知活跃有积极的影响，可以预测睡眠与工作活力的关系。实验研究发现，食用含中等剂量咖啡因的食物和吃早餐能提高活力的水平，未来的研究有必要研究非工作刺激因素在活力诱导中的角色。

其次，理论模型中变量之间的关系是单向的，但是活力的变量之间的关系可能是双向的。未来的研究除了要调查活力与其前因变量的双向关系外，还要检验模型中一些变量是否存在反向因果关系。例如，高水平的工作满意度引起活力的增加，而不是模型中的相反的描述。另外理论模型中也可以增加反馈循环，使其成为一个动态的理论模型，如资源和活力的循环，COR 理论假设拥有较多资源更有能力获得进一步的资源积累，这种积累循环随时都会发生。

再次，理论模型可以扩展到包含能够影响活力水平和调节模型中相互之间联系的其他变量，如性别和年龄等社会统计学变量对活力的影响，一个例子就是假设男性比女性经历更高水平的活力，因为通常我们公认的男性的角色强调力量、独立和坚强；与此对比，女性可能会有更高的情感能量因为女性更容易"改变和笼络"。

最后，与 B&B 模型的一个观点一致，有证据表明积极情感能降低消极情感对生理健康影响的关系程度，还可以考虑活力对消极情感影响健康的中和作用。

3.2 缺乏实证研究支持

目前关于活力的实证研究较少，尤其是基于活力三维度概念的测量。以往关于活力的研究主要集中在活力的单个维度，如身体力量或情绪能量的研究，使用的量表也关于心境状态的量表，如 POMS 量表，而且主要集中于医学心理学研究和运动心理学领域，对工作领域活力的研究还比较缺乏。很多工作领域活力的研究并没有涉及活力的三维度概念，而是作为其他构念的一部分，如工作投入中的活力。因此，未来应该增加对活力的三维度概念的研究。另外，Shirom的活力理论模型中，活力的预测变量和结果变量很多都是根据以往对积极情感和其他积极情感变量的研究推测出来的，并没有经过研究的检验和证实。因此，未来国内外学者有必要通过多种研究方法验证Shirom理论模型中活力及相关变量之间的关系，为这个理论模型提供依据或者根据研究结果改进这个理论模型。

3.3　活力测量范围狭窄

本文所讲的活力是指工作中的活力。然而，活力也有可能是个体对工作之外的事件和环境的情感反应。很有可能工作中的活力溢出到家庭和其他领域，家庭和其他领域的活力也会影响工作中的活力。这是在未来研究中需要考虑的问题。另一个研究领域是活力的交叉现象，员工工作场所经历的活力会使员工的配偶也感受到活力。

另外，目前研究的重点是工作和工作特征有益于增加员工活力以及员工活力对工作绩效和健康的影响，有关组织中所有员工的活力如何影响整个组织却没有涉及。是否存在活力型组织？如果存在的话，活力型组织的内在特征是什么？Shirom（2011）认为活力型组织可能具有以下特点：管理的最佳效果就是在组织中为员工提供产生、培养和维持活力的环境，并且能够利用这些能力提高组织有效性。

◎ 参考文献

[1]郭小艳，王振宏．积极情绪的概念、功能与意义[J]．心理科学进展，2007，15.

[2]尼尔森等．积极组织行为学[M]．王明辉，译．北京：中国轻工业出版社，2011.

[3]王晓春，甘怡群．国外关于工作倦怠研究的现状述评[J]．心理科学进展，2003，11.

[4]吴伟琦．台南地区私立大学校院行政人员职场压力对工作活力影响之评估——以情绪智力为调节变项[D]．南台科技大学，2007.

[5]Armon, G., Shirom, A.. The across-time associations of the five-factor model of personality with vigor and its facets using the bifactor mode[J]. *Journal of Personality Assessment*, 2011, 93.

[6]Baas, M., De, Dreu, C. K. W., and Nijstad B. A.. A meta-analysis of 25 years of mood-creativity research: Hedonic tone, activation, or regulatory focus [J]. *Psychological Bulletin*, 2008, 134.

[7]Bakker, A. B., Demerouti E.. Towards a model of work engagement[J]. *Career Development International*, 2008, 13.

[8]Bakker, A. B., Xanthopoulou, D.. The crossover of daily work engagement: Test of an actor-partner interdependence model[J]. *Journal of Applied Psychology*, 2009, 94.

[9]Barsade, S. G.. The ripple effect: Emotional contagion and its influence on group behavior [J]. *Administrative Science Quarterly*, 2002, 47.

[10]Brief, A. P., Weiss, H. M.. Organizational behavior: Affect in the work place [J]. *Annual Review of Psychology*, 2002, 53.

[11]Carmeli, A., Ben-Hador, B., Waldman, D. A., Rupp, D. E.. How leaders cultivate

social capital and nurture employee vigor: Implications for job performance[J]. *Journal of Applied Psychology*, 2009, 94.

[12]Davidson, R. J.. Affective style, psychopathology, and resilience: Brain mechanisms and plasticity[J]. *American Psychologist*, 2000, 55.

[13]Elfenbein, H. A.. Emotions in organizations [J]. *The Academy of Management Annals*, 2007, 1.

[14]Fredrickson, B. L.. The role of positive emotions in positive psychology: The broaden-and-build theory of positive emotions[J]. *American Psychologist*, 2001, 56.

[15]Fredrickson, B. L., Branigan, C.. Positive emotion. in: Mayne T. J., Bonnano G. A. (eds.). *Emotions: Current issues and future directions*[M]. New York, NY: The Guilford Press, 2001.

[16]Fredrickson, B. L., Joiner, T.. Positive emotions trigger upward spirals toward emotional well-being[J]. *Psychological Science*, 2002, 13.

[17]Fredrickson, B. L., Losada, M. F.. Positive affect and the complex dynamics of human flourishing[J]. *American Psychologist*, 2005, 60.

[18]Fredrickson, B. L., Branigan, C.. Positive emotions broaden the scope of attention and thought-action repertoires[J]. *Cognition and Emotion*, 2005, 19.

[19] Gray, E., Watson, D.. Emotion, mood, and temperament: Similarities differenced, and a synthesis. in Payne, R. L., Cooper, C. L. (eds.) . *Emotion at work* [M] . Chichester, U. K. : Wiley, 2001.

[20] Halbesleben, J., R. B., Harvey, J., Bolino, M. C.. Too engaged? A conservation of resources view of the relationship between work engagement and work interference with family[J]. *Journal of Applied Psychology*, 2009, 94.

[21]Heaphy, E. D., Dutton, J. E.. Positive social interactions and the human body at work: Linking organizations and physiology[J]. *Academy of Management Review*, 2008, 33.

[22] Hobfoll, S. E.. Conservation of resources: A new attempt at conceptualizing stress [J]. *American Psychologist*, 1989, 44.

[23] Hobfoll, S. E.. Social and psychological resources and adaptation [J]. *Review of General Psychology*, 2002, 6.

[24] Izard, C. E.. Emotion theory and research: Highlights, unanswered questions, and emerging issues[J]. *Annual Review of Psychology*, 2009, 60.

[25]Karasek, R., Theorell, T.. *Healthy work: Stress, productivity, and the reconstruction of working life*[M]. New York: Basic Books, 1990.

[26]Kark, R., Carmeli, A.. Alive and creating: The mediating role of vitality and aliveness in the relationship between psychological safety and creative work involvement[J]. *Journal of Organizational Behavior*, 2009, 30.

[27] Keltner, D., Gruenfeld, D. H., Anderson, C.. Power, approach, and inhibition [J]. *Psychological Review*, 2003, 110.

[28] Larsen, R. J., Ketelaar, T.. Personality and susceptibility to positive and negative emotional states[J]. *Journal of Personality and Social Psychology*, 1991, 61.

[29] Latham, G. P., Pinder, C. C.. Work motivation theory and research at the dawn of the twenty-first century[J]. *Annual Review of Psychology*, 2005, 56.

[30] Laura, M. L., Debra, L. N. J., Craig, W., and Paul, D. J.. Integrating attachment style, vigor at work, and extra-role performance[J]. *Journal of Organizational Behavior*, 2011, 32.

[31] Lazarus, R. S.. *Stress and emotion*[M]. New York: Springer, 1999.

[32] Luthans, F.. The Need for and meaning of positive organizational behavior[J]. *Journal of Organizational Behavior*, 2002, 23.

[33] Luthans, F.. Positive organizational behavior: Developing and managing psychological strengths[J]. *Academy of Management Executive*, 2002, 16.

[34] Luthans, F., Avolio, B. J., Avey, J. B. and Norman, S. M.. Positive psychological capital: Measfurement and relationship with performance and satisfaction[J]. *Personnel Psychology*, 2007, 60.

[35] Matthews, G., Jones, D. M.. Refining the measurement of mood: The uwist mood adjective checklist[J]. *British Journal of Psychology*, 1990, 81.

[36] McNair, D. M., Lorr, M., and Droppleman, L. F.. *Manual: Profile of mood states* [M]. San Diego, CA: EdITS, 1971.

[37] Peterson, C., Seligman, M. E. P.. *Character strengths and virtues: A handbook and classification* [M]. Washington, DC: American Psychological Association, 2004.

[38] Quinn, R. W., Dutton, J. E.. Coordination as energy in conversation [J]. *Academy of Management Review*, 2005, 30.

[39] Russell, J. A., Carroll, J. M.. On the bipolarity of positive and negative affect [J]. *Psychological Bulletin*, 1999, 125.

[40] Russell, J. A.. Core affect and the psychological construction of emotion[J]. *Psychological Review*, 2003, 110.

[41] Ryan, R. M., and Frederick, C.. On energy, personality, and health: Subjective vitality as a dynamic reflection of well-being[J]. *Journal of Personality*, 1997, 65.

[42] Salovey, P., Rothman, A. J., Detweiler, J. B., and Steward, W. T.. Emotional states and physical health[J]. *American Psychologist*, 2000, 55.

[43] Schaufeli, W. B., Salanova, M., and González-Romá V., et al.. The measurement of engagement and burnout: A confirmative analytic approach [J]. *Journal of Happiness Studies*, 2002, 3.

[44] Shraga, O., Shirom, A.. The construct validity of vigor and its antecedents: A qualitative study[J]. *Human Relations*, 2009, 62.

[45] Shirom, A.. Feeling vigorous at work? The construct of vigor and the study of positive affect in organizations. in: Ganster, D., Perrewe, P. L. (eds.). *Research in organizational*

stress and well-being[M]. Greenwich, CN: JAI, 2004, 3.

[46]Shirom, A. , Toker, S. , Berliner, S. , Shapira, I. , and Melamed, S.. The effects of physical fitness and feeling vigorous on self-rated health [J]. *Health Psychology*, 2008, 27.

[47]Shirom, A. , Melamed, S. , Berliner, S. , and Shapira, I.. Aroused versus calm positive affects as predictors of lipids[J]. *Health Psychology*, 2009, 28.

[48]Shirom, A. , Shraga, O.. Chapter 4 on the directionality of vigor-job satisfaction relationships: A longitude study[J]. *Research on Emotion in Organizations*, 2009, 5.

[49]Shirom, A. , Toker, S. , Jacobson, O. , and Balicer, R.. Feeling vigorous and the risks of all-cause mortality, ischemic heart disease and diabetes: A 20-years follow-up of apparently healthy employees[J]. *Psychosomatic Medicine*, 2010, 72.

[50]Shirom, A. , Toker, S. , Melamed, S. , Berliner, S. , and Shapira, I.. Vigor, anxiety, and depressive symptoms as predictors of changes in fibrinogen and creactive protein[J]. *Applied Psychology: Health and Well-Being*, 2010, 2.

[51]Shirom, A.. Vigor as a positive affect at work: Conceptualizing vigor, its relations with related constructs, and its antecedents and consequences [J]. *Review of General Psychology*, 2011, 15.

[52]Shirom, A. , Toker, S. , Melamed, S. , Berliner, S. , and Shapira, I.. Burnout and vigor as predictors of the incidence of hyperlipidemia among healthy employees[J]. *Applied Psychology: Health and Well-Being*, 2012, 3.

[53]Shrout , P. E. , Herman, C. M. , and Bolger, N.. The costs and benefits of practical and emotional support on adjustment: A daily diary study of couples experiencing acute stress [J]. *Personal Relationships*, 2006, 13.

[54]Sonnentag, S. , Niessen, C.. Staying vigorous until work is over: The role of trait vigor, day-specific work experiences and recovery[J]. *Journal of Occupational and Organizational Psychology*, 2008, 81.

[55]Sonnentag, S.. Sleep well(and long!): A diary study on the relationship between sleep and vigor in university employees[C]. IOP Conference, Sydney, 2009.

[56]Spreitzer, G. , Sutcliffe, K. , Dutton, J. , Sonenshein, S. , and Grant, A. M.. A socially embedded model of thriving at work[J]. *Organization Science*, 2005, 16.

[57]Stajkovic, A. D. , Luthans, F.. Self-efficacy and work-related performance: A meta-analysis[J]. *Psychological Bulletin*, 1998, 124.

[58]Taylor, S. E. , Klein, L. C. , Lewis, B. P. , Gruenewaldm T. L. , Gurung, R. A. R. , and Updegraff J. A.. Biobehavioral responses to stress in females: Tend-and-befriend, not fight-or-flight[J]. *Psychological Review*, 2000, 107.

[59] Thoresen, C. J. , Kaplan, S. A. , Barsky, A. P. , Warren, C. R. , and Chermont, D. K.. The affective underpinnings of job perceptions and attitudes: A meta-analytic review and integration[J]. *Psychological Bulletin*, 2003, 129.

[60] Ware, J. E. , and Sherbourne, C. D. . The MOS 36-item short-form health survey(sf-36): Conceptual framework and item selection[J]. *Medical Care*, 1992, 30.

[61] Weiss, H. M. , and Cropanzano, R. . Affective events theory: A theoretical discussion of the structure, causes and consequences of affective experiences at work. in: Cummings L L, Staw B M (eds.). *Research in organizational behavior* [M] . Greenwich, CT: JAI Press, 1996, 18.

[62] Zautra, A. J. , Affleck, G. G. , Tennen, H. , Reich, J. W. , and Davis, M. C. . Dynamic approaches to emotions and stress in everyday life: Bolger and zuckerman reloaded with positive as well as negative affects[J]. *Journal of Personality*, 2005, 73.

Vigor at Work: Theoretical Basis, Construct, and Conceptual Model

Han Yi [1]   Chen Xiang [2]

(1, 2   Zhongnan University of Economics and Law, Wuhan, 430074)

Abstract: Vigor refers to individuals' feelings that they possess physical strength, emotional energy, and cognitive liveliness, and represents a series of intrinsically linked emotional experience at work. In this article, we review the evolution of vigor from three aspects by sorting related literatures: vigor's conception and measurement, its relations with related constructs, its antecedents, consequences and moderator variables. Finally, the problems in the present research and future possible directions have also been discussed.

Key words: Vigor at work; Positive affect; Antecedents; Consequences

专业主编：杜　旌

基于消费者感知的企业善因营销对品牌构建影响研究[*]

● 王　娟[1]　熊　凯[2]

（1　华中师范大学经济管理学院　武汉　430070；

2　江汉大学商学院，武汉城市圈制造业发展研究中心　武汉　430056）

【摘　要】善因营销这个词出现的时间并不是很久，但是其理论研究和实践应用都得到了快速的发展。21 世纪以来，我国对于善因营销也越来越重视，越来越需要相关营销理论的支持。本文在总结了有关善因营销的国内外最新理论研究的基础上，主要通过研究企业善因营销对顾客感知的作用机制以及积极感知的善因营销对品牌构建的影响，从而提出基于企业品牌构建的善因营销策略，提升企业的品牌价值，增强企业的竞争优势，进一步推动善因营销实践的深入发展。

【关键词】善因营销　动机感知　知觉契合度　善因亲密度

1. 文献综述

1.1　善因营销概述

善因营销到目前为止并没有一个统一的定义。Vara darajan（1986）把善因营销定义为：制定和执行营销行动的过程，这种行动具有特定的含义，当消费者参与满足组织和个人目的的产品交换行为时，企业将一定数量的收益捐献给特定的慈善事业。Barnes 等（1991）认为善因营销是一种用来增加企业盈利能力的企业慈善活动，企业慈善捐赠不一定要与企业具体的销售活动联系起来；Andreasen（1996）认为，如果企业和非营利组织所进行的营销活动对企业的销售会产生直接或者间接的影响，都可以称为善因营销；Maignan 等（1999）提出，善因营销是公司基于各种利益相关者的需求，为利益相关者所承担的经济、法律、道德和社会的责任。曾朝晖（2005）认为善因营销就是通过赞助、捐赠等公益手段对企业社会公众形象进行商业推广的营销方式；沐子健（2004）则认为，善因营销应将企业与非营利机构（特别是慈善组织）相结合，将产品销售与社会问题或公益事业相结合，

　＊　通讯作者：王娟，E-mail：158800002@qq. com。

在为相关事业进行捐赠、资助其发展的同时，达到提高销售额、实现企业利润、改善企业社会形象的目的。关于善因营销类型的划分也颇不相同。Barnes 等（1991）根据善因营销的持续时间将善因营销划分为持续进行的（on-going）和一次进行的（one-shot），还有的学者将善因营销划分为战略的（strategic）和战术的（tactical）（Brink 等，2006），他们主要从活动的持续时间、投资数量、管理层涉入度等几个方面对二者进行区分；Andreasen（1996）根据企业与非营利组织的合作形式，将善因营销划分为以交易为基础的推广活动（transaction-based promotion）、联合议题倡导（joint issue promotion）和授权（1icensing）三种类型。我国学者高定基（2004）提出了 6 种善因营销类型，包括销量决定型、公益事业冠名型、义卖捐赠型、抽奖捐赠型、主题活动型、设立基金或奖项型。

1.2 善因营销的动因

Vara darajan 和 Menon（1988）提出，公司采用善因营销主要有两个目的，一是支持社会慈善事业；二是提高公司营销绩效。Brink 等（2006）提出，企业采用善因营销，主要是为了对三类利益相关者负责：企业的顾客、股东、与企业的商业活动不直接相关的利益相关者。Creyer（1997）研究发现，消费者更乐于为那些有符合道德行为的公司的产品或服务支付更高的价格，而对于那些有不符合道德行为的公司的产品或服务支付较低的价格。因此，公司采用善因营销可以有利于为公司带来更多的经济效益。Barone 等（2000）的研究发现，当各个竞争者的产品和价格差异很小的时候，消费者会更乐意购买开展了善因营销活动的企业的产品，因此善因营销有利于企业提高销售额。Ellen 等（2000）则认为，消费者通过对企业善因营销活动所隐含的潜在动机的判断，来对善因营销做出感知和反应，企业进行善因营销的动机可以分为外在动机和内在动机，所谓外在动机是指企业认为采用善因营销会从环境当中获得报答；所谓内在动机是指企业认为采用善因营销会对其本身有利。企业采用善因营销的主要目的应是通过善因营销提高企业的品牌形象，进而为企业带来潜在的利润，同时，可以实现企业、顾客、非营利组织的三赢。

1.3 善因营销效果的影响因素分析

很多学者注重研究善因营销效果的因素。概括起来，可以将影响因素分为以下几类：善因营销的类型、品牌与社会慈善事业的知觉契合度、产品的类型、消费者个性特征。Barnes（1991）认为一次性完成的善因营销较持续性善因营销更容易控制活动本身，而且方便检验成效，但是为企业带来的利益较少，而持续性营销可以逐渐累积并提升企业知名度，为企业带来长期的经济利益；Ellen 等（2000）认为，采用战略性善因营销的公司要比那些采用战术性善因营销的公司更加务实，而消费者对于以无私为目的的善因营销项目反应更积极。Ross 等（1992）的报告也指出，人们可能更支持具有地方视角的慈善事业，而不是那些全国性的慈善事业。Praeejus 和 Olsen（2004）研究表明，品牌与社会慈善事业的知觉契合度对于在善因营销活动中消费者的行为忠诚度有很明显的影响，而且高知觉契合度的善因营销项目比低知觉契合度的项目的作用可以高 5～10 倍；McAlister 和 Ferrel（2002）则认为，公司可以通过战略性的慈善捐赠，并将这种战略与公司的使命、远景和资源结合起来，来提高公司的整体绩效；Nan 等（2007）认为知觉契合度的高低对于采用善因营销活动的品牌形象有很显著的影响。Strahilevitz 等(1998)发现，善因营销促销享乐产品(如冰淇淋、剧票等)比实用产品(洗衣粉，牙膏等)的正面效果更大，他们认为对于享乐产品使用善因营销活动会比较有效的诱发购买意愿，并刺激真实购买行为。消费者的个性特征在消费者对善因营销的感知扮演着十分重要的角色。众多学者发现同情心及相关的东西同慈善行为紧紧相连，乐于助人的消费者更可能向慈善事业捐赠，不购买产品的顾客态度更加消极；性别是影响消费者对善因营销态度的一个重要因素，女性更容易对善因营销企业和非营利组织产生好感；Webb 和 Mohr(1998)研究发现，教育程度越高的消费者较其他的消费者对善因营销的态度也显示出更为积极的趋势；Cui、Trent、Sullivan 和 Matiru (2003)对美国消费者进行了调查，调查结果表明，家庭收入越高，对善因营销的态度越积极，同时，他们还认为，消费者的专业背景也与对善因营销的反应有关，人文社科类的大学生较其他专业的大学生对善因营销的态度更为积极。

1.4 评述

善因营销理论正式引入中国的时间并不久，但其发展之迅速却让人惊讶。从目前的研究情况看，我国对于善因营销的理论研究多是基于国外理论。而国外理论多是在发达国家的市场条件下进行的，以非中国消费者为调研对象。中国消费者在中国独特的文化背景之下，呈现出了与西方发达国家不同的特征，比如权力指数较高、对不同产品品牌敏感度差别很大等等，现有理论缺乏对我国本土利益相关者的特征的深入研究，这样造成了许多研究理论"水土不服"。在实践方面，虽然我国越来越多的企业开始采用善因营销策略，但是，对于如何通过善因营销建立公众对企业品牌的忠诚、如何对不同的利益相关者传播善因营销的相关信息、如何确定善因营销的对象和捐赠力度等问题，仍然有诸多不明了的地方，这也需要理论界从理论研究的角度给予相关的支持。

2. 企业善因营销对消费者感知的作用机制

2.1 影响消费者感知和反应的善因营销因素分析

(1)动机感知。

动机感知是指消费者对于企业实施善因营销的动机的总体看法，受多种因素影响，如对善因的投入力度、支持善因的持续时间、宣传强度等(一般而言，投入力度大，持续时间长，宣传适度能产生积极动机感知)。相对于其他形式承担社会责任的做法，善因营销会引起较多的猜疑，因为善因营销活动明确地将赞助慈善机构与企业赢利挂钩(如销售额)。消费者对于企业实施善因营销动机的感知，对善因营销看法的形成有关键影响。消费者对于企业采用善因营销的潜在意图的推断，可以产生两种感知，即企业采用善因营销要么是诚心赞助善因要么只是利用善因做宣传，在后一种情况下，导致消费者怀疑公司采用善因营销的诚意，没有尊重善因并真心帮助善因。动机感知影响善因营销对于消费者的吸引力，积极的动机感知可以提升消费者对于善因营销的回应，从而产生积极的善因营销感知，这种积极的感知会延伸到品牌感知上。反之，消极感知会给企业带来不利影响。

（2）知觉契合度。

企业与善因之间的知觉契合度是善因营销研究的重点之一，学者定义知觉契合度是指个人对于某事物与其他事物两者之间所知觉到的相似程度与适合程度，并将此构面广泛地应用在各领域的研究中，例如在品牌延伸（Aaker and Keller, 1990）、品牌联盟（Bucklin and Sangi, 1993；Park et al., 1996；Simon and Ruth, 1998）等。在善因营销的研究领域中，过去研究发现企业与善因之间的知觉契合度不仅会影响消费者的购买决策（Pracejus and Olsen, 2004），同时也会影响消费者对于该公司的态度（Nan and Heo, 2007）以及认为赞助者是否出于真诚的动机或是沽名钓誉（Trimble and Rifon, 2006）。其他学者也提出企业所选择的合作善因必须要与该企业有攸关性或意义，如此才能让消费者将此公益活动的意义传递至企业或是品牌上（Hoeffler and Keller, 2002）。然而，过于独特或是具有特定风格形式的公益活动，会使消费者只注意到该公益活动的本身，可是无法将这个活动的意义联结到企业上，进而认为此公益活动与该企业或品牌是不攸关的或是不契合的。因此，有学者提出一致性理论（congruence theory），说明信息是否能够被储存于记忆中或是从记忆中取出会受到信息彼此的相关性与相似性的影响（Rifon et al., 2004；Lafferty, 2007）。换句话说，即信息越一致，则越容易被记忆与忆起。若从说服消费者的角度来看，则企业与善因之间的知觉契合度越高，则消费者比较容易对企业产生联想（Hoeffler and Keller, 2002）。因此，企业若想要增加公益活动的营销效果的话，可以挑选一个与本身企业或品牌之属性契合的善因作为公益活动的目标。而企业也必须考虑此善因与企业建立的品牌属性的类似性；或是考虑此善因是否可以补强或是增加现有企业或其品牌已代表的含义。如此，不仅能增加消费者对于企业与善因之间的知觉契合度，也较容易增加消费者的企业联想，对于企业或者善因相关的积极感知可以延伸到对于善因营销战略的积极感知上，从而将有利于公司巩固现有的品牌联想。简而言之，高知觉契合度能产生积极的感知，反之，低知觉契合度对感知没有积极作用。

（3）善因亲密度。

善因亲密度是指善因对于个人的攸关程度，而此攸关程度是受到个人内在需求、价值与兴趣的影响。过去研究发现个人对善因的亲密程度越高，其较愿意投注较多的时间、金钱、心力，也会较留心相关信息；相反，当个人善因亲密程度较低时，则会认为该善因对本身较无重要性及相关性，因此不愿意花太多金钱、时间、精力与注意力在上面（Celsi and Olson, 1988；Goldsmith and Emmert, 1991；Laurent and Kapferer, 1985）。因此，善因亲密度对于消费者行为理论、信息处理过程、与决策制定都有很重要的影响。其中在善因亲密度的相关研究中，过去研究发现：当消费者在面对不同善因时，会对其有主观知觉上不同的重视程度，消费者会将善因与自身目标相联结，对于善因有高亲密度的消费者会在金钱付出、自我肯定、社会价值与参与程度等方面都投入很多的心力，同时也会投入较多的注意力并主动搜集较多的信息情报（Zaichkowsky, 1985, 1994）。相对的，对善因亲密度较低的消费者在这些方面投入的程度则较低，也不会对此善因付出太多关注。总的来说，善因亲密度越高，消费者感知和反应越积极，对善因营销越有利，反之亦然。

2.2 善因营销对消费者感知的作用机制

2.2.1 动机感知对于消费者感知的调节作用

基于品牌延伸学的理论,企业与善因间的高知觉契合度将导致消费者对善因营销产生积极感知(Pracejus and Olsen,2004)。核心品牌与品牌延伸的高层次的知觉相似性能够在产品分类中,把对核心品牌的积极感知转移到延伸品牌上(Boush and Loken,1991;Keller and Aaker,1992)。与此相同,企业与善因之间的高知觉契合度的感知将对消费者对于善因营销产生积极感知。当知觉契合度较高时,与企业及善因相关的积极感知可以延伸到对于善因营销活动的积极感知上,反之亦然(Pracejus and Olsen,2004)。而消极的动机感知(即对善因营销持怀疑态度)将削弱知觉契合度在善因营销感知形成中的作用,即当消费者猜测企业采用善因营销的意图不善时,即使是高知觉契合度的善因营销活动,消费者也会形成不利感知(Barone et al.,2007)。综合二者来说,在知觉契合度相同时,动机感知越积极,消费者感知越积极(见图1)。

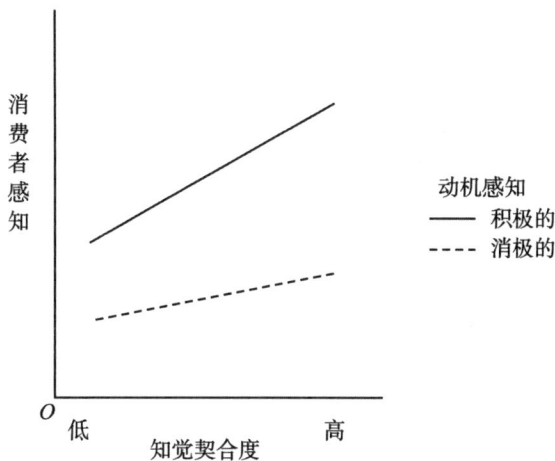

图1 动机感知调节知觉契合度对于消费者感知的影响

2.2.2 善因亲密度对于消费者感知的调节作用

实施善因营销活动的一个重要方针是选择能与消费者产生共鸣的善因(Hoeffler and Keller,2002)。这种观点被Drumwright的发现所支持,即关键消费者越关注善因,对善因有积极的态度,则企业善因营销活动越有可能取得成功。因此,研究围绕着目标消费者强烈关注的善因开展善因营销活动,可以调节知觉契合度对于消费者感知的影响,即消费者对善因持消极或中性态度时,知觉契合度会影响消费者对善因营销活动的感知,但当消费者特别关注某个善因(即善因亲密度较高)时,无论知觉契合度高低,都会使消费者对善因营销活动有积极的感知(Barone et al.,2007)。简而言之,当亲密度相对较低时,知觉契合度对感知有积极的影响;当善因亲密度相对较高时,知觉契合度不影响感知(见图2)。

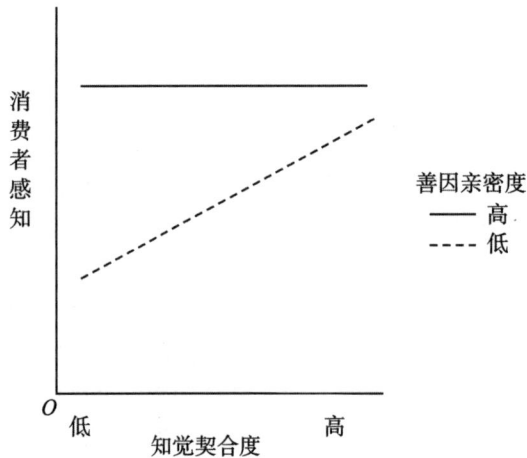

图 2　善因亲密度调节知觉契合度对于消费者感知的影响

2.2.3　动机感知与善因亲密度的相互调节作用

因为市场条件极为复杂，多种调节因素的影响可在任何特定时间进行，因此，我们仅考虑动机感知与善因亲密度如何交互作用于知觉契合度对于消费者对善因营销的感知。企业的动机感知是一个关键构建因素，驾驭着知觉契合度及善因亲密度交互作用于消费者对于善因营销的感知（Barone et al.，2007）。实际上，动机的感知强烈影响消费者对于善因营销活动的反馈。根据 Miyazaki 等（2005）的看法，积极的善因感知可以限制与善因营销相关的其他信息（如知觉契合度的感知及对善因的态度）。当动机感知积极时，知觉契合度和善因亲密度之间没有相互影响；当动机感知相对消极时，消费者对善因营销的感知也比较消极，但此时，知觉契合度与善因亲密度一致高时，消费者的感知相对较积极（Barone et al.，2007）。现总结如下，当动机感知积极时，无论善因亲密与否，知觉契合度对于消费者感知的影响都是积极的。无论知觉契合度高低，善因亲密度对于消费者感知的影响都是积极的（见图3（a））；而当动机感知消极时，善因亲密度和知觉契合度都较高时，消费者感知才积极（见图3（b））。

然而，在消极的动机感知下，知觉契合度与善因亲密度不一致（例如，当知觉契合度较低而善因亲密度较高时，或者相反时）会导致负面的感知（Barone et al.，2007）。根据 Miyazaki 等（2005）的一致性理论，这种偏见归因于消费者的定式思维和更注重负面线索（例如，低知觉契合度或对善因不关注）。因此，当动机感知消极时，知觉契合度与亲密度之间的不一致会导致消费者感知较差（见图3（b））。这样，当知觉契合度与亲密度不一致时（即高/低，低/高），对于感知的影响与两者一致低时（即低/低）对感知的影响相同，只有在两者一致高（高/高）时，对感知才会有积极的影响。

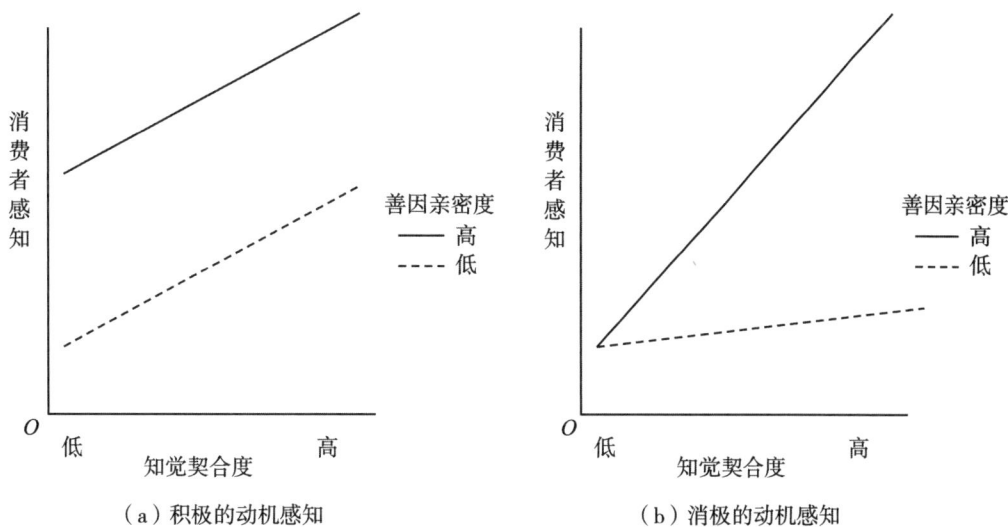

图3　动机感知、知觉契合度、亲密度影响消费者的感知

3. 基于消费者感知的企业善因营销对品牌构建的影响

3.1　提升企业形象，塑造产品品牌

虽然企业实施善因营销既有社会动机，也有经济动机，但有研究表明，企业的善因营销会影响消费者对企业品牌的态度，顾客倾向于选择开展善因活动企业的品牌。这是因为企业通过善因营销承担部分社会责任，迎合了社会公众的呼声和期望，因此有利于企业塑造产品品牌，提升企业形象。

鲁姆、赫夫勒、凯勒和巴苏尔托认为，包含大量社会内容的营销活动会对品牌判断和品牌感觉产生更加积极的影响。所谓社会内容，指的是营销方案中理应能够给社会福利带来切实改善的活动。因此，同每次购买时就免费赠送给消费者一些礼品的方案相比，一个在每次购买时就向某个公益组织捐一笔钱的营销方案包含更多的社会内容。因此，基于消费者积极感知的企业善因营销可以树立企业形象，传达企业价值观念，以此来增强品牌的扩展层，树立和强化品牌形象，宣传品牌内涵，最终影响消费者对产品的印象和选择。

3.2　履行社会责任，提升品牌美誉度

科特勒认为，企业的社会责任是企业通过自由决定的商业实践以及企业资源的捐献来改善社区福利的一种承诺。比较"善因营销"和"企业直接进行公益捐赠"这两种企业承担社会责任的不同形式，从获得消费者的关注来看，善因营销更胜一筹，原因有三：一是利用大众传媒广泛地传播营销信息是这种特定营销活动的题中应有之义；二是善因营销直接呼唤消费者的参与，这种相关性更容易提高消费者的关注和认知；三是善因营销为消费者

带来一种为公益事业做贡献的满足感，而企业宣传自己进行公益捐赠的形象广告给消费者一种"与己无关"的感觉，难以得到较高的关注。

由于社会责任运动的兴起，企业被人们期望承担更多的社会责任。善因营销能使企业在承担社会责任的同时实现经济目标，因而被许多企业广泛采用。实施善因营销会使得消费者联想到企业社会责任和企业能力（包括生产能力及产品质量），消费者根据企业是否履行社会责任义务建立初步形象，消费者感知的社会责任显著影响其对企业及品牌的态度。消费者也会根据企业能力联想来判断企业产品的质量，积极的能力联想让消费者容易觉得该企业有能力提供良好的产品和服务，因此对品牌形象也会有正面影响。基于消费者积极感知的企业善因营销，能使消费者对企业产生良好的社会责任联想及企业能力联想，并进一步形成正面的品牌印象，从而在同类产品或服务评价时，会对实施善因营销的品牌给予较高的评价。

3.3 实施战略性营销，增强品牌忠诚度

根据企业实施善因营销活动的一致性、持久性、资源投入多少和高管介入程度，可以把善因营销分为战术性营销和战略性营销。对于战术性善因营销，公司开展善因活动与公司核心能力并不完全一致，这种活动持续时间较短，投入资源较少，而且公司的高层管理者介入程度也较低，这种短期性的战术性善因营销活动，并不能引起消费者对公司品牌的忠诚度。相反，对于战略性善因营销活动，由于其与公司核心能力保持一致性，并且由于其开展活动持续时间较长，投入资源较多，高管介入程度教高，必定引起消费者对公司品牌的信任和信心，从而可以大大提升品牌忠诚度。

高品牌忠诚度能使消费者重复购买并增加购买频率，有利于企业获得稳定利润，减少销售成本。在质量价格无差别的同类产品中，消费者必然乐意购买长期致力于善因营销企业的产品。对公司而言，要把善因营销作为公司的一项长期战略计划，投入资源和人力，去获得消费者的积极认同和感知，从而可以不断提升公司产品品牌的美誉度，而且还可以留住老客户，赢得顾客忠诚。

4. 基于品牌构建的企业善因营销策略

4.1 提高顾客的积极感知度

综合以上分析，基于消费者积极感知的善因营销对于品牌构建有重大的积极意义，因为只有积极感知才能吸引消费者投入精力及时间参与到善因营销活动中。那么，如何提高顾客的积极感知度呢？企业可以从以下几个方面着手。

（1）立足长远，进行战略性的善因营销。

善因营销不等于一个活动、一次捐赠，应该成为企业的一种长期战略行为，而非短期战术行为。企业应当在分析环境和审视自身优劣的前提下，立足于自己的宗旨、使命和长期发展规划，确定战略性的善因营销方案，对善因进行持续的关注和投资，并力图通过这种方式与政府机构及非营利组织建立长期的合作关系，给予消费者积极的动机联想。理论

和事实证明：那些把善因营销作为长期战略的企业成就了自己的品牌并保持了较高的品牌忠诚度。现实案例中，Liz Claiborne 从 1991 年至 2002 年，在十多年的时间里，始终坚持以"反家庭暴力"为主题的善因营销，它被消费者盛赞为"一个富有创意、有社会责任感的企业领袖"，成就了其强大的全球女装品牌形象。

（2）企业高层直接参与。

企业高层的直接参与对于企业文化及经营理念的正面宣传有重大的积极影响。一方面，使消费者感觉到企业对于善因的重视；另一方面，使消费者能产生积极的品牌联想。国际知名的跨国公司已相继成立专门的公益事务部，企业高层直接管理在不同地区和市场的公益项目。可口可乐认为：对企业来说，做好公益事业重要的是高层要亲自参与，不能只出钱，不动心。可口可乐 2001 年就成立了公益事务部，全力负责公益项目的策划、实施和跟进工作。1993 年至今，可口可乐公司已在中国捐建了 52 所希望小学，100 多个希望书库，使 6 万多名儿童重返校园。

（3）进行适度宣传。

因为动机感知与广告宣传密切相关，消费者对于那些以赞助善因为由大肆做广告的做法很反感。如 1999 年，美国的菲利普—莫里斯烟草公司出资 7500 万美元捐助了社会慈善事业，其后公司花费 1 亿美元进行大张旗鼓的宣传。花费如此多的成本在宣传上，而不是慈善事业上，人们不可避免地对该公司赞助社会公益事业的动机产生怀疑，结果原先的善举带来的品牌效应荡然无存。因此，要想通过善因营销构建良好的品牌形象，必须做到宣传适度，可以利用内部和外部的各种宣传渠道，增加宣传的覆盖面，如年度报告、网络、报纸、邮件等，但切忌不能花巨资把电视广告打得铺天盖地。

4.2 选择合适的善因营销活动

首先，企业须选择与其自身的技术性质、业务属性、领域相契合或产品形象相吻合的善因进行合作，从专业领域提升公司品牌形象。如果一家烟草公司选择与防肺癌协会合作开展善因营销活动，那么就会给消费者、整个社会以一种滑稽或虚情假意之印象。其次，选择具有较高知名度和美誉度的公益机构，这样可以帮助企业迅速扩大影响，提高品牌形象。在我国，比如中华慈善总会、中国青少年发展基金会、宋庆龄基金会、中国国际民间组织合作会等。最后，企业应该选择志同道合的伙伴，否则，合作方缺乏合作诚意，会产生负效果。另外，假如企业一时难以找到契合的善因进行合作，也可以考虑把时下大众所关心的事物作为善因，例如赈灾（如地震、洪涝、禽流感等）。此时，由于大众普遍认为赈灾很重要，且与每个人都息息相关，因此若企业帮助赈灾，大众则一般会立刻联想到该企业具有很好的社会责任，而不会去特别注意该企业是否与该善因契合。因为这时候企业能够赶快帮忙解决困难是最重要的，契合度已经不是消费者最重视的因素了。

4.3 确保目标沟通对象一致

在善因营销策略的实施中，目标沟通对象是指营销活动中所涉及的公益事业的目标对象，它应与常规营销决策中的目标市场保持一致，或者企业善因营销关注的公益事业应该与目标顾客的关注点保持一致，才能将商业目标与慈善目标有效结合，从而吸引目标消费者的注意力，提升公司品牌形象。例如，快餐连锁店麦当劳的主要目标顾客是小朋友，因此，当麦当劳推行帮助偏远地区的小朋友解决生活或读书问题的善因营销时，会比选择肺癌防治或是减少二氧化碳为善因更能令小朋友们产生兴趣，从而通过构建高善因亲密度来成功提升目标消费者心中的品牌形象。

4.4 化解消极的动机感知

在消极的动机感知条件下，知觉契合度和善因亲密度都高时，消费者积极感知度较高（见图3(b)）。因此，为了化解顾客的消极动机感知，企业必须谋求高知觉契合度与高善因亲密度。对于那些刚刚起步的小企业，由于资源有限，没有能力进行长期的善因营销，只想利用良好的机遇为自己的企业或产品做下宣传，旨在以此提升品牌知名度。在这种情况下，不免会使消费者产生消极的动机感知，但此时，若企业能获得较高的知觉契合度及较高的善因亲密度，也能使消费者积极感知度较高，从而化解消极的动机感知带来的负面影响。

5. 结论与启示

善因营销作为新型的营销战略，被越来越多的企业所采纳。成功的善因营销既可以提高企业销售额，带来直接的经济利益，又可以改善企业形象，构建企业品牌，带来长远的品牌利益。但并不是所有的善因营销都能取得成功，因此，企业应在深入分析自身情况及营销环境的基础上，采纳适合于本企业的善因营销战略。企业应尽量采用能使消费者产生动机积极感知的善因营销，避免消费者消极动机的产生。同时，对于有能力（经营能力）构建消费者积极感知的大企业来说，应采取长期投入的战略性善因营销，并尽力谋求高契合度或者高善因亲密度；而对于缺乏构建积极动机感知的小企业来说，采用善因营销时必须同时谋求高契合度与高善因亲密度。

但企业应该注意的是，善因营销无法直接改善顾客对其产品或服务的满意度。企业唯有真正地提供优质产品与服务，才能有效地提高顾客满意度。也只有在质量价格相差不大的基础上，善因营销企业才能获得优势。因此，企业若只是一味依赖公益投入，却忽略本身产品质量的控管、研发与创新，是无法真正留住顾客的。企业也必须了解，虽然从事善因营销可以达到多方面共赢，但履行社会责任是社会公民的义务，而非主要的营利手段。

◎ 参考文献

[1]冯松明.善因营销"反家庭暴力"成就女装品牌[J].成功营销，2005，3.

[2]高定基，范海峰.事业关联营销谈[J].医药世界，2004，1.

[3]沐子健.善因营销的实施之道[J].中国企业家，2004，5.

[4]颜帮全.企业善因营销策略探讨[J].商业时代，2008，9.

[5]曾朝晖.美国公司慈善活动的变迁[J].社会观察，2006，8.

[6]曾朝晖.用善因营销推销企业[J].成功营销，2005，3.

[7]赵宝春，田志龙．善因营销中的消费者感知和反应研究[J]．经济与管理，2007，21
（2）．

[8]Andreason, A. R.. Profits for nonprofits: Find a corporate partner [J]. *Harvard Business Review*, 1996, 74(6).

[9]Douwe van den Brink, Gaby Odekerken Schroder and Pieter Pauwels. The effect of strategic and tactical cause-related marketing on consumers brand loyalty[J]. *The Journal of Consumer Marketing*, 2006, 23(1).

[10]Mael, Fred A. et al. Alumni and their almater: A partial-test of the reformulated model of organizational identification[J]. *Journal of Organizational Behavior*, 1992, 13(2).

[11]Michael J. Barone , Andrew T. Norman and Anthony D. Miyazaki. Consumer response to retailer use of cause-related marketing: Is more fit better? [J]. *Journal of Retailing* , 2007, 83(4).

[12]Pracejus, John W. , and G. Douglas Olsen. The role of brand/cause fit in the effectiveness of cause-related marketing campaign[J]. *Journal of Business Research*, 2004, 57(6).

[13]Ross, Joh K. , Larry T. Patterson, and Mary Ann Stut. Consumer perceptions of organizations that use cause-related marketing [J]. *Journal of the Academy of Marketing Science*, 1992, 20(1).

[14]Strahilevitz, Michal and John G. Myers. Donations to charity as purchase incentives: How well they work may depend on what you are trying to sell[J]. *Journal of Consumer Research*, 1998, 24(3).

[15] Varadarajan, P. R.. Horizontal corporative sales promotion: A framework for classification and additional perspectives[J]. *Journal of Marketing*, 1986, 52(5).

[16]Varadarajan, P. R. and Menon, A.. Cause related marketing: A coalignment of marketing strategy and corporate philanthropy[J]. *Journal of Marketing*, 1988, 52(5).

[17]Xiaoli Nan and Kwangun Heo. Consumer response to corporate social responsibility initiatives: Examine the role of brand-cause fit in cause-related marketing[J]. *Journal of Advertising*, 2007, 36(2).

[18]Webb, D. J. and Mohr, L. A.. A typology of consumer responses to cause-related marketing: From skeptics to socially concerned[J]. *Journal of Public Policy & Marketing*, 1988, 17(2).

Study on Influence of Enterprises' Cause-related Marketing on
Brand Construction Based on Consumer Perception

Wang Juan[1]   Xiong Kai[2]

(1 School of Economics and Management, Huazhong Normal University, Wuhan, 430070;

2 Business School, Jianghan University, Manufacturing Development &

Research Center of Wuhan City Circle, Wuhan, 430056)

Abstract: The concept "cause-related marketing" has not appeared for a long time. But the theoretical studies and practical applications related it have been developed rapidly. Since the 21st century, more and more attention has been paid to cause-related marketing, as a result, there is a growing need for the support of cause-related marketing theories in China. Based on the summation of the latest domestic and international theoretical studies, and the study of the mechanism of cause-related marketing's influence on consumer perception and the effect of positive perception of cause-related marketing on brand building, this article puts forward some cause-related marketing strategies about brand construction to enhance enterprises' brand value, increase competitive advantage and promote further development of cause-related marketing practices.

Key words: Cause-related marketing; Motive perception; Perceived fit; Affinity towards the cause

专业主编：曾伏娥

服务员工该如何应对顾客不兼容？*
——考察员工反应方式和努力程度的兼容性管理效果

● 黎建新[1] 罗 晶[2] 刘洪深[3] 秦惠娟[4]

（1, 2, 3, 4 长沙理工大学 长沙 410076）

【摘 要】近年来随着顾客兼容性事件的增多，顾客兼容性管理问题开始引起较多学者的研究兴趣，但鲜有研究从现场员工角度来考察他们的独特作用。本文从服务补救相关理论出发，提出了主动兼容性管理概念，并考察现场员工的反应方式和努力程度对顾客满意的影响。以餐饮消费中其他顾客的噪音干扰为模拟情景，本文采用实验方法收集数据，其结果表明：在顾客不兼容情形下，员工主动反应和高努力程度对顾客满意都有积极影响，并且在主动反应情况下，员工高努力程度对顾客满意的影响更显著。本文还讨论了上述结论对改善服务管理的相关启示。

【关键词】顾客不兼容 员工反应方式 员工努力程度 兼容性管理

1. 引言

顾客在接受服务的过程中往往需要与其他顾客分享同一服务以及该服务所依赖的相应空间、时间和相关设施（Martin and Pranter，1989）。在这种服务共享情形下，顾客与顾客之间可能会产生相互影响，或者说焦点顾客会受到其他顾客的影响，并进而影响到他/她的服务体验，这种现象被称为顾客兼容性（黎建新和甘碧群，2006）。在共享服务情形中，顾客兼容性现象是比较普遍的（Zhang 等，2010；Grove 等，1997）。从现有研究所做的关键事件分析来看，相比较而言，由其他顾客引起的不满意事件（即顾客不兼容）比由其他顾客所引起的满意事件（即顾客兼容性）更为多见（银成钺等，2010；Grove 等，1998）。究其原因，可能是顾客不兼容性事件对顾客影响更大，让顾客记忆更为深刻。可见，顾客不兼容性问题更应引起足够重视。

在看待顾客不兼容问题上，公司和顾客的观点可能不尽一致。一些公司可能认为其他顾客的行为是不可控的，而顾客一般倾向于认为公司对其他顾客及其行为的管理是整个服务过程的重要构成部分（Moore 等，2005；Huang，2008；刘汝萍等，2014；范广伟等，

---

* 通讯作者：罗晶，E-mail：347167378@qq. com。

2013)。不过，由于顾客不兼容性对顾客满意以及公司其他方面的影响日益显现，顾客兼容性管理开始逐渐受到重视（Martin，1996）。

事实上，顾客兼容性管理是一项系统工程，既涉及事前的市场细分、服务环境设计和服务规则制定等，也包括现场的服务接触管理。而服务接触的现场管理则主要是由一线员工来实施的。Pranter 和 Martin(1991)归纳了企业实施顾客兼容性管理的十种角色，其中大部分角色主要应是由一线员工来担任或实施的。但当面临顾客不兼容性事件时，服务员工究竟该如何应对呢？现有文献研究不多。最近，一些学者研究了道歉、干预、干预加道歉或经济补偿等具体措施的兼容性管理效果（Zhang，2005；Huang，2010；银成钺等，2010），研究了服务商、其他顾客及二者联合等主体在兼容性管理中不同作用（刘汝萍等，2014），尽管这些研究中涉及或隐含了对现场员工作用的讨论，但均缺乏对现场员工特殊作用的独立分析。

有关服务补救主体的研究发现，一般情况下现场一线员工的补救时效要明显好于主管和营销经理（Boshoff，1997）。这是因为服务现场的一线员工熟悉情况，能在授权范围内对服务失误开展快速处置和补救应变，可以避免事态的扩大和升级，最大限度地挽回顾客满意。从已有研究所做的关键事件分析来看，通常情况下，顾客不兼容主要表现为过程失误，而不是结果失误。因此，当顾客不兼容发生后，兼容性管理也许不需要动用其他资源（如更高层的管理主体、经济补偿），发挥现场员工的作用可能是一个很有效的选择。

鉴于此，本文将着重讨论顾客兼容性管理中服务员工的特殊作用。首先将对服务补救和顾客兼容性管理相关文献进行回顾，然后提出相关假设，最后采用情景模拟实验法验证假设并对结果进行讨论。

2. 文献回顾与假设推断

2.1 顾客兼容性与服务失误

对服务共享中顾客之间可能存在的相互影响，服务生产模型较早就意识到了，但真正系统地对该问题进行研究的应是 Martin 及其同事。1989 年，Martin 和 Pranter(1989)首次提出了"顾客兼容性"概念，认为顾客兼容性是顾客之间相互影响的重要机制。Martin(1996)指出，顾客兼容性是指顾客互动中顾客对其他顾客负面行为的容忍度。顾客兼容性是顾客对其他顾客影响的一种主观感知，这种感知因人而异，并存在情景差异。尽管顾客兼容性既涉及其他顾客的积极的正向影响，又包含其他顾客的消极的负面影响，但从已有研究实践来看，学者们更多关注的是后者，即顾客之间的不兼容，也就是说顾客兼容性问题，主要是指顾客之间的不兼容。

顾客不兼容主要表现为其他顾客的不当行为。其他顾客不当行为既可能是针对服务企业或员工的，也可能是针对顾客的（金立印，2006）。顾客不兼容主要是指后一种情形。针对顾客不兼容性行为，Martin(1996)较早展开了研究。他选择餐厅与保龄球馆为研究情境，通过关键事件法和因素分析，将顾客互动行为分成交际行为、肮脏行为、不体贴行为、粗鲁行为、暴力行为、不满行为和闲散行为等七种（Grove 等，1997；银成钺等，

2010)。其中交际行为是顾客满意的，属于兼容的行为，其他六种是顾客不满意的，属于不兼容的行为。之后，其他学者以此为基础也做了类似的分类研究(范广伟等，2013)。

服务失误是企业或服务提供者所提供的服务没有达到顾客可接受的最低水平，没有满足顾客的期待和要求而导致顾客不满意的情况(Parasuraman，1991)。顾客不兼容可以看做是一种服务失误(Huang，2010)。因为顾客不兼容会影响顾客服务体验，引发顾客不满意，导致对服务商的负面评价和顾客忠诚降低。Bitner(1990，1994)等学者也认为，服务失误既可能由服务提供系统、服务员工引起，也有可能由问题顾客造成。问题顾客导致的服务失误即指问题顾客的不当行为对在场其他顾客服务体验所造成的负面影响。

2.2 服务补救与兼容性管理

服务补救是企业在面对服务缺陷或发生错误时所采取的措施(Gronroos，1988)，其目的是要将顾客已有的不满转变成较满意的状态，并期待能够在将来仍保留顾客(Anderassen，2001)。兼容性管理是指吸引同质性顾客进入服务场所并主动管理实体环境和顾客之间的接触，以便增加顾客满意度并将不满意程度降至最低(Martin and Pranter，1989)。兼容性管理不仅强调前瞻性管理(通过准确定位吸引同质性顾客)，更强调现场的顾客接触管理。顾客接触管理可视为针对其他顾客失误所采取的服务补救。因此，服务补救相关研究可作为兼容性管理的借鉴。

现有的服务补救主要是针对服务商(包括服务员工)引起的失误，而对由其他顾客所导致的服务失误(即顾客不兼容性)的补救，还是一个较新的研究领域(刘汝萍等，2014)。借鉴服务补救研究成果，Zhang(2005)、银成钺和杨雪(2010)以及 Huang(2010)研究了道歉、干预和经济补偿等具体措施在顾客兼容性管理中的作用，其研究发现，道歉和干预等措施对顾客满意有影响，而经济补偿的效果是有限的；刘汝萍与曹忠鹏等(2014)则从补救主体角度研究了当其他顾客引发服务失误后服务商补救、其他顾客补救和共同补救的不同效果，认为当其他顾客失误发生后除了服务商补救外，还应鼓励其他顾客补救和共同补救。显然，在服务补救中员工代表服务商但不完全等同于服务商，现场员工可以发挥独特作用(Boshoff，1997)。

对于现场员工在兼容性管理中的作用，Pranter 和 Martin(1991)做了比较形象的比喻。他们归纳了顾客兼容性管理的十种角色，这些角色被形象地比喻为来福枪手、环境工程师、立法者、媒人、教师、圣诞老人、警官、拉拉队长、侦探和导演等。这些角色中，来福枪手、环境工程师、立法者和导演主要由企业担任，而媒人、教师、圣诞老人、警官、拉拉队长和侦探等角色主要由现场员工来扮演。所谓媒人，是指员工要把同质性顾客组织在一起，避免差异性顾客之间的相互干扰。教师角色意味着员工要做好沟通顾客，告知其服务规则，引导其服务行为。圣诞老人角色意指员工对兼容的顾客行为要给予奖励，而对违反服务规则的顾客行为应该给予制止和惩戒，即扮演警察的角色。拉拉队长的角色要求员工鼓励或促成顾客间友好互动，提高组织认同和归属感，共享服务体验的愉悦和快乐。侦探的角色，要求现场员工洞察秋毫，搜集情报，为上述角色提供支持。在上述员工角色中，教师、警察和侦探三种角色主要是针对顾客不兼容的。Pranter 和 Martin(1991)关于兼容性管理角色的论述为顾客兼容性管理提供了方向，也凸显了兼容性管理中现场员工作用的重要性。

在服务研究文献中，常见的服务补救措施主要除了经济补偿、道歉和响应速度，还有补救的主动性。Smith 和 Bolton 等(1999)认为，消费者在遭遇服务失误的时候，很可能选择的是沉默而非抱怨，从而服务提供者可能失去服务补救的机会，因此，增加主动性作为服务补救的一个新的维度很有必要。他们据此将服务补救分为两种方式：主动补救和被动补救，前者是指服务提供者发起的服务补救，后者是应顾客要求进行的服务补救。根据这一逻辑，本研究将顾客不兼容情形中的现场服务员工的兼容性管理反应分为主动反应和被动反应。主动反应是指员工发现顾客不兼容情形的存在，积极、主动地采取行动；被动反应指在受到其他顾客行为干扰，焦点顾客抱怨并要求服务人员出面解决后，员工才开始行动。

当面临顾客不兼容(由其他顾客引起的失误)的时候，相比由其他主体所引起的服务失误或不满，顾客更多选择的是沉默而非抱怨，因为他们觉得自己很难影响其他顾客的行为(Pranter and Martin，1991)，甚至担心可能与肇事顾客产生冲突。顾客选择沉默而非抱怨，并不表明他们没有心存不满。在顾客不兼容性事件中，无论服务商有多么的无辜，顾客都会认为服务商难辞其咎(范广伟等，2013)。这时，如果现场的服务员工能及时发现情况，扮演 Pranter 和 Martin(1991)所说的侦探角色，并积极、主动地采取相应的行动，比如告知其服务规范(教师角色)，制止这种行为(警察角色)，那么焦点顾客受到的干扰会较小或得到控制，从而产生愉快的服务经历。反之，顾客受到了其他顾客的干扰，而服务员工没有及时发现，致使顾客无法容忍，请求服务人员出面解决的时候，顾客的满意度就打了折扣。针对非其他顾客引起的服务失误的研究表明，无论结果失误还是过程失误，主动补救比被动补救能给消费者带来更高的正面情绪、口碑传播、重购意向和更低的负面情绪。当遭遇服务失误时，顾客更希望及时得到响应(Boshoff，1997；Kelley 等，1994)。主动补救对交互公平感有正面影响，并进而影响到顾客满意。因此，提出假设：

H1：在顾客不兼容情形下，员工反应方式对顾客满意有显著影响，即员工主动反应比被动反应所导致的顾客满意更高。

顾客在描述自己所经历的满意或者不满意的服务接触事件时，通常会考虑到员工在其中所做的努力。也就是说，顾客对服务的评价不仅受服务接触事件本身的影响，还会受现场员工表现或努力的影响(Bitner and Bernard，1990)。感知员工努力是指顾客对员工在处理相应事件中所付出经历、时间的感知。当不兼容性事件发生时，顾客认为服务商有责任，并希望现场服务员工能够付出努力去处理或者解决这种困境。Huang 对台湾餐馆消费者的调查发现，在其他顾客引起失误的情况下，顾客感知的员工高努力比感知员工低努力和无努力能产生更高的再购意愿和更低的负面口碑。可以推测，当不兼容事件发生后，顾客如果觉得员工非常努力地去处理它，顾客会对服务商产生高的满意度。反之，如果顾客觉得员工努力不够或者只是敷衍，则会很自然地对企业(员工)产生不满甚至生气。因此，假设：

H2：在顾客不兼容情形下，员工努力程度对顾客满意有显著影响，即员工高努力比低努力所导致的顾客满意更高。

当顾客不兼容发生后，服务员工的主动行动和高程度的努力活动，能够有效抑制事态发展，可以在一定程度上挽回顾客的满意，甚至提高顾客满意。相反，如果顾客提出了投诉和要求，表明其他顾客的不当行为已经造成了不利影响，服务提供者已经错过了补救的最佳时机，服务员工无论怎样努力都难以平复顾客的不满。由此，可以假设：

H3：在顾客不兼容情形下，当员工主动反应时，员工高努力程度比低努力程度产生更高的顾客满意度。

H4：在顾客不兼容情形下，当员工被动反应时，员工高努力程度与低努力程度对顾客满意度的影响无差别。

3. 研究方法

3.1 实验设计

研究采用2（员工反应方式：主动 vs 被动）×2（员工努力程度：高努力 vs 低努力）的组间实验设计来验证假设，共有4种不同的实验情境。在深访、焦点小组和文献研究基础上，餐馆就餐服务被选择作为实验情境。选择该情境是恰当的，因为在现实生活中餐馆就餐环境下的顾客不兼容性最为常见（Zhang等，2010），而且顾客与顾客、顾客与员工之间的人际接触也容易观察。

通过采用关键事件技术，发现在就餐环境中噪音干扰是消费者遭遇的最常见的不兼容事件，远高于抽烟和插队等，因此，本研究将消费者受到其他顾客噪音干扰作为实验的顾客不兼容情形。实验刺激材料采用文字描述的模拟服务情境。实验刺激材料分为四部分，首先描述了这样的服务情境：主人公小赵是一名在校研究生，和两个大学同学久别重逢后在一家餐馆用餐。他们一边品着美食，一边畅聊着各自的经历和变化。这时，邻桌来了一群20岁左右的年轻人。这群人喝酒划拳、吵吵闹闹，似乎没有注意到小赵他们和其他邻桌顾客投过来的异样的眼光。其次，描述了服务员工的反应。在主动反应的情境中，服务员工主动发现了现场的问题，很快走近这群年轻人，礼貌地向他们说明情况，并希望他们能考虑周围顾客的感受，尽量降低音量（类似发挥侦探、教师和警察的作用）；在被动情境中，主人公实在受不了别人的打扰，叫了两次之后，服务员工才过去处理现场状况（发挥教师和警察的作用）。再次，描述了服务员工的努力程度。在高努力情境中，服务员工一直耐心地跟这群年轻人解释了好几分钟的时间，并在首次努力失败后再次尝试着去解决问题；但在低努力的情境中，服务员工只是礼貌性地说了一句话，希望他们能相对安静，然后就离开了。最后，描述了兼容性管理的结果：经过服务员工的努力，那群年轻人渐渐降低了音量，开始安静地吃饭，不再吵闹。餐馆恢复了之前的安静，小赵他们得以继续用餐、畅聊。

采用问卷形式收集数据，问卷由四个部分构成。第一部分是实验刺激材料，要求被试阅读并将自己想象成情境中的顾客。第二部分验证模拟情景真实性和顾客兼容性，5级问项"小赵经历的情形，在您日常的就餐经历中发生过的频率"用来测量情境真实性，参考并修改Pranter和Martin（1991）的量表测量顾客兼容性。第三部分是对服务员工的反应方式和员工努力程度以及顾客满意的测量，测项分别参考或修改自 Smith 和 Bolton 等（1999）、Huang（2008）与 Wirtz 和 Mattila（2004）的量表，均采用里克特 7 点量表。问卷的第四部分为被试者的基本信息。

3.2 数据收集

在正式数据收集之前，通过发放 60 份问卷进行了预实验。根据结果和反馈的意见，对原有实验情境和相关测项进行了修改和调整，并最终确定了本实验的正式问卷。

正式实验在长沙市内两家高校附近的 4 家餐馆进行。采取街头拦截并征得被试同意，当场发放、当场回收自填问卷；调查结束后，给被试一个小礼物作为奖励。共发放问卷 200 份，回收问卷 162 份；经甄别，剔除无效问卷 18 份，最终获得有效问卷 134 份，实验组中的有效样本数为 33 ~ 34 个。被试的人口统计特征如下：男性占 51%，女性占 49%；在校学生占 63%，其他职业占 37%；高中学历占 12%，本专科学历占 78%，硕士及以上占 10%。

4. 数据分析

使用 SPSS16.0 软件对量表进行信度和效度分析。信度分析结果显示，所有变量的信度 α 系数均在 0.7 以上。通过因子分析发现，各变量测量项在设想的因子上有较大的负载，且累计解释方差大于 70%。这说明本研究对变量的测量是有效的。

对实验情境真实性进行分析。通过对收集的 134 份样本进行统计，发现四组被试在情景真实性回答上的平均得分在 4.15（最大值为 5），说明模拟实验情景的真实性是理想的。对顾客不兼容感知进行统计，发现四组被试均值分别为 5.68、5.52、5.71、5.40（最大值为 7），表明被试普遍认为服务场景中的顾客之间是不兼容的，达到本实验设计的目的。

对实验操控检验的结果表明：主动反应组对员工反应的评价（$M = 6.28$）与被动反应组对员工反应的评价（$M = 2.50$）存在显著差异（$t = 29.58$，$p < 0.05$）；高努力组对员工努力的评分（$M = 5.39$）显著高于低努力组对员工努力的评分（$M = 2.65$，$t = 20.28$，$p < 0.05$）。这表明本研究对刺激变量的操控是成功的。

运用方差分析来检验假设。描述统计结果显示（见表 1），员工主动反应对顾客满意度影响的均值 $M = 5.24$，员工被动反应对顾客满意度影响的均值 $M = 4.47$；员工的高努力对顾客满意度影响的均值 $M = 5.57$，员工低努力对顾客满意度影响的均值 $M = 4.15$。方差分析的结果表明，员工主动反应的主效应是显著的（$F = 16.934$，$p < 0.05$），员工努力程度的主效应同样是显著的（$F = 57.113$，$p < 0.05$）。这说明，员工的反应方式和努力程度都会对顾客满意产生影响，因此证实了 H1 和 H2。进一步检查二者的交互效应，它们的交互效应也是显著的（$F = 6.885$，$p < 0.05$），这表明，员工采用不同的反应方式时，努力程度的高低会产生不同的顾客满意度。在不同的员工反应方式下，员工努力程度对顾客满意的影响如图 1 所示。图 1 直观地表明，在员工主动反应的情况下，高努力比低努力对顾客

满意度产生的影响要大，差值为 6.18－4.29＝1.89。而在员工被动反应的时候，高努力比低努力程度对顾客满意度的影响也存在，差值为 4.93－4.01＝0.92，但明显小于员工主动反应的情形。进一步的简单效应检验发现，当员工主动反应的时候，员工努力程度的主效应显著($F＝51.39$，$p<0.05$)，同低程度的员工努力相比，高程度的员工努力能产生更高的顾客满意，因此证明了 H3。当员工被动反应的时候，员工努力程度的主效应不显著($F＝15.01$，$p＝0.145>0.05$)，顾客满意度在高努力和低努力的情形下没有显著的差异。即对于员工的被动反应，员工努力程度对顾客满意的影响不明显，由此验证了 H4。

表1		描述性统计结果
反应方式	努力程度	满意度(M/SD)
主动	高($N＝34$)	6.1849(0.9333)
	低($N＝34$)	4.2879(1.1999)
	全体($N＝68$)	5.2364(1.4322)
被动	高($N＝33$)	4.9293(1.2625)
	低($N＝33$)	4.0101(0.8639)
	全体($N＝66$)	4.4697(1.1690)
全体	高(67)	5.5664(1.2682)
	低(67)	4.1511(1.0495)
	134	4.8588(1.3599)

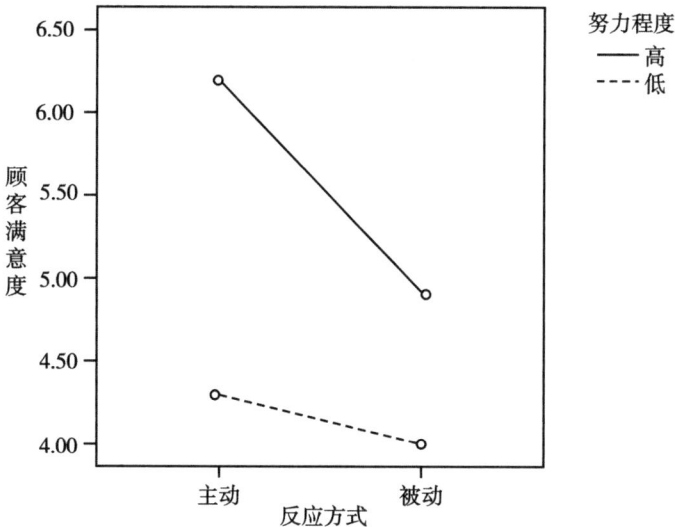

图1　反应方式、努力程度对顾客满意度的影响

5. 结论与启示

5.1 结论

本研究通过情境模拟实验方法探讨了现场员工在兼容性管理中的独特作用，得到以下主要结论：

第一，员工主动管理是顾客兼容性管理的重要工具。本研究发现，在顾客兼容性管理中，员工反应方式对顾客满意有重要影响，即员工对顾客不兼容事件实施主动管理比被动管理能争取更高的顾客满意。这一结论与 Smith 等（1999）和张圣亮等（2011）的研究基本是一致的，他们的研究发现，当服务失误发生后，服务企业的主动补救比被动补救能获得更大的顾客正面评价。本研究进一步将上述结论从一般的服务补救拓展到顾客兼容性管理，将管理主体从服务商拓展到了现场员工。

第二，员工管理努力是提升兼容性管理效果的重要手段。本研究发现，顾客不兼容情形下，员工管理努力程度与顾客满意存在一定的正向关联，特别是当员工同时实施主动管理的情形下，这种效果更明显。这一结论与 Huang（2010）、刘汝萍和马钦海等（2012）研究基本是一致的，本研究除了验证他们的研究发现，并且进一步考察了员工努力与主动反应对顾客满意的交互效应。

第三，清晰的员工角色是兼容性管理的重要条件。Pranter 与 Martin（1991）归纳了兼容性管理中现场员工应扮演的主要角色，比如侦探、教师和警察。本研究证实，只有员工明确了自己在兼容性管理中的角色和作用，才有可能主动发现不兼容性事件（比如侦探），并积极地实施兼容性管理（比如教师和警察）。

上述研究结论丰富了顾客兼容性管理的理论研究，深化了对顾客兼容性管理中现场员工作用的认识，从主动性和努力程度两个角度揭示了现场员工实施兼容性管理的基本路径，为顾客兼容性管理研究提供了新的视角。

5.2 管理启示

上述研究结论为服务企业开展顾客兼容性管理提供了重要启示。

第一，树立顾客兼容性管理导向。服务企业应该认识到，由于服务的顾客共享特性，顾客之间可能存在兼容性问题。这种兼容性问题不管是由内部服务系统所致，还是因外部顾客引起，都会对顾客服务体验和服务满意造成负面影响，因此服务企业应该义不容辞地承担起兼容性管理的任务。实施兼容性管理需要将兼容性管理贯彻到整个服务管理流程之中，不仅需要事前的预防性管理，还需要事后的补救性管理。事前的预防性管理主要指发挥 Pranter 和 Martin（1991）提到的来福枪手（市场细分与定位以吸引同质性顾客）、环境工程师（设计服务设施和空间以避免或促进顾客间的交互）和立法者（识别兼容性行为并制定相应规则）等角色的作用。事后的补救性管理主要是指兼容性事件发生后的相应处置，包括服务员工的现场接触管理。预防性管理一定程度上可以避免兼容性问题的发生，减少或减轻补救性管理的频率和强度。

第二，发挥现场员工兼容性管理的作用。本研究发现，当顾客兼容性问题发生后，现场员工的反应方式和努力程度影响兼容性管理效果。因此，服务企业应注重发挥现场员工的作用。现场员工除了要努力实施兼容性管理，更要主动开展兼容性管理。主动的兼容性管理要求员工做好侦探，能预先识别和防范顾客兼容性问题，还要做好教师，能指导其他顾客行为，甚至要做好警察，及时干预和制止其他顾客的不当行为。为此，企业应将兼容性管理原则融入到员工选聘、培训和激励等方面，并且在授权等方面给现场员工提供管理支持。

第三，培训现场员工兼容性管理技能。如前所述，现场员工在顾客兼容性管理中可以发挥特别重要的作用。要发挥这种作用，现场员工就必须具备相应的兼容性管理技能，这就为员工培训提出了任务。通过培训，要强化员工的兼容性管理意识，要让员工明确自己在兼容性管理中的角色，比如侦探、教师和警察，还要让员工掌握担当这些角色所需的相应技能。

◎ 参考文献

[1]范广伟，刘汝萍，马钦海．其他顾客的不当行为引发服务失败的责任归因——基于关键事件法的探索性研究[J]．中大管理研究，2014，2．

[2]金立印．基于服务公正性感知的顾客不良行为模型研究[J]．营销科学学报，2006，1．

[3]黎建新，甘碧群．服务企业的顾客兼容性管理探讨[J]．消费经济，2006，3．

[4]黎建新．服务接触中的顾客兼容性感知：前因、后果与行业比较[J]．长沙理工大学学报(社会科学版)，2009，4．

[5]刘汝萍，马钦海，赵晓煜．其他顾客不当行为对满意及行为倾向的影响：关系质量的调节效应[J]．营销科学学报，2012，2．

[6]刘汝萍，曹忠鹏，范广伟，马钦海．其他顾客不当行为引发服务失败的补救效果研究[J]．预测，2014，2．

[7]银成钺，杨雪，王影．基于关键事件技术的服务业顾客间互动行为研究[J]．预测，2010，1．

[8]银成钺，杨雪．服务接触中的兼容性管理对顾客反应的影响研究[J]．管理学报，2010，4．

[9]张圣亮，高欢．服务补救方式对消费者情绪和行为意向的影响[J]．南开管理评论，2011，2．

[10]Andreassen, T. W.. Form disgust to delight: Do customers hold a grudges? [J]. *Journal of Service Research*, 2001, 4(1).

[11]Bitner, M. J., Bernard, H. B., and Mary, S. T.. The service encounter diagnosing favorable and unfavorable incidents[J]. *Journal of Marketing*, 1990, 54(1).

[12] Bitner, M. J. , Booms, B. H. , and Mohr, L. A. . Critical service encounters: The employee's viewpoint[J]. *Journal of Marketing*, 1994, 58(4).

[13] Boshoff, C. . An experimental study of service recovery options[J]. *International Journal of Service Industry Management*, 1997, 8(2).

[14] Gronroos, C. . Service quality: The six criteria of good perceived service quality[J]. *Review of Business*, 1988, 9(3).

[15] Grove, S. J. , and Fisk, R. P. . The impact of other customers on service experiences: A critical incident examination of "getting along"[J]. *Journal of Retailing*, 1997, 73(1).

[16] Grove, S. J. , Fisk, R. P. , and Dorsch, M. J. . Assessing the theatrical components of the service encounter: A cluster analysis examination[J]. *The Service Industries Journal*, 1998, 18(3).

[17] Huang, W. . The impact of other-customer failure on service satisfaction[J]. *International Journal of Service Industry Management*, 2008, 19(4).

[18] Huang, W. . Other-customer failure: Effects of perceived employee effort and compensation on complainer and non-complainer service evaluations[J]. *Journal of Service Management*, 2010, 21(2).

[19] Huang, W. , Lin, Y. , and Wen, Y. . Attributions and outcomes of customer misbehavior [J]. *Journal of Business Psychology*, 2010, 25.

[20] Kelley, S. W. , and Davis, M. A. . Antecedents to customer expectations for service recovery[J]. *Journal of the Academy of Marketing Science*, 1994, 22(1).

[21] Martin, C. L. . Consumer-to-consumer relationships: Satisfaction with other consumers' public behavior[J]. *The Journal of Consumer Affairs*, 1996, 30(1).

[22] Martin, C. L. , and Ranter, C. A. . Compatibility management: Customer-to-customer relationships in service environments[J]. *Journal of Services Marketing*, 1989, 3(3).

[23] Moore, R. , Moor, M. L. , and Capella, M. . The impact of customer-to-customer interactions in a high personal contact service setting[J]. *Journal of Services Marketing*, 2005, 19(7).

[24] Parasuraman, Berry. Understanding customer expectations of service[J]. *Sloan Management Review*, 1991, 13.

[25] Pranter, C. A. , and Martin, C. L. . Compatibility management roles in service performers [J]. *The Journal of Services Marketing*, 1991, 5(2).

[26] Smith, A. K. , Bolton, R. N. , and Wagner, J. . A model of customer satisfaction with service encounters involving failure and recovery[J]. *Journal of Marketing Research*, 1999, 36(3).

[27] Wirtz, J. S. , and Mattil, A. . Consumer responses to compensation, speed of recovery and apology after a service failure[J]. *International Journal of Service Industry Management*,

2004, 15(1).

[28] Zhang , J.. *Understanding the influence of other customers in service settings* [M]. Tuscaloosa: University of Alabama Press, 2005.

[29] Zhang, J. Beatty, S. E. , and Mothersbaugh, D.. A CIT investigation of other customers' influence in services[J]. *Journal of Services Marketing*, 2010, 24(5).

How Would Service Employee Deal with Customer Incompatibility?

—Explorating the Effect of Employee Response and Efforts on Customer Satisfaction

Li Jianxin[1] Luo Jing[2] Liu Hongshen[3] Qing Huijuan[4]

(1, 2, 3, 4 Changsha University of Science & Technology, Changsha, 410076)

Abstract: In recent years, along with the increase in customer-to-customer incompatibility, customer compatibility management has begun to be paid attention, but there is few studies from the perspective of on-site staff to inspect their unique role. Based on the service recovery related theory, the article put forward the concept of active compatibility management, and explicated the effect of on-site staff responses and efforts on customer satisfaction. Collecting data by simulated scenario experimental method in a restaurant context, it is made clear that under customer incompatibility, active reaction and good effort of service staff has a positive influence on customer satisfaction and in active reaction cases, good efforts have more significant impact on customer satisfaction. The article also discussed the implication to improve the service management.

Key words: Customer incompatibility; Employee reaction; Employee effort; Compatibility management

专业主编：曾伏娥

情绪对动机及心理模拟——消费者延迟反转关系的调节作用研究*

● 李　晓[1]　程　琪[2]　尹聪聪[3]

（1，2，3　武汉大学经济与管理学院　武汉　430072）

【摘　要】本文试图研究消费者处于不同情绪（中性情绪或负性情绪）时，心理模拟和基于自我的动机模式如何影响消费者的延迟偏好反转。研究结果表明，当消费者处于中性情绪时，心理模拟和基于自我的动机模式对延迟偏好反转意向具有交互作用；当消费者处于负性情绪时，与结果模拟相比，过程模拟对消费者延迟反转意向的影响较大。这些结论肯定了不同类型的情绪对消费者的延迟反转意向的作用是不一样的。另外，本文针对研究结果，提出了几点营销建议。

【关键字】情绪　心理模拟　延迟反转

1. 引言

延迟偏好是指消费者在购买决策中，即使购买意向明确，也有支付能力，仍然倾向于延迟购买。这种情况在中国的广大消费者中非常普遍。但是这种延迟偏好并不是不可逆转的。对改变消费者意向的研究结果表明，心理模拟是一种极其有效的手段。例如 Zhao 等（2009）的一项研究表明，在特定的信息处理模式（认知的或情感的模式）下，心理模拟会对消费者的产品评价和购买意向产生影响。同时，众多研究文献表明，情绪会影响心理模拟。因此，针对延迟消费者来说，在心理模拟和情绪的作用下，他们的延迟偏好可能会发生反转。

赵敏等研究发现，认知和情感的信息处理模式与心理模拟对产品评价具有交互作用。在认知模式下，结果模拟会对产品评价有更加积极的作用；在情感模式下，过程模拟会对产品评价具有更加积极的作用。这些研究结果不仅说明了情绪会影响消费者对产品的评价，而且还指出了情绪影响产品评价的作用机制，即通过心理模拟。但是由于赵敏等的研究将信息处理模式分为感性模式和理性模式，所得出的结论隐含着一个前提假设，不同的情感类型和强度都会通过同一种机制（同一种模拟）达到同样的结果，并没有指出不同情绪的作用机制是否可能有所不同，所产生的结果是否会一样，忽略了情感的效价和强度差

---

* 通讯作者：李晓，E-mail：lix@ whu. edu. cn。

异。但是，有许多文献表明，不同的情绪对决策的作用是不一样的。那么，不同情绪对延迟消费者反转意向的作用路径及其影响结果会不同吗？如果不同，那么不同在哪里？不同的情绪为什么会产生不同的影响？

心理学对情绪、动机与行为意向的研究表明，情绪对行为意向有两种作用机制。在第一种作用机制里，情绪本身作为动机，直接影响行为意向。在第二种机制中，消费者本身具有动机，情绪通过影响动机，也就是认知重评，激活思维模式（理性的或者感性的），再通过心理模拟影响行为意向。认知重评（cognitive reappraisal）发生在情绪产生的早期，主要通过改变对情绪事件的理解，改变对情绪事件个人意义的认识来降低情绪反应。①

最终，本文形成了这样一个研究思路：一方面，在情绪操纵下，某种心理模拟（过程模拟或者结果模拟）可以改变延迟消费者的意向；另一方面，情绪对反转意向的作用是通过基于动机的两种不同路径而发生作用的。在第一种路径中，情绪本身作为动机，通过影响心理模拟，进而影响延迟消费者的反转意向。在第二种路径中，情绪影响动机（如自我动机或超我动机），进行认知重评，激活思维模式（理性的或者感性的），再通过心理模拟影响行为意向。在情绪对延迟反转的第一条路径中，什么情绪更可能成为动机本身呢？有学者发现负性情绪下，消费者更可能为其主宰并可能改变行为意向。例如 Jayati（2013）针对孤独与冲动消费的研究表明负性情绪（比如孤独），会改变消费者的行为意向。本文想探讨，负性情绪会不会也作为动机，启动消费者的感性思维模式，通过心理模拟，对反转意向产生作用。

在情绪对反转意向的第二条路径中，情绪不足以淹没被试的认知，情绪通过认知重评这一情绪调节神经机制来影响动机，如当消费者处于本我动机时运用感性思维模式，但是情绪操控会使得消费者有意识地调节感性思维模式对动机的影响，刻意地改变伴随本我动机和情绪的感性思维模式，而有意识地激活理性思维模式，这样来降低情绪反应。本文想探讨，当在实验中启动一种不够成为动机强度的情绪（如中性情绪）时，该情绪会不会影响到这种动机，使得这种动机和心理模拟产生交互，影响反转意向。

2. 文献综述

2.1 消费者购买意向的延迟与反转

延迟偏好（deferral preference），是指消费者对于购买意向明确的产品，在有支付能力的情况下，偏好比较靠后的时间购买。延迟偏好源于消费者对结果吸引力的判断和对选择难度的判断：当消费者在情境和任务的影响下，对结果吸引力的感知较低，或者对选择难度的感知较高时，会产生延迟偏好。延迟偏好在消费者的购买决策中尤为普遍，由于各种

①　John, O. P. , and Gross, J. . *Individual differences in emotion regulation strategies：Links to lobal trait, dynamic, and social cognitive constructs* [M]. New York：Guilford Press, 2007.

原因如理性搜寻(进一步搜寻会带来更大收益)、权衡困难、偏好不确定、负性情绪(避免后悔)等，消费者都会出现延迟偏好。

消费者的延迟行为并不是不可改变的。Lichtenstei 等(1971)首先提出了偏好反转(Preference Reversal, PR)的概念，指在期望值大体相等的一对博弈中，人们往往选择高概率小损益值的博弈(称为安全博弈)，而对低概率大损益值的博弈(称为风险博弈)定高价，也就是说人们在选择与定价中表现出的偏好不一致现象。Tversky、Drew、Laran 等学者在心理学与行为经济学方面的研究也都发现：消费者的决策和行动之间常常存在着时间的动态不一致性(dynamic time inconsistency)。

2.2　心理模拟

心理模拟是促进思想和行动之间的连接和转化的有效工具。心理模拟是一种有效的自我规制功能，它通过提供一种清晰的未来视觉，建构一种路径使得个人能够到达未来。心理模拟通过积极地改变态度、行为意向和实际行为，特别是那些重复的、和自己有关的方面，来改变未来行为的结果①。

根据思维导向的不同，心理模拟可以分为过程模拟和结果模拟。过程模拟(过程导向思维)倾向于详细阐述那些为达到期望结果而采取的步骤，结果模拟(结果导向思维)鼓励个人聚焦于他们期望的最终状态。之前的研究已经表明，在不同时段，过程模拟和结果模拟对行为意向的影响不同。Armitage 等将心理模拟引入计划行为模型，试图求证其对行为意向的操控作用。结果表明：过程模拟可以有效地影响被试的行为意向，而结果模拟并没有明显作用。具体来说，过程模拟可以有效地提高意向，并可以减轻被试的焦虑状态并且能够提高态度、主观规范和感知行为控制，但其对意向的影响需通过主观规范和感知行为控制来调节。

2.3　情绪

情绪是指人对认知内容的特殊态度，是以个体的愿望和需要为中介的一种心理活动。孟昭兰于 2005 年在其编著的《情绪心理学》中结合国内外各种对情绪的理解将情绪定义为：情绪是多成分组成、多维度结构、多水平整合，并为有机体生存适应和人际交往而同认知交互作用的心理活动过程和心理动机力量。1985 年 Watson 和 Tellegen 提出情绪可分为两个维度，即正性情绪(Positive Affect, PA)和负性情绪(Negative Affect, NA)，这也是目前应用最广泛的分类。很多研究者发现，在实验中诱发出的负性情绪的强度往往要大于正性情绪，因此，本次实验未将正性情绪考虑在内。

情绪、动机对行为意向有两种作用机制。在第一种作用机制里，情绪本身作为动机，直接影响行为意向。如心理学家 Bagozzi 的研究结论表明情绪能够成为动机，刺激消费者的行为。Loewenstein 等的研究也表明，情绪有时会越过认知，直接作用于行为意向。

---

① Larry, Gregory, Robert, B., and Cialdini et al.. Self-relevant scenarios as mediators of likelihood estimates and compliance: Does imagining make it so? [J]. *Journal of Personality and Social Psychology*, 1982, 43: 25.

Jayati 针对孤独与冲动消费的研究表明负性情绪（比如孤独），会改变消费者的行为意向。Chuang 等则在其研究中发现消极情绪下的被试则表现出更多的探索性行为。

在情绪、动机影响行为意向的第二种机制中，消费者本身具有动机，情绪通过影响动机，也就是认知重评，激活思维模式（理性的或者感性的），再通过心理模拟影响行为意向。Clore 等提出"情绪信息等价说"（feeling as information），该假设认为情绪可以作为一种信息线索直接影响判断。Loewenstein 等认为决策过程中存在不受认知评估影响的即时情绪，这些情绪可以直接影响决策行为，而且影响认知评估。

2.4 基于自我的动机模式

基于自我的动机模式，有很多种分类。其中，比较有代表性的当属西格蒙德·弗洛伊德（Sigmund Freud）的精神分析学说。弗洛伊德用本我（id）、自我（ego）和超我（super-ego）3 个层次来解释心理的动力关系。

最原始的本我是与生俱来的，由先天的本能、基本欲望所组成，是同肉体联系着的，就像"一口充满沸腾和激动的大锅"。本我按快乐原则行事，它不理会社会道德、外在的行为规范，它唯一的要求是获得快乐，避免痛苦，本我的目标乃是求得个体的舒适，生存及繁殖。超我是人格结构中的管制者，由道德原则支配，属于人格结构中的道德部分。所谓超我，就是"道德化了的自我"。它包括两个方面：一方面就是通常所讲的良心；另一方面就是自我理想。自我则是介于本我和超我之间的一个中介，由此，个体学会区分心灵中的思想与围绕着个体的外在世界的思想。它遵循现实原则，即在超我允许的范围内，尽可能地满足本我的冲动。超我的主要职能在于指导自我去限制本我的冲动。本我、自我、超我构成了人的完整的人格。

在正常情况下，本我、自我和超我是处于一种相对平衡状态中的。人的一切心理活动都可以从它们之间的联系中得到合理的解释，自我是永久存在的，而超我和本我又几乎是永久对立的，为了协调本我和超我之间的矛盾，自我需要进行调节。因此，为了研究的便利，本文并未将自我考虑在研究范围之内。

受快乐原则支配的本我，其思考模式和行为方式均以"我喜欢"为出发点，启动感性思维，要求满足个体的一切欲望。而遵循道德原则的超我，总是顾及社会的道德法律，凡事以"我应该"为先，以理性思维行事，按照道德法律来监督、批判、管束自己的行为。

3. 模型与假设

3.1 理论模型

根据赵敏和 Jayati 等人的研究结果，本文认为负性情绪可以作为动机，启动消费者的感性思维模式，通过心理模拟，改变延迟消费者的反转意向，并据此提出负性情绪下的消费者延迟反转模型（模型一），如图 1 所示：

根据认知重评理论，本文认为，当延迟消费者被启动中性情绪时，该情绪通过认知重评这一情绪调节神经机制来影响动机，使得这种动机和心理模拟产生交互作用，影响延迟

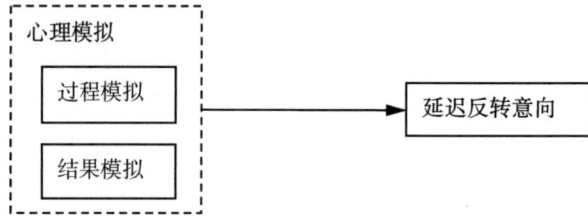

图 1　负性情绪下的消费者延迟反转模型

消费者的反转意向，并提出中性情绪下的消费者延迟反转模型(模型二)，见图 2。

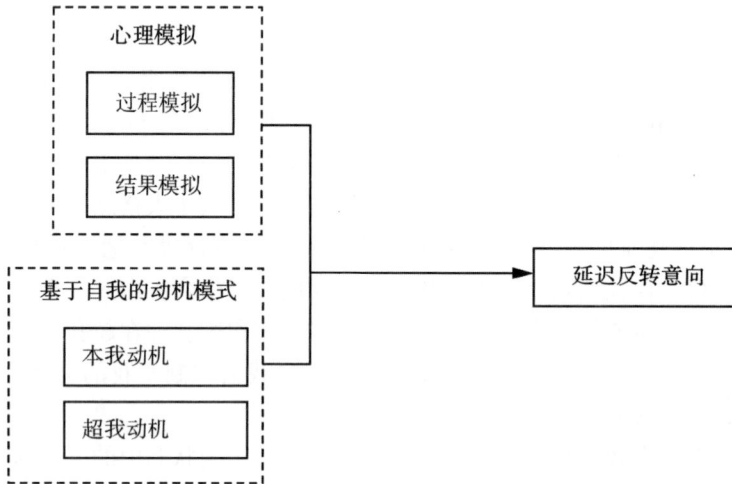

图 2　中性情绪下的消费者延迟反转模型

3.2　研究假设

众多研究结果表明，通过主观规范和感知行为控制，过程模拟可以有效地影响被试的行为意向，而结果模拟并没有明显作用。赵敏的研究也表明，感性模式下，过程优于结果。因此我们提出假设一：

假设 1：在情绪操控下，与结果模拟相比，过程模拟对反转意向的影响比较大。

另外，根据 Jayati 的研究结果，在负性情绪下，消费者总是试图摆脱自己所处的负性状态，而忽略身边的其他因素，因此我们推测，在负性情绪下，负性情绪本身作为动机，心理模拟与信息处理没有交互作用，并提出假设 2：

假设 2：当消费者处于负性情绪时，与结果模拟相比，过程模拟对消费者延迟反转意向的影响比较大。

在中性情绪下，若任由情绪牵引人的行为，那么在本我的动机模式下，消费者本应聚焦在结果模拟，但是由于启动认知重评，进行认知思维，被试有意识地改变自己的行为，最终聚焦在结果。在超我的动机模式下，中性情绪会产生冷静的结果，因此在认知重评下，被试有意识地改变自己原本偏理性的选择，启动感性思维，过程模拟占优势。具体说来，在中性情绪下，处于本我的动机模式时，聚焦在结果模拟的消费者反转意向比较高；而处于超我的动机模式时，聚焦在过程的消费者反转意向比较高。因此，本文提出假设3：

假设3：当消费者处于中性情绪时，信息处理方式与心理模拟对消费者延迟反转意向有交互作用。

4. 实验设计与数据分析

4.1 实验设计

实验对象为武汉各高校学生，304名被试，采取2（心理模拟：过程模拟 VS 结果模拟）×2（信息处理模式：我喜欢 VS 我应该）×2（负性情绪，中性情绪）的组间设计，其中有效样本量为231（男生98，女生129，性别值缺省4）。由于众多研究结果表明，在实验中，正负性情绪的激活存在不对称性，诱发出的负性情绪的强度往往要大于正性情绪。本研究做的前测也表明，即便成功激活正性情绪，与中性情绪相比，对购买意向的影响也不大。另外，考虑到本研究样本数量的限制，未考察正性情绪对决策的影响。

首先，我们请被试想象进入延迟购买的角色，即想象某件产品，在具有购买意向和购买能力的前提下而延迟购买，并给被试提供产品的相关信息。然后随机将被试分为两组，分别播放使人心情平和的音乐和让人哀伤的音乐，听完后要求被试填写此时的心情，以便对情绪操控的有效性进行测量。接下来，这两组被试将被随机分配到以下四种情境："我喜欢"的本我动机模式/过程模拟、"我喜欢"的本我动机模式/结果模拟、"我应该"的超我动机模式/过程模拟、"我应该"的超我动机模式/结果模拟。在实验中，我们会利用一定的语句引导被试进入不同的情境。随后通过七点量表验证被试在回答上述问题时主要考虑我喜欢/我应该和结果/过程的程度。最后，填写反转意向的七点量表。反转意向指标主要由四个术语数值的平均值表示，四个术语分别是"计划赶不上变化，我不想继续延迟了"、"虽然还有一些因素不确定，但是我打算，现在就买该产品"、"虽然有一点点风险，但是我打算，这几天就购买该产品"、"虽然有点冲动，但是我不打算再拖了，近期抽空，去买该产品"，被试选择数字1-7，选择的数字越大表明被试延迟购买意向程度越高（1代表完全不同意，7代表完全同意）。

4.2 操控检验

对"在回答上述问题时，我主要考虑我喜欢/我应该"进行评分时，"我喜欢"的本我动机模式这一组的平均值为2.89，"我应该"的超我动机模式这一组的平均值为4.04，$F = 1.068$，Sig. $= 0.000$，这表明表明处于"我喜欢"的本我动机模式下的被试比"我应该"的超我动机模式下的被试表现出更多的"我喜欢"的本我意识，本实验对"我喜欢"的本我和"我应该"的超我的动机模式的操控是有效的；对"在回答上述问题时，我主要考虑过程/结果"进行评分时，结果模拟这一组的平均值为 3.85，过程模拟这一组的平均值为 4.25，$F=1.010$，Sig. $=0.080$，也表明处于结果模拟情境下的被试比处于过程模拟情境下的被试显著地进行了更多的关于结果的思考，本实验对结果模拟和过程模拟的心理模拟的操控是有效的。在对被试在实验中所处的情绪进行评分时，负性情绪这一组的平均值为 2.92，中性情绪这一组的平均值为 4.99，$F=2.462$，Sig. $=0.000$，可知本实验对情绪类型的操控是有效的，即被试在听完音乐后，相比一组的情绪，另一组的情绪明显比较消极。最后测得，反转意向 Cronbach's Alpha $=0.887$，具有较高的可信度。

4.3 数据分析

4.3.1 情绪操控下的结果分析

分析结果表明，在情绪操控下，与结果模拟相比，过程模拟对反转意向的作用比较大。（Ms $=4.1573$ vs. 3.6630），$F=0.066$，Sig. $=0.005$。假设 1 成立，如图 3 所示。

4.3.2 负性情绪下的结果分析

负性情绪下，与结果模拟相比，过程模拟对反转意向的作用比较大（Ms $=3.7254$ vs. 4.4682），$F=0.162$，Sig. $=0.002$（如图 4 所示），假设 2 成立。

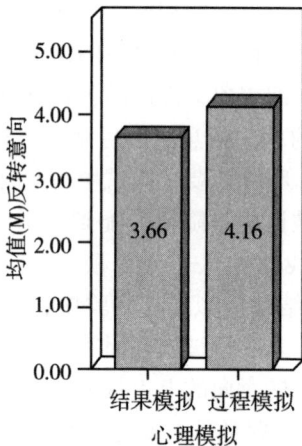

图 3　心理模拟

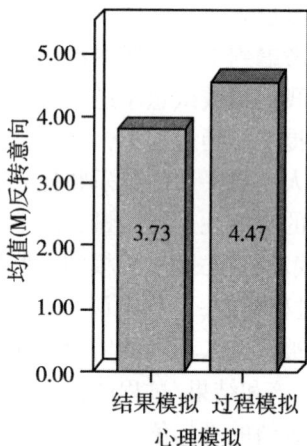

图 4　心理模拟

情绪对意向的作用路径之一是情绪本身作为动机，通过影响心理模拟，进而影响延迟消费者的反转意向。在情绪成为动机的情况下，被试唤起的是感性思维模式，按照赵敏的研究结果，过程模拟优于结果模拟，非情绪的动机不再起作用。为了检测这一认识是否正确，本研究也做了分析。实验数据分析结果显示，在负性情绪下，信息处理模式和心理模拟对反转意向的交互作用不成立成立，$F=0.321$，Sig. $=0.572$，如图 5 所示。

4.3.3 中性情绪

当消费者处于中性情绪下时，基于自我的动机模式与心理模拟对反转意向有交互作用，$F=15.401$，Sig. $=0.000$（如图 6 所示），因此假设三成立。

当被试处于中性情绪时，在"我喜欢"的本我处理模式下，与过程模拟相比，结果模

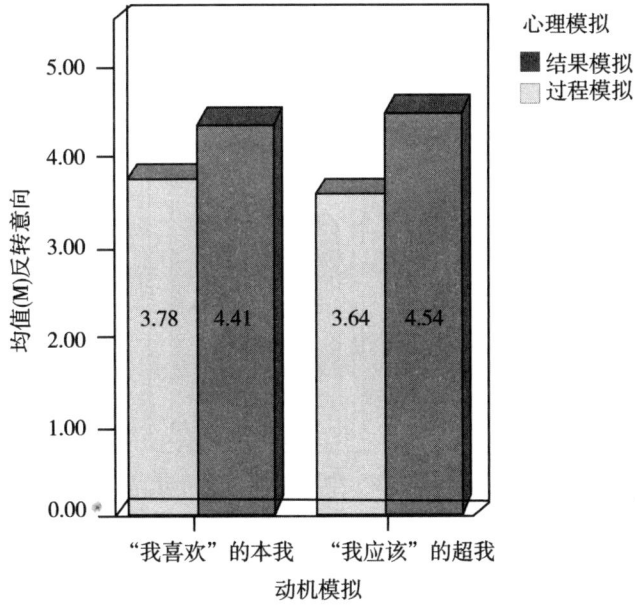

图 5　动机模式

拟对反转意向的作用比较大（Ms = 4.0600 vs. 3.3790），$F = 0.331$，Sig. = 0.039。

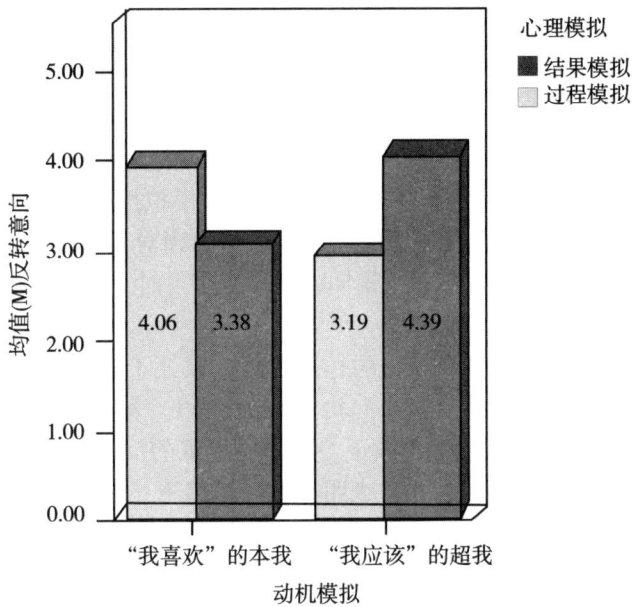

图 6　动机模式

　　在"我应该"的超我处理模式下，与结果模拟相比，过程模拟对反转意向的作用比较大（Ms = 3.1897 vs. 4.3917），$F = 2.232$，Sig. = 0.001。

　　另外，本研究在进行数据分析时发现，在过程模拟时，与中性情绪相比，负性情绪对反转意向比较大(Ms = 4. 4682 vs. 3. 8770) ， $F = 0.024$ ， Sig. = 0. 016(如图 7 所示) 。

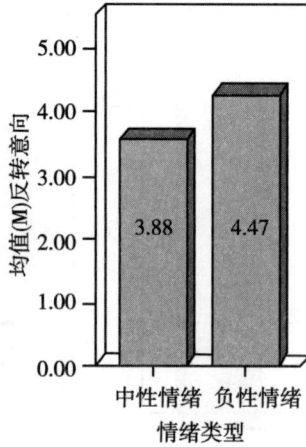

图 7　情绪类型

5. 结果讨论

假设一成立说明了情绪对延迟消费者的反转作用。本实验使用了七点量表，过程模拟组的反转意向均值为 4. 1573，大于中间值 4，表明被试处于过程模拟时，情绪的确对延迟反转产生了影响。

假设二成立说明了负性情绪对延迟消费者的反转作用，负性情绪通过过程模拟对延迟反转意向产生了作用。本实验使用了七点量表，过程模拟组的反转意向均值为 4. 4682，大于中间值 4，表明被试处于过程模拟时，负性情绪的确对延迟反转产生了影响。同时，心理模拟和动机模式的交互效应不成立说明，负性情绪下时，消费者被情绪所支配，非情绪的动机不起作用。

假设三成立说明了中性情绪对反转的作用。当被试处于中性情绪时，在"我喜欢"的本我动机模式下，结果模拟组的反转意向均值为 4. 0600，大于过程模拟组的反转意向均值 3. 3790；在"我应该"的超我动机模式下，结果模拟组的反转意向均值为 3. 1897，小于过程模拟组的反转意向均值 4. 3917，这表明在负性情绪下，"我喜欢"的本我动机模式与结果模拟搭配会产生比较好的效果，而"我应该"的超我动机模式更适合与过程模拟搭配。

我们在前文中提到，情绪、动机对行为意向的作用路径有两种，第一种路径是情绪本身作为动机，通过影响心理模拟，进而影响延迟消费者的反转意向，此种路径适用于负性情绪。在第二种路径中，情绪影响动机(如自我动机或超我动机) ，进行认知重评，激活思维模式(理性的或者感性的) ，再通过心理模拟影响行为意向。这种路径在中性情绪的情况下得到了证实。那么，哪一种路径更有效呢？数据分析表明，当被试处于过程模拟时，负性情绪的被试的反转意向均值为 4. 4682，大于中性情绪的被试的反转意向均值 3. 8770，这说明，在延迟反转情境中，情绪、动机影响行为意向的第二条路径比较有效，

138

这一点也可作为以后相关方面的研究方向之一。

6. 结论与营销启示

6.1 结果

本研究探讨了在情绪操纵下，基于自我的动机模式以及心理模拟对消费者延迟反转意向的影响，并分别讨论了负性情绪和中性情绪对消费者的决策过程造成的影响。研究结果表明，在过程模拟下，负性情绪能够对被试的延迟反转意向产生影响。而当被试处于中性情绪时，基于自我的动机模式和心理模拟对被试的延迟反转意向具有交互作用，其中，在"我喜欢"的本我动机模式下，与过程模拟相比，结果模拟对反转意向的作用比较大，而在"我应该"的超我动机模式下，与结果模拟相比，过程模拟对反转意向的作用比较大。

这些研究结果说明，情绪不仅能够影响消费者的决策，而且能够影响延迟消费者的反转意向。同时还发现了不同的情绪对行为意向的作用机制之所以不同，是因为动机这一变量所起的作用不同。在情绪、动机对行为意向的第一条作用路径中，情绪本身作为动机，通过影响心理模拟，进而影响延迟消费者的反转意向。在第二种作用路径中，情绪影响动机(如自我动机或超我动机)，进行认知重评，激活思维模式(理性的或者感性的)，再通过心理模拟影响行为意向。

6.2 营销启示

根据本文的研究结果，提出以下营销启示：

在营销过程中，情绪搭配过程模拟，能够取得很好的效果。逢节假日时，消费者更容易陷入某种情绪中，此时企业的营销活动可以聚焦于过程模拟，使消费者注意到购买过程的便捷，并提供相应服务，例如接受刷卡、24小时营业、针对某些产品的使用提供免费培训等。即使在非节假日，也可以在营销活动中嵌入情绪元素，例如某些能够带动消费者情绪的词语，这些能够激发消费者的情绪，减少消费者购物过程中理性考虑导致的影响。

企业的营销应该意识到负性情绪的重要性，不应一味地排斥负性情绪。本研究也表明，负性情绪能够对延迟消费者的反转意向产生影响。因此，企业不仅应该重视负性情绪，还应当着重研究负性情绪容易集中爆发的时间，例如考试期间。这些工作将会给企业的营销工作带来意想不到的效果。

当消费者有负性情绪(例如孤独、抑郁)时，企业的营销活动应该聚焦到过程模拟，此时消费者更容易冲动消费，购买更多享乐型的产品(如香水)，企业可以聘用热情的促销员，或者举行免费试用试吃活动。

中性情绪对企业既是馅饼，又是陷阱。中性情绪同样是企业营销中心不可忽视的一部分。消费者在购物时，并不是总处于特别极端的情绪下，心情基本保持平和状态。针对这种情况，营销时可以将基于自我的动机模式与心理模拟进行两两搭配。即对于满足不同自我动机的产品，选择不同的营销手段。对于那些能够给人带来好心情的产品，主要满足人的本我动机，企业如果聚焦于结果模拟，将会得到比较好的结果。例如香水，企业应该着重宣传产品能够给消费者带来的好处，避免聚焦到过程模拟，否则的话就会成为企业的陷阱。而如果企业的产品已经被消费者认为是具有符号价值的产品，主要满足超我动机，企业营销活动就应当聚焦到过程模拟，例如推出买手机分期付款送礼品、送货上门、刷卡等服务。如果企业的服务已经确定，不愿意更改或者更改的成本太大，如已经聚焦到过程模拟，那么企业可以针对处于负性情绪的消费者群体来展开服务，提高企业的营销效率。

6.3　研究不足与未来展望

第一，由于条件所限，本次研究的被试都是大学生，并未包括社会上各年龄层的消费者，这可能限制了我们的研究结果的普遍适用性。第二，由于采用问卷调查方式，本研究对被试所做的操控不一定完全达到了想要的效果。

◎ 参考文献

[1] 韩德昌，王艳芝. 心理模拟：一种有效预防冲动购买行为的方法[J]. 南开管理评论，2012，15.

[2] 李春玲. 双模态情绪强度估计方法研究[D]. 中南大学，2008.

[3] 孟昭兰. 情绪心理学[M]. 北京：北京大学出版社，2005.

[4] 沈德灿. 精神分析心理学[M]. 杭州：浙江教育出版社，2005.

[5] 叶浩生. 心理学史[M]. 北京：高等教育出版社，2005.

[6] 周荃，刘建平，刘佳明. 荀子"性伪说"与弗洛伊德心理学的比较研究[J]. 社会心理科学，2013，1.

[7] Armitage, Christopher, J., Reidy, John, G.. Use of mental simulations to change theory of planned behaviour variables[J]. *British Journal of Health Psychology*，2008，13(3).

[8] Bagozzi, R. P., Lee, K., and Van Loo, M. F.. Decisions to donate bone marrow: The role of attitudes and subjective norms across cultures[J]. *Psychology and Health*，2001，16.

[9] Chuang, Shih-Chieh, Kung, Chaang-yung, Sun, and Ya-Chung. The effects of emotions on variety-seeking behavior[J]. *Social Behavior and Personality*，2008，36.

[10] Clore, G. L., Schwarz, N., and Conway, M.. *Affective causes and consequences of social information processing*[M]. New Jersey：Erlbaum，1994.

[11] David, K., Levine, and Drew, Fudenberg. A dual-self model of impulse control[J]. *American Economic Association*，2006，12.

[12] David, Watson., Auke, Tellegen. Toward a consensual structure of mood[J]. *Psychology Bulletin*，1995，98.

[13] Escalas, Jennifer, and Edson. Imagine yourself in the product: Mental simulation, narrative transportation, and persuasion[J]. *Journal of Advertising-Official Public of the American Academy of Advertising*，2004，33.

[14] Escalas, Jennifer, Edson., Luce, Mary, and Frances. Understanding the effects of process-focused versus outcome-focused thought in response to advertising[J]. *Journal of*

Consumer Research, 2004, 31.

[15]Goritz, A. , S. . The induction of mood via the WWW[J]. *Motivation and Emotion*, 2007, 31.

[16]Green, J. D. , Sedkides, C. , Saltzberg, and J. A. , et al. . Happy mood decreases self-focused attention[J]. *British Journal of Social Psychology*, 2003, 42.

[17]Hertel, G. , Neuhof, J. , and Theuer, T. et al. . Mood effects on cooperation in small groups: Does positive mood simply lead to more cooperation? [J]. *Cognition and Emotion*, 2000, 14.

[18]Hsee, C. K. , Rottenstreich, Y. . Music, pandas and muggers: On the affective psychology of value[J]. *Journal of Experimental Psychology* , 2004, 133.

[19] Jayati, Sinha, and Jing (Alice) Wang. How time horizon perceptions and relationship deficits affect impulsive consumption[J]. *Journal of Marketing Research*, 2013, 50.

[20]John, O. P. , and Gross, J. . *Individual differences in emotion regulation strategies: Links to lobal trait, dynamic, and social cognitive constructs* [M] . New York: Guilford Press, 2007.

[21]Karni, Edi. , Schwartz, and Aba. Search theory: The case of search with uncertain recall [J]. *Journal of Economic Theory*, 1977, 16.

[22]Laran, Juliano, Janiszewski, and Chris. Behavioral consistency and inconsistency in the resolution of goal conflict[J]. *Journal of Consumer Research*, 2009, 35.

[23]Larry, Gregory, Robert, B. , and Cialdini et al. . Self-relevant scenarios as mediators of likelihood estimates and compliance: Does imagining make it so? [J] . *Journal of Personality and Social Psychology*, 1982, 43.

[24]Lichtensten, S. , Slovic , P. . Reversal of preference between bids and choice in gambling decision[J]. *Journal of Experimental Psychology*, 1971, 89.

[25] Lien, B. Pham, Shelley, E. Taylor. From thought to action: Effects of process-versus outcome-based mental simulations on performance [J] . *Personality and Social Psychology Bulletin*, 1999, 25(2).

[26]Loewenstein, G. , Weber, E. , and Hsee, C. et al. . Risk as feelings[J]. *Psychological Bulletin* , 2001, 127.

[27]Markus, H. , Nurius, P. . Possible selves[J]. *American Psychologist*, 1986, 41.

[28] Min, Zhao, Steve Hoeffler, and Gal Zauber. Man mental simulation and product evaluation: The affective and cognitive dimensions of process versus outcome simulation [J]. *Journal of Marketing Research*, 2009, 45.

[29]Ravi, Dhar. Context and task effects on choice deferral[J]. *Marketing Letters*, 1997, 8.

[30]Ravi, Dhar, Itamar, Simonson. The effect of forced choice on choice [J] . *Journal of Marketing Research*, 2003, 40.

[31]Taylor, S. E. , Pham, L. B. , and Rivkin, I. D. et al. . Harnessing the imagination-mental simulation, self-regulation, and coping[J]. *American Psychology* , 1998, 53.

[32] Tversky, A., Shafir, E.. Choice under conflict: The dynamics of deferred decision [J]. *Psychological Science*, 1992, 6.

[33] Tversky, Amos, Kahneman, and Daniel. The framing of decisions and the psychology of choice[J]. *Science*, 1981, 211.

[34] Westermann, R., Spies, K., and Stahlg, et al.. Relative effectiveness and validity of mood induction procedures: Ameta-analysis [J]. *European Journal of Social Psychology*, 1996, 26.

Research on Affect Moderating Effect on Motivation Mode, Mental Simulation-the Reversal of Consumer Deferral Purchase

Li Xiao[1]　Cheng Qi[2]　Yin Congcong[3]

(1, 2, 3　Economics and Management School of Wuhan University, Wuhan, 430072)

Abstract: It is very common for consumers to have deferral preference when they are shopping. They love the goods, have enough money to pay for them, but they just do not want to buy them immediately. Obviously, the sellers are in trouble, and must do something to change this situation. A paper of Min Zhao found that process simulation was more effective in increasing purchase intention than outcome simulation under an affective mode. It means that mental simulation may influence consumers' intention and behavior under the effect of mood. However, does the different emotions influence consumers' deferral preference reversal in the same way and get the same result? Besides, some related research show that Emotion influence consumers' behavior intention in different ways based different motivation mode (id vs. super-ego). Our research result also confirmed it. We found that the interaction between simulation and motivation mode was significant under neural affect, whereas process simulation was more effective in increasing purchase intention than outcome simulation under negative effect. In addition, we put forward some suggestion for marketing.

Key words: Emotion; Mentalsimulation; Deferral preference reversal

专业主编: 曾伏娥

基于百度指数的旅游目的地关注度研究*
——以武汉市为例

● 邓爱民[1]　　王瑞娟[2]

（1，2　中南财经政法大学工商管理学院　武汉　430073）

【摘　要】随着互联网技术的发展和移动终端的进一步普及，庞大的网络搜索数据不但记录了用户的需求，也为社会科学研究提供了新的视角与方法。本文利用百度指数这一统计分析平台，以武汉市旅游搜索数据为例，分析其网络关注度的时空分布特征；将网络关注度指数与实际客流量及客源结构进行对比，发现网络关注度所呈现的高峰及低谷与武汉市旅游市场淡旺季的出现密切相关，具有前兆效应，各地区用户关注度高低与其客流量大小也呈正相关关系；并在此基础上提出了武汉市旅游营销的针对性建议。

【关键词】百度指数　网络关注度　武汉市

1. 引言

中文互联网数据咨询中心发布的《2014 年第 33 次中国互联网络发展状况统计报告》数据显示，截至 2013 年 12 月，我国网民规模达 6.18 亿，全年共计新增网民 5358 万人；互联网普及率为 45.8%，较 2012 年底提升 3.7 个百分点。① 随着网络信息技术的飞速发展，搜索引擎成为广大网民的重要网络信息平台，人们按照自己的需求和兴趣，利用其检索服务功能查询和获取信息。信息时代的旅游者习惯于借助网络获取旅游咨询、确定旅游目的地、安排旅游计划和行程。网络中的搜索数据不但记录了用户关注与需求信息，也为旅游研究提供了相关数据资源。

互联网已经成为辅助旅游者旅游选择、购买旅游产品的有效手段之一。目的地旅游营销的开展需要在获取市场需要的前提下进行，而在大数据时代下，可以获取大量的、完全的、有噪声的、模糊的数据，从中提取出隐含在其中的、人们事先不知道但又是潜在有用

---

* 通讯作者：王瑞娟，E-mail：debra. duan@ whu. edu. cn。

① 中国互联网络信息中心. 第 33 次中国互联网络发展状况统计报告［EB/OL］. http：//www. 199it. com/archives/187745. html［2014-06-28］.

的信息和知识。① 对这些数据的进一步挖掘，能够获得大量的旅游市场信息，提高旅游市场分析的准确度，进而使旅游营销活动更加及时、有针对性。

百度指数是基于百度网民行为数据所构建的数据分享平台，是当前数据时代最为重要的统计分析工具之一。2013 年 12 月，百度指数 2.0 隆重上线，引发全网的普遍关注，更是成为众多行业营销决策的重要依据。本文基于百度指数所提供数据，以武汉市为例，通过分析武汉市各旅游要素网络关注度的时空分布特征，并将网络数据与实际客流量及客源构成进行对比，从而对武汉市的旅游营销提出针对性建议，以期对武汉市旅游发展做出有益研究，并为旅游营销领域提供新的研究视角及方法。

2. 研究综述

由搜索引擎带来的庞大的网络搜索数据广泛应用于网络信息挖掘领域。2009 年，Ginsberg 等建立了基于 Google 搜索数据的监测模型，分析处理了 2003—2008 年谷歌网络上千亿的单个搜索中与流感相关的历史记录，发现了在线搜索引擎的搜索数据与实际流感病人数存在密切的相关性，且这一监测模型在一定程度上能够提前 2 周预测出流感疫情。② 此后，这一方法向社会经济各个应用研究领域扩展。

搜索引擎是旅游者搜索旅游相关信息的重要渠道(Zheng Xiang，Bing Pan，2010)。对于网络搜索数据的分析与利用为旅游目的地网络关注度提供了一种新的思路和方法。梁志峰(2010)以湘潭为例，通过关键词搜索量为衡量指标，确定了湘潭区域网络关注度的基本走势。龙茂兴、孙根年等(2011)以百度指数为分析工具，将与四川旅游相关的关键词进行叠加检索，对比分析了 2009 年四川省的旅游网络用户关注度时空分布特征。林志慧、马耀峰(2012)选取中国旅游总评榜评选的中国百强景区中，排名靠前的 47 个景区为研究对象；利用百度指数平台，获取 2010 年 1 月 1 日至 12 月 31 日这 47 个景区的网络关注指数，并对每周内的关注度分布特征和季节性关注度分布特征进行了实证分析。

网络关注度与现实中旅游流的密切关系得到了旅游学界的普遍关注。李山、邱荣旭等(2008)统计分析了 53 个 5A 级景区网络关注度的时间分布特征，并发现旅游景区络空间关注度是其后 1 ～ 2 周实际游客量的前兆。马丽君、孙根年等(2011)分析了实际客流量与网络关注度变化的主要影响因素，收集了我国主要旅游城市 2007—2009 年游客量与关注度数据；研究结果显示，无论时间还是空间角度，网络数据与实际数据具有较强相关性，并进一步计算出，网络数据月指数每变化 1%，实际客流量变化 0.611%。刘月红、黄远水(2014)获取福建省永定土楼 2011 年 8 月 1 日至 2012 年 7 月 31 日期间的网络关注度数据，认为网络搜索数据和现实旅游市场客流存在紧密关联且网络空间关注度具有较明显的前兆效应。

---

① 丁家伟，徐薛艳，张建华. 大数据时代下农家乐旅游产品营销策略研究——以上海市闵行区农情园为例[J]. 上海农业科技，2014，1：22-24.

② Ginsberg, J., Mohebbi, M. H., and Patel, R. S., etc.. Detecting influenza epidemics using search engine query data[J]. *Nature*, 2009, 2：1012-1014.

此外，网络搜索数据的时效性填补了社会经济领域传统预测方法的滞后性。Schmidt 和 Vosen（2009）提出一项基于谷歌趋势搜索数据的消费者信心指数预测指标。研究发现，这一指标预测准确性远远优于其他的调查指标。黄开先、张丽峰等（2013）以北京故宫 2007—2009 年的实际接待量和百度指数关注量为基础，利用计量经济学相关分析方法进一步量化两者之间的关系，进而建立了游客量预测的模型，以期成为故宫景区管理部门决策的一种依据。

综上所述，本文顺应将网络关注度数据于现实数据相结合进行研究这一研究趋势，以武汉市 2011 年 1 月至 2014 年 6 月对网络关注度的时空分布与实际数据对比，通过实证分析，研究网络关注度与实际客流量及客源结构的关系，并为武汉市旅游营销提出针对性建议。

3. 实证分析

3.1 数据来源与分析工具

（1）数据来源。

百度是全球最大的中文搜索引擎，根据中国互联网络信息中心（CNNIC）发布的《2013 年中国搜索引擎市场研究报告》，截至 2013 年 12 月底，我国搜索引擎用户规模达 4.90 亿，同比增长 8.5%。搜索引擎在搜索网民中的渗透率方面，百度以 97.6% 的比例位居第一。2013 年 12 月 23 日正式上线的百度指数 2.0 主要提供的功能模块有：基于单个词的趋势研究、需求图谱、舆情管家、人群画像；基于行业的整体趋势、地域分布、人群属性、搜索时间特征。百度指数 2.0 能够提供的服务有：关键词搜索指数，即某个关键词在某一时间点或时间段内在百度的搜索规模；某一段时间内的搜索涨跌态势以及相关的新闻舆论关注度的变化；关注这些关键词的网民的年龄、性别、职业、兴趣等特征以及空间分布；这些网民同时还对哪些相关关键词搜索量较高。

本文首先通过百度指数平台，按关键词在全国范围检索能够反映网民对武汉市旅游关注度的"武汉旅游"、"武汉旅游景点"、"武汉美食"、"武汉购物"、"武汉交通"、"武汉酒店"，得出 2011 年 1 月至 2014 年 6 月，以上关键词检索量及其频率较高的相关检索词，结果如表 1 所示。

表 1　　　　　　　　　　百度指数武汉旅游相关关键词搜索结果

关键词	整体搜索指数	相关检索词
武汉旅游	1076	武汉地图、武汉旅游攻略、武汉旅行社等
武汉旅游攻略	737	武汉旅游、武汉景点、武汉旅游攻略、湖北旅游攻略、武汉美食攻略等
武汉旅游景点	520	黄鹤楼、武汉欢乐谷、中山公园、武汉旅游、星期八小镇、东湖、木兰天池等

关键词	整体搜索指数	相关检索词
武汉美食	377	热干面、户部巷、武汉小吃、武汉天气、武汉美食攻略、武汉美食团购、武汉天地美食、武汉旅游等
武汉酒店	336	7天连锁酒店、武汉万达威斯汀酒店、武汉天鹅恋情侣酒店、武汉万达瑞华酒店、武汉香格里拉大酒店等
武汉交通	320	武汉地图、武汉地铁、武汉公交等
武汉购物	146	武汉旅游、汉正街、江汉路步行街、武汉广场购物中心、武汉奥特莱斯购物城等

根据表1中关键词搜索结果显示，整体搜索指数平均值最高的关键词为"武汉旅游"，搜索指数达1076，相关检索词中出现频率最高的同样为"武汉旅游"，而"武汉旅游攻略"、"武汉旅游景点"、"武汉美食"、"武汉购物"均与其相关。综合考虑整体搜索指数及相关检索词中出现频率确定文本关键词"武汉旅游"、"武汉旅游攻略"、"武汉旅游景点"、"武汉美食"4个。此外，除了网络关注度，本文中使用到的2011年1月至2014年6月武汉市实际游客量数据来源于武汉市统计信息网①。

（2）分析工具。

本文使用百度指数所提供的"用户关注度"指数为分析武汉旅游网络关注度的主要工具。"用户关注度"是以网民在百度平台搜索量为基础数据，反映该关键词的每天的变化趋势。另外，本文将从百度指数平台获取的数据及武汉市旅游业发展相关数据利用Excel软件进行统计，对比分析基于百度指数的网络用户关注度与实际客流量之间的关系。

3.2 网络关注度分析

3.2.1 时间分布特征

（1）网络关注度逐年递增。

从百度指数获取2011年1月至2014年6月用户关注度数据，如图1所示。经过观察

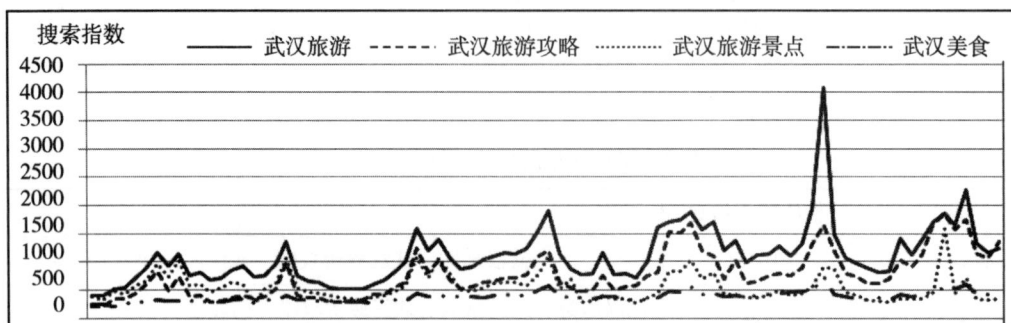

图1 2011年1月至2014年6月网络关注度整体变化态势

---

① 武汉市统计信息网(http：//www.whtj.gov.cn).

分析可得，公众对于武汉旅游相关信息关注度逐年提升，2011 年最高关注指数出现在 9 月 25 日至 10 月 1 日，"十一"黄金周前夕，四个关键词搜索指数分别为 1350、981、1064、397；经过两年增长，2013 年最高关注指数依然出现在"十一"黄金周，据统计，2013 年 9 月 29 日至 10 月 5 日四个关键词搜索指数周平均值分别为 4075、1641、910、731，关注度增长迅速，增长率达 200%；高于全国平均增长率(120%)。一方面源于互联网用户数量的增长以及网络信息技术的进一步普及；另一方面由于武汉旅游产品的不断丰富、旅游营销推进及旅游业整体发展。

(2)年际关注度态势高度吻合。

图 2 为 2011—2013 年百度指数武汉旅游相关信息关注度年际对比，经观察分析可得，关注度主要围绕其闲暇时间呈波峰状变化，关注度曲线明显呈双峰状，波峰出现在每年度的 3 月底至 5 月初、8 月至 10 月初，关注度曲线明显凸起。清明节、五一节和端午节等法定节假日集中于 3—5 月，此时段武汉春意盎然、气候宜人，游客渴望出游踏青，且随着赏花项目的发展和"新花城"形象的打造，使武汉成为热点旅游目的地；暑假、中秋节、国庆节集中于 8—10 月，此时段旅游者具有了充足的出游时间，关注度曲线达到全年最

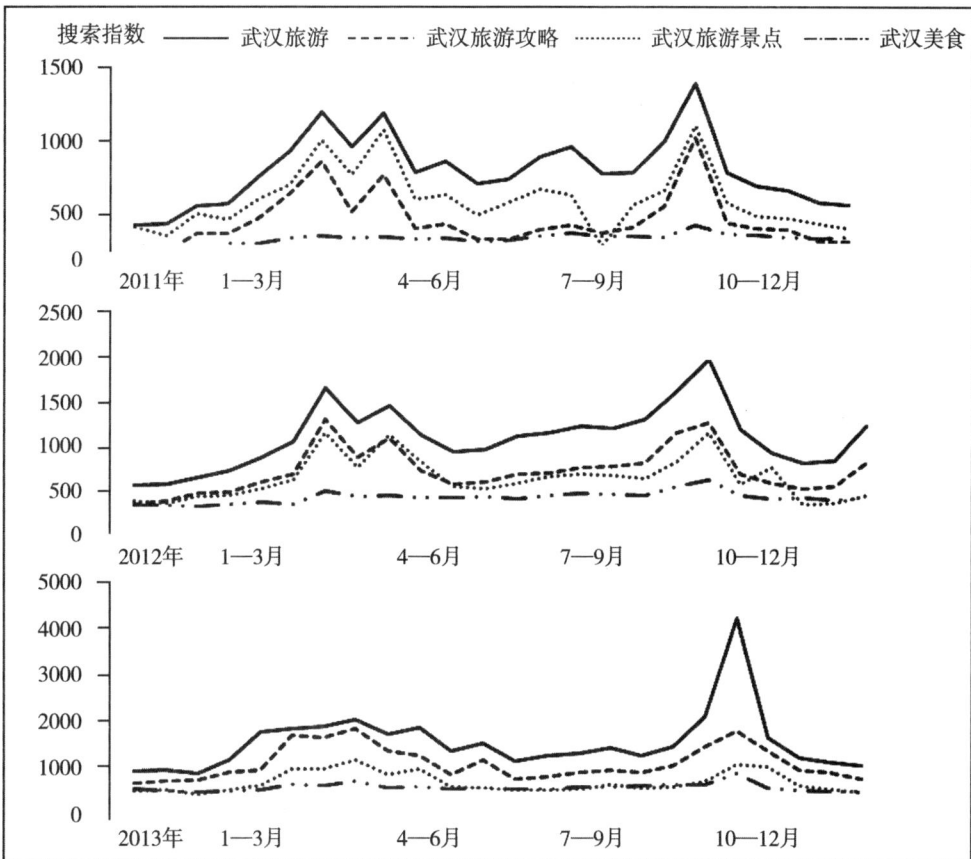

图 2　网络关注度年际变化态势

高。10 月中旬以后，关注度持续走低，进入旅游淡季，直至来年 3 月。经过对 2011—2013 年的观察，三年关注度态势十分吻合。图 2 表明，武汉市旅游网络关注度的高峰期和低谷期与旅游市场的淡旺季密切正相关。

3.2.2 空间分布特征

通过百度指数平台人群画像可以获取全国地区任意时间范围内关于武汉旅游相关的网络搜索的信息流，同时可以根据用户的 IP 地址鉴定信息流的空间来源。分析武汉旅游关注度在各地分布的数据差异对掌握现实市场空间扩散规律有一定的参考意义。百度指数提供的数据显示，2013 年 9 月至 2014 年 6 月，通过网络搜索武汉旅游相关信息指数最高的 10 个省份及城市如表 2 所示。

表 2 各地区关注度排名

	1	2	3	4	5	6	7	8	9	10
省份	湖北	河南	江苏	北京	浙江	广东	湖南	上海	江西	安徽
城市	武汉	北京	上海	郑州	长沙	广州	天津	南昌	西安	南京

依据武汉旅游相关信息关注度地域分布情况(见图 3、图 4)，根据各地关注度高低及地理距离远近为依据，可将全国分为五类地区。第一类为本地市场，即湖北省及武汉市，关注度最高、地理距离最近。第二类为周边地区，指关注度较高，地理范围较近的地区，如河南、湖南、江西及安徽。第三类为经济发达地区，关注度较高，但地理距离较远，如北京、上海、广州及江苏、浙江等省市。此类地区经济发达，虽然与武汉地理距离较远，

搜索指数: 高 ■■■■□ 低

图 3 关注度地域分布情况(省份)

搜索指数: 高 ●●●○○ 低

图 4 关注度地域分布情况(城市)

但是其区位交通条件发达，互联网普及、居民出游率高。第四类为地理范围较近，但关注度并不高的地区如重庆、陕西、四川等，此类地区具有较高的可提升空间。第五类为距离较远、关注度较低地区，如东北三省、少数民族自治区、海南省及港澳台地区。

3.3 网络关注度与实际客源市场关系分析

3.3.1 网络关注度与实际游客量关系

为了研究网络关注度与实际游客量之间的关系，本文首先收集分析了"武汉旅游"、"武汉旅游攻略"、"武汉旅游景区"及"武汉美食"4个关键词，在2011年1月至2014年6月之间"五一"、"十一"节假日通过鼠标追踪记录了百度指数搜索量，由于网络关注度对实际游客量存在前兆效应，故百度指数搜索量追踪时间提前15日，实际游客量数据统计来源于武汉统计信息网，如图5所示。

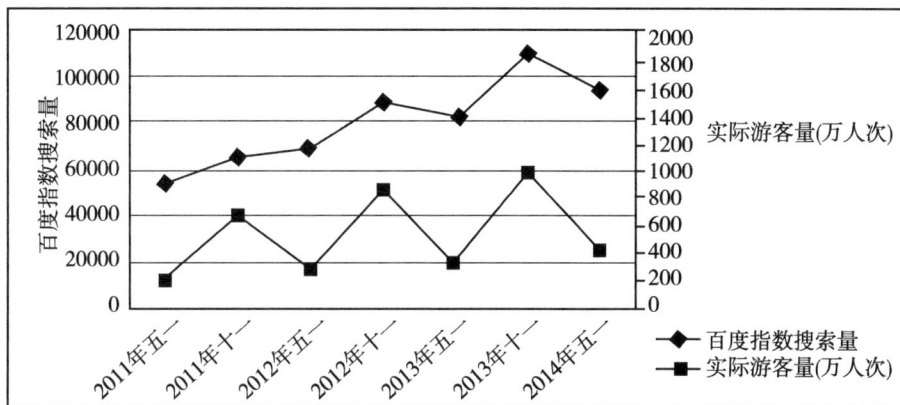

图5　节假日百度指数搜索量与实际游客量对比图

由图5可知，与武汉旅游相关关键词的百度搜索指数与实际客流量之间存在显著的正相关关系。通过百度指数计算出的网络关注度折线与武汉市实际客流量折线的升降基本保持同步。因此，当网络关注度持续不断保持上升，说明地区已进入旅游旺季；当网络关注度持续走低，则意味着地区旅游淡季的到来。且通过观察网络关注度高峰期出现的时期可以发现，网络关注度高峰期总是领先于实际客流量5~7天，说明网络关注度与实际客流量不仅正相关，而且具有前兆效应。

3.3.2 网络关注度与游客地构成分析

《2012年武汉市国内游客抽样调查》数据显示，2012年武汉市最大的国内客源市场为湖北省，占武汉市国内旅游客源的44.35%；第二大客源市场为广东省，随着武广高铁的开通，这一市场得到迅速提升；之后依次为湖南、河南、浙江、江苏、江西、山东、上海、北京和四川，所占比重分别为7.00%、6.71%、4.32%、3.88%、3.15%、2.89%、2.85%、2.56%、2.49%和2.49%；以上省市为武汉市重要的国内客源市场，占武汉市国内旅游客源的38.34%，是武汉市国内旅游重要的客源市场。

以"武汉旅游"、"武汉旅游攻略"、"武汉旅游景区"及"武汉美食"为关键词进行检索，从百度指数地区分布中获取2012年各地区关于武汉旅游相关信息的用户关注度排名，并将各地区的关注度排名与武汉客流量排名进行比较分析，如图6所示。

在图6中，各地区用户关注度排名与其客流量排名重叠或稍有偏离，从整体态势来

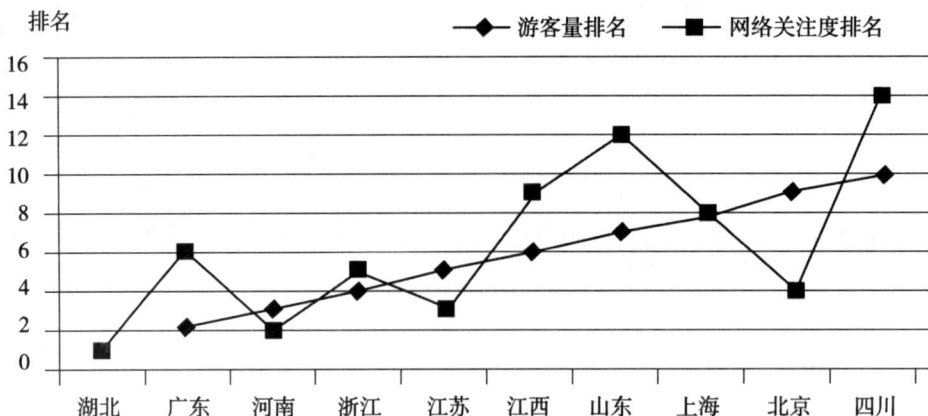

图6 用户关注度排名与客流量排名对比分析图

看，呈正相关关系。根据两者相对位置，可将以上地区分为三种类型：第一类为网络关注度排名落后于客流量排名的地区，如广东、江西、山东、四川；第二类为网络关注度排名领先于客流量排名的地区，如江苏、北京；第三类为网络关注度排名与客流量排名相同的地区，如湖北、上海、浙江、河南。对于网络关注度排名偏离客流量排名的地区，一方面由于此类地区经济社会发达，居民旅游意愿强，互联网普及程度高，故网络关注度较高，如江苏、北京；另一方面由于客源地与武汉地理距离邻近，如江西；或者交通发达，时间距离较短，如广东，游客出游便捷、成本较低，故网络关注度较低。而山东、四川两地客流量排名领先于网络关注度。

4. 结论

游客网络关注度与客流量之间有着密切的关系。游客网络关注度是游客在出游前通过网络辅助决策形成的，是游客出游过程中的一个部分，也是游客出游的一种体现和预兆。本文在总结旅游目的地网络关注度相关研究的基础上，以武汉市为例，通过百度指数平台获取武汉旅游相关数据，分析网络关注度的时空分布特征，并将其与实际客流量对比，得出以下结论：

第一，通过百度指数关键词检索，与"武汉旅游"相关检索词除了"武汉旅游攻略"、"武汉旅游景点"之外，相关性最高的关键词为"武汉美食"。可见相比于交通、住宿、购物等其他旅游要素，美食的吸引力与关注度极高。因此，武汉市应加强打造美食主题旅游产品及线路推荐，大力挖掘美食文化，将美食文化作为武汉旅游吸引力的重要元素以及旅游竞争力提升的关键因素之一。

第二，根据本文对武汉旅游相关信息网络关注度的时间分布特征以及网络关注度与实际游客量关系分析发现，一方面，网络关注度增长迅速，且年际分布态势高度相似，年分布态势呈双峰状，说明武汉旅游的淡旺季较明显，为避免旅游旺季对生态环境及城市容量的威胁，武汉市应加强10月底至来年3月初这一时段的旅游产品开发及旅游促销活动，分流旺季客流，促进旅游业发展的稳定性；另一方面，旅游网络关注度的高峰期和低谷期与旅游的淡旺季密切正相关，且对于"五一"、"十一"等节假日出游高峰期，网络关注度显示出明显的前兆效益。因此，武汉市可以预测旅游高峰期的到来，提前做好接待准备工作，及时调整旅游营销策略，利用价格、促销等手段调节高峰期客流量。同时，旅游淡季可利用事件营销等策略提高网络关注度，吸引旅游者；另外，主管部门也可通过对网络关注度的追踪，评价测量某一事件或营销策略的效果。

第三，根据本文对武汉旅游相关信息网络关注度的空间分布特征以及网络关注度与客源结构的对比分析，对于武汉旅游相关信息关注度较高的地区除了武汉市及湖北省本地，还包括中部邻近地区及经济发达地区。而湖北省周边省份的客源市场虽然在交通、时间等方面具有优势，但是现实客流量排名靠后，未进入网络关注度排名前列。由此可见，武汉市应加强与周边省份的旅游合作，实现旅游资源、产品、市场和信息的共享，构建无障碍旅游区，进一步将网络关注度转化为实际客流量。

◎ **参考文献**

[1]丁家伟，徐薛艳，张建华．大数据时代下农家乐旅游产品营销策略研究——以上海市闵行区农情园为例[J]．上海农业科技，2014，1．

[2]黄先开，张丽峰，丁于思．百度指数与旅游景区游客量的关系及预测研究——以北京故宫为例[J]．旅游学刊，2013，28(11)．

[3]李山，邱荣旭，陈玲．基于百度指数的旅游景区络空间关注度：时间分布及其前兆效应[J]．地理与信息信息科学，2008，24(6)．

[4]梁志峰．基于Google趋势分析的区域网络关注度研究——以湘潭为例[J]．湖南科技大学学报，2010，13(5)．

[5]林志慧，马耀峰，刘宪锋等．旅游景区网络关注度时空分布特征分析[J]．资源科学，2012，34(12)．

[6]刘月红，黄远水．福建永定土楼网络空间关注度的时空演变——基于百度指数的分析[J]．乐山师范学院学报，2014，29(1)．

[7]龙茂兴，孙根年，马丽君等．区域旅游网络关注度与客流量时空动态比较分析——以四川为例[J]．地域研究与开发，2011，30(3)．

[8]马丽君，孙根年，黄芸玛等．城市国内客流量与游客网络关注度时空分布[J]．经济地理，2011，31(4)．

[9]薛兵旺，刘国一，黄美忠等．2012年武汉市国内游客抽样调查[J]．武汉商业服务学院学报，2013，27(4)．

[10]张婕，袁力田．搜索引擎在网络信息挖掘中的应用[J]．电脑与电信，2006，7．

[11]Zheng Xiang, and Bing Pan. Travel queries on cities in the United States：Implications for search engine marketing for tourist destinations[J]. *Tourism Management*，2010，3.

A Research on Travel Destinations Attention Based on Baidu Index

—A Case of Wuhan

Deng Aimin[1]   Wang Ruijuan[2]

(1, 2 Business School of Zhongnan University of Economics and Law, Wuhan, 430073)

·**Abstract**: With the development of Internet technology and the further popularization of mobile terminals, vast network of search data not only records the user's needs, but also provides a new perspective and approach for social science research. This paper used Baidu Index analysis the temporal and spatial distribution of Wuhan network attention. Contrasted the network concern index, actual traffic and the structure of tourists. We found the positive correlation between the network concern index and the tourism short season. Simultaneously the user concern index ranking with its traffic ranking also had a positive correlation. Finally, this paper presented the specific recommendations for Wuhan tourism marketing.

Key words: Baidu index; Network attention; Wuhan

专业主编：曾伏娥

加法需求函数下延迟策略对企业最优决策的影响研究[*]

● 许明辉[1]　陈枝玉[2]　李建斌[3]

（1，2 武汉大学经济与管理学院　武汉　430072；3 华中科技大学管理学院　武汉　430074）

【摘　要】考虑一个垄断型的企业，面临着随机且依赖于产品销售价格的市场需求，通过建立一个两阶段决策模型，分析五种延迟策略，研究各种延迟策略对企业的决策和利润的影响。该垄断企业在经营过程中需要做出三个决策：产能投资、生产量和销售价格。在乘法需求函数条件下，本文分别建立了五种延迟策略下企业期望利润的模型，并对各种延迟策略下的最优决策进行了分析。研究得出：（1）与加法需求函数不同，市场出清的价格延迟策略和有产品保留的价格延迟策略是等价的；（2）生产延迟策略和价格延迟策略之间并无孰优孰劣的一般性关系，其最优产能之间也没有一般的大小关系；（3）生产延迟策略（价格延迟策略）和生产与价格均延迟策略下的最优产能之间一般没有绝对的大小关系，这也不同于加法需求函数的结果。

【关键词】生产延迟　价格延迟　产能投资　需求不确定性

1. 引言

随着市场环境和消费结构的变化，产品生命周期越来越短，市场竞争也变得越来越激烈，需求和供给的不确定性也随之越来越高。越来越多的企业采用新的生产方式和管理理念来提高企业的柔性、客户响应能力、盈利能力等方面的竞争力。延迟策略因而成为应用相当普遍的一种新型生产管理方法。Van Mieghem 和 Dada(1999)研究了一个加法形式的需求函数的两阶段决策模型，分别分析了几种不同的延迟策略下的运营决策（产能、生产量和价格），并且分析了不同的延迟策略对企业战略投资决策和企业利润的影响。他们发现，延迟的决策量越多企业所获得的期望利润就越多；在一定条件下，延迟的决策量越多，企业投资的产能就越多，生产安排的灵活性就越大。本文可视为该文一个拓展，即在乘法形式的需求函数下，研究一个垄断企业的产能、生产量以及定价的不同延迟策略，并

---

* 本研究得到国家自然科学基金项目(项目批准号：71371146)的资助。

通讯作者：许明辉，E-mail：xu_mingh@163.com 。

对各种策略下企业的期望利润和产能投资进行比较。

近几年，一些学者致力于不同环境下延迟策略方面的研究，例如在大规模定制或者需求不确定环境下延迟策略对企业的绩效、产能以及其他决策的影响。Chod 和 Rudi（2005）分析了资源柔性和响应性定价的作用。他们假设企业销售两种产品，且这两种产品都面临着线性的需求曲线，单一柔性资源可以用来满足两种不同的需求。研究结果表明，最优产能资源随着需求变动的增加而增加，且这种产能柔性的作用在需求高度可变的情况下表现得更加明显。Biller 等（2006）探讨了定价延迟对产能和柔性资源投资决策的影响，证明了这种影响取决于需求的相关性、需求的弹性及分布、产能的固定成本与可变成本的比例以及在做出定价和产品决策时对不确定性的了解程度。

在需求不确定环境下，Bose 和 Chatterjee（2008）分析了企业采用生产延迟和产品柔性时的产能规划问题，主要涉及生产延迟和无生产延迟两种策略，探讨了在这两种策略下影响企业利润的因素，例如生产设备的专用性、产品的柔性等。Anupindi 和 Li（2008）分析了一个三阶段的决策制定框架模型，研究了企业如何在需求不确定的情况下对产能、生产量和价格做出最优的决策。在该模型中，企业需要在实际需求发生之前进行产能决策，在需求发生后进行价格决策，并且在不同的时间段的生产决策也不相同。而 Hagspiel 等（2010）则采用期权的方法来考虑需求不确定条件下的最优产能投资决策，除了考虑产能投资时间，还要决策产能投资的规模。该文以生产决策为依据将企业分为柔性和缺乏柔性两种，随着时间演化，柔性企业可以用很低的成本调整受到约束的资源来进行生产活动；而缺乏柔性的企业则只能以目前的资源水平进行生产。吴海平和宜国良（2005）分析了在需求不确定条件下，柔性生产和快速反应对企业规避缺货风险和存货积压风险以及企业收益的作用。张人千和王如平（2009）建立了市场需求量和产品价格为随机变量的多期产能决策模型，并讨论了随机产能扩张的投资决策风险。

在运营管理中，经常会存在当部分或全部需求实现之后再进行价格、生产、订购的决策的情形。这些延迟策略（定价延迟、生产延迟、订购延迟等）作为一种战略决策机制，常常被用来管理一些与需求不确定有关的风险。一些学者从供应链的角度来研究延迟策略。Granot 和 Yin（2005）以报童模型为背景，研究了一个分权供应链中需求函数依赖于价格的价格延迟和订单延迟。他们发现当合同类型、竞争市场类型、需求分布、预期的需求函数和零售商做出运营决策的时间均不相同时，零售商的利润和合同参数均衡值的相应变化。Su 等（2005）分析了在大规模定制环境下产品的时间延迟和形式延迟两种结构，并比较了它们对供应链的成本和绩效以及顾客等待时间的影响。他们发现订单到达时间和处理时间的可变性越高，形式延迟结构就越受欢迎；当产品种类越多，利润率越高，企业则越倾向使用时间延迟结构。纪雪洪等（2007）从供应链管理的角度，对延迟的定义及分类、不同的延迟策略的建模、延迟的应用等几个方面的主要研究成果进行了综述，提出可以从客户定制化、顾客行为和订单完成周期等方面来研究延迟策略。

一些学者还研究了延迟策略对企业产能投资的影响。Goyal 和 Netessine（2005）通过考察垄断组织中的产品数量和产品柔性之间的关系，对企业的产能投资和产能分配决策进行了分析。Chou 和 Chung（2009）研究了基于客户服务的双寡头制造企业的产能制定策略。同样是研究两家企业的决策，Swinney 等（2010）研究了两家相互竞争的企业（初创企业和既有企业)在进入一个需求高度不确定的新兴市场时，产能投资时机决策的问题，并对提早投资和推迟投资的成本和企业竞争力进行了比较分析。

以上研究分别对延迟策略、产能以及柔性进行了相关研究，但很少有学者将产能投资决策作为一个变量来研究延迟策略对产能投资、生产量、价格以及企业的期望利润的影响。Van Mieghem 和 Dada(1999)在加法需求函数的假设下，分别考察了不同的生产与定价延迟策略，并对不同的延迟策略进行了分析与比较。本文的主要目的在于探讨在加法需求函数下得到的结果与管理启示，在乘法需求函数的条件下是否成立以及有哪些不同。

2. 模型描述与符号说明

考虑一个两阶段决策模型，一个垄断性的企业面临着不确定的市场需求，且需求依赖于产品的销售价格。该企业在其生产经营的过程中需要做出三个决策——产能投资、生产量和产品销售价格，而且这三个决策的时间先后顺序可能不同。其中，生产能力的投资是一个长期的战略性决策，而生产量和产品的销售价格则属于短期的运作性决策。

由于每个决策的时间先后顺序不相同，企业可能将某一个或几个决策量的决策时间推迟到需求实现之后来进行，以便更好地利用获得的市场信息。本文将企业可能推迟决策的这一行为称为延迟策略。根据文中所涉及的三个决策量，将企业可能采用的延迟策略分为五种：无延迟、生产延迟、价格延迟、生产和价格延迟以及完全延迟。

本文中涉及的参数如下：

决策变量：

K：企业生产能力的投资量(产能)。

q：企业生产该产品的数量，生产量受到产能的限制，即 $q \leqslant K$。

p：单位产品的销售价格。

成本参数：

C：企业总成本函数，包括产能投资成本、生产成本和库存持有成本。

$C_K(K) = c_K \cdot K$：企业进行产能投资的总成本，c_K 表示单位产能的投资成本。

$C_q(q) = c_q \cdot q$：企业生产 q 单位产品的生产总成本，c_q 表示产品的单位生产成本。

$C_h(q) = c_h \cdot q$：企业按库存生产时的库存持有总成本，c_h 表示单位库存持有成本。

收入参数：

$D(p, \varepsilon) = d(p)\varepsilon$：市场需求，其中 ε 为一个非负随机变量，表示由于需求的不确定性导致的需求波动。

s：企业的实际销售量，显然 $s \leqslant \min(q, D)$。

$R = s \cdot p$：企业的总收入函数。

假设需求函数具有乘法的形式，即 $D(p, \varepsilon) = d(p)\varepsilon$。为便于分析起见，令 $d(p) = Ap^{-\gamma}(A > 0, \gamma > 1)$。乘法与加法需求函数在文献中很常见(参见 Petruzzi & Dada, 1999；Agrawal & Seshadri, 2000；Yao et al., 2006；Song et al., 2008；Chen et al., 2009)。Van Mieghem 和 Dada(1999)在加法需求函数的条件下(即 $D(p, \varepsilon) = d(p) + \varepsilon$)，分别考察了不同的生产与定价延迟策略，并对不同的延迟策略进行对比分析。那么，当需求函数为乘

法形式时，他们得到的结果是否仍然成立呢？因此，本文的主要目的在于探讨在加法需求函数下得到的结果与管理启示，在乘法需求函数下是否成立以及有哪些不同。

假设 ε 的概率分布函数为 $F(\cdot)$，密度函数为 $f(\cdot)$，且它们均为非负实数空间 R_+ 上的连续函数。令 ε 的均值为 μ，标准差为 σ。因而，可将 ε 在 R_+ 上的值域分为两个部分：

$$\Omega_1(p, K) = (0, K/d(p)], \Omega_2(p, K) = [K/d(p), +\infty) \qquad (1)$$

这里，Ω_1 表示需求较低的情况，或者说企业的产能能够满足需求的情况，即 $D(p, \varepsilon) \leqslant K$；$\Omega_2$ 表示需求超过了产能的情形，有一部分的销售机会因此而损失掉，即 $D(p, \varepsilon) \geqslant K$。

假设该企业是风险中性的，其目标是要最大化企业的期望利润 V：

$$V = E[R - C] \qquad (2)$$

企业期望利润的具体表示形式与所采用的延迟策略有关。为了帮助企业做出关于产能投资 K、生产量 q 以及销售价格 p 的最优决策，需要考察这些决策的时机(相对于需求的实现而言，即是否 ε 已知)。

3. 各种不同延迟策略下的企业利润模型

3.1 策略一：无延迟策略

企业需要在需求实现之前做出所有的决策，即产能投资 K、生产量 q 以及销售价格 p。显然，由于产能和生产量的决策是同时做出的，企业的最佳决策必然使得所投资的产能正好等于其生产量，即 $K = q$。此时，所有的成本都发生在第一阶段，包括产能投资成本、生产成本和可能的库存持有成本：

$$C = C_K(K) + C_q(q) + C_h(h) = (c_K + c_q + c_h)K$$

在需求实现之后，所有的成本都成了沉没成本。此时，企业的销售量为 $s = \min(K, d(p)\varepsilon)$。于是，企业的期望利润可表示为：

$$V_1(K, p) = pE[\min(K, d(p)\varepsilon)] - (c_K + c_q + c_h)K$$

$$= p\int_0^{\frac{K}{d(p)}} d(p)x\mathrm{d}F(x) + p\int_{\frac{K}{d(p)}}^{\infty} K\mathrm{d}F(x) - (c_K + c_q + c_h)K \qquad (3)$$

对于给定的 p，易知 $V_1(K, p)$ 是关于 K 的凹函数，因而可得最优的产能为：

$$K_1^*(p) = d(p) \cdot F^{-1}([p - (c_K + c_q + c_h)]/p)$$

将之代入式(3)并经进一步化简可得：

$$V_1(p) = p\int_0^{F^{-1}(\rho)} d(p)x\mathrm{d}F(x) + p\int_{F^{-1}(\rho)}^{\infty} d(p)F^{-1}(\rho)\mathrm{d}F(x) - (c_K + c_q + c_h)d(p)F^{-1}(\rho)$$

$$= pd(p)\int_0^{F^{-1}(\rho)} x\mathrm{d}F(x) \qquad (4)$$

其中，$\rho = [p - (c_K + c_q + c_h)]/p$。由 Chen 等(2009)可知，$V_1(p)$ 在一定条件下为关于 p 的拟凹函数，从而最优的零售价格唯一，且由其一阶条件确定。

3.2 策略二：生产延迟策略

在生产延迟策略下，企业在需求实现之前确定产能 K 及价格 p；当需求实现之后，即 ε 值观测到之后，再确定生产量 q。企业决定生产量时，只需要生产其能销售掉的产品即可，因而生产量为 $q = s = \min\{K, d(p)\varepsilon\}$。此外，所有生产出来的产品都销售出去了，不会有剩余的库存。在生产延迟下，企业的期望利润可表示为：

$$V_2(p, K) = (p - c_q)E[\min(K, d(p)\varepsilon)] - c_K K$$

$$= (p - c_q)\int_0^{\frac{K}{d(p)}} d(p)x\mathrm{d}F(x) + (p - c_q)\int_{\frac{K}{d(p)}}^{\infty} K\mathrm{d}F(x) - c_K K \quad (5)$$

通过比较 $V_2(K, p)$ 与 $V_1(K, p)$，可知 $V_2(K, p)$ 和 $V_1(K, p)$ 具有非常相似的表达式。因而，对问题(5)的求解类似于对问题(3)的求解。

3.3 策略三：价格延迟策略

在价格延迟策略中，企业在需求实现之前确定产能 K 和生产量 q（显然，此时企业生产的产品数量没有必要超过其产能，从而 $q = K$）；在第二阶段需求实现之后，企业根据实际的需求，再结合市场机制设定价格 p。在设定价格时有两种考虑：一是可能保留一部分产品，只投一部分产品到市场中，此时的销售量可能有 $s < q$，此策略称为有产保留的价格延迟；二是将产品全部投入市场，此时的价格称为"市场出清价"，此策略称为市场出清时的价格延迟策略。

有产品保留的定价延迟策略下，企业的收益函数可以表示为：

$$R = p \cdot s = (A\varepsilon/s)^{1/\gamma} \cdot s = (A\varepsilon)^{1/\gamma} \cdot s^{1-1/\gamma}$$

由于 $1 - 1/\gamma > 0$，可知企业的收益函数 R 关于 s 是严格的，从而最优的销售量为 $s = q = K$，即此时的最优决策就是使产品全部出清。因此，在乘法需求函数下的有产品保留的价格延迟策略等价于市场出清时的价格延迟策略。注意到，对于加法需求函数，这两种策略并不等价。鉴于此，本文可以将乘法需求函数下的两种价格延迟策略统称为价格延迟策略。

在定价延迟策略下，有 $s = q = K$ 以及 $d(p)\varepsilon = K$。由 $d(p) = Ap^{-\gamma}$（$\gamma > 1$）可知，$p = (Ax)^{1/\gamma}K^{-1/\gamma}$。因此，该策略下企业的期望利润为：

$$V_3(K) = KE[p] - (c_K + c_q + c_h)K = KE\left[d^{-1}\left(\frac{K}{\varepsilon}\right)\right] - (c_K + c_q + c_h)K$$

$$= K\int_0^{\infty} (Ax)^{1/\gamma}K^{-1/\gamma}\mathrm{d}F(x) - (c_K + c_q + c_h)K \quad (6)$$

由于 $\gamma > 1$，易知 $V_3(K)$ 为关于 K 的凹函数，最优的 K 可由式(6)的一阶条件得到。

3.4 策略四：生产和价格均延迟策略

此策略下，企业在第一阶段决定产能 K；在第二阶段决定生产量 q 和价格 p。在第二阶段，企业的生产量应等于其所能销售的产品数量，即 $q = s = Ap^{-\gamma}\varepsilon$。且只有当销售价格 p 高于单位生产成本时（$p > c_q$），企业才会进行生产。此时，企业需要确定最优的生产量，使得其收益 $R = q(p - c_q) = q[(A\varepsilon)^{1/\gamma}q^{-1/\gamma} - c_q)]$ 最大。显然，R 是关于 q 的凹函数，从而可得到最优的生产量及销售价格分别为：

$$q = \min\{A\varepsilon(\gamma - 1)^\gamma / (\gamma c_q)^\gamma, K\} \qquad p = \max\{\gamma c_q / (\gamma - 1), (A\varepsilon)^{1/\gamma}K^{-1/\gamma}\}$$

于是，策略四下企业的期望利润为：

$$V_4(K) = E[(p - c_q)q] - c_K K$$

$$= \frac{Ac_q(\gamma - 1)^{\gamma-1}}{(\gamma c_q)^\gamma}\int_0^\theta x\mathrm{d}F(x) + K\int_\theta^{+\infty}[(Ax)^{1/\gamma}K^{-1/\gamma} - c_q]\mathrm{d}F(x) - c_K K. \quad (7)$$

这里，$\theta = K(\gamma c_q)^\gamma / [A(\gamma - 1)^\gamma]$。类似策略三的情形，可知 $V_4(K)$ 为关于 K 的凹函数，因此，最优的 K 可由(7)的一阶条件得到。

3.5 策略五：完全延迟策略

完全延迟策略就是在需求未实现之前，企业不会做出任何决策，直到实际需求被观测到后，企业才根据实际的需求信息进行相应的产能、产量和价格决策。显然，在决策时应有 $q = K = s = d(p)\varepsilon$。由 $d(p) = Ap^{-\gamma}$（$\gamma > 1$），可得 $p = (A\varepsilon)^{1/\gamma}K^{-1/\gamma}$。在完全延迟策略下，企业的利润函数为：

$$V_5(\varepsilon) = [p - (c_K + c_q)]K = [(A\varepsilon)^{1/\gamma}K^{-1/\gamma} - (c_K + c_q)]K \qquad (8)$$

类似策略四的情形，上式 $V_6(\varepsilon)$ 对于给定的 ε 是关于 K 的凹函数，其最优的产能水平和销售价格为 $K = A\varepsilon(\gamma - 1)^\gamma / [(c_K + c_q)\gamma]^\gamma$，$p = (c_K + c_q)\gamma / (\gamma - 1)$。将上式代入式(8)，可得对应的最优利润为 $V_5(\varepsilon) = A\varepsilon(\gamma - 1)^{\gamma-1} / \{\gamma[(c_K + c_q)\gamma]^{\gamma-1}\}$。显然，最优的期望利润为：

$$V_5 = \frac{A\mu(\gamma - 1)^{\gamma-1}}{\gamma[(c_K + c_q)\gamma]^{\gamma-1}} \qquad (9)$$

3.6 主导策略分析

延迟到需求实现之后再做相关决策，就能够在决策时充分利用获得的信息，从而提高企业的利润。那么，不同的延迟策略之间是否存在优劣关系呢？下面的命题对此进行了回答。

命题1 不同延迟策略下企业的最优期望利润有如下排序：

$$V_1 \leqslant (V_2, V_3) \leqslant V_4 \leqslant V_5 \qquad (10)$$

证明：（1）V_1 和 V_2 的比较：对应任意给定的 K 和 p，我们有：

$$V_2(K, p) - V_1(K, p) = -c_q\left(\int_0^{K/d(p)} d(p)x\mathrm{d}F(x) + K\int_{K/d(p)}^{+\infty}\mathrm{d}F(x)\right) + (c_q + c_h)K$$

$$\geqslant -c_q\left(\int_0^{K/d(p)} K\mathrm{d}F(x) + K\int_{K/d(p)}^{+\infty}\mathrm{d}F(x)\right) + (c_q + c_h)K$$

$$= -c_q K + (c_q + c_h)K = c_h K \geqslant 0$$

即 $V_2(K, p) \geqslant V_1(K, p)$。因此，生产延迟策略优于无延迟策略。

（2）V_1 和 V_3 的比较：对应任意给定的 K 和 p，由 $d(p) = Ap^{-\gamma}$ 可知，当 $x \geqslant K/d(p) = Kp^\gamma/A$ 时，有 $(Ax)^{1/\gamma}K^{-1/\gamma} \geqslant pK$；当 $0 < x \leqslant Kp^\gamma/A$ 时，有 $(Ax)^{1-1/\gamma}p^{1-\gamma} \leqslant K^{1-1/\gamma}$，即

$(Ax)^{1/\gamma}K^{1-1/\gamma} \geqslant p^{1-\gamma}Ax$。于是，可得：

$$V_3(K) - V_1(K, p) = K\int_0^{+\infty}(Ax)^{1/\gamma}K^{-1/\gamma}\mathrm{d}F(x) - p\left(\int_0^{K/d(p)}d(p)x\mathrm{d}F(x) + K\int_{K/d(p)}^{+\infty}\mathrm{d}F(x)\right)$$

$$= K\int_0^{K/d(p)}(Ax)^{1/\gamma}K^{-1/\gamma}\mathrm{d}F(x) - p\int_0^{K/d(p)}d(p)x\mathrm{d}F(x)$$

$$+ K\int_{K/d(p)}^{+\infty}(Ax)^{1/\gamma}K^{-1/\gamma}\mathrm{d}F(x) - pK\int_{K/d(p)}^{+\infty}\mathrm{d}F(x)$$

$$= \int_0^{K/d(p)}\left[(Ax)^{1/\gamma}K^{1-1/\gamma} - p^{1-\gamma}Ax\right]\mathrm{d}F(x) + \int_{K/d(p)}^{+\infty}\left[(Ax)^{1/\gamma}K^{1-1/\gamma} - pK\right]\mathrm{d}F(x)$$

$$\geqslant 0$$

即 $V_3(K) \geqslant V_1(K, p)$。因此，价格延迟策略优于无延迟策略。

(3) V_3 和 V_4 的比较：令 $G(K) = V_4(K) - V_3(K)$，则：

$$G(K) = \frac{Ac_q(\gamma-1)^{\gamma-1}}{(c_q\gamma)^\gamma}\int_0^\theta x\mathrm{d}F(x) + K\int_\theta^{+\infty}(Ax)^{1/\gamma}K^{-1/\gamma}\mathrm{d}F(x) - K\int_\theta^{+\infty}c_q\mathrm{d}F(x)$$

$$- \int_0^\theta(Ax)^{1/\gamma}K^{1-1/\gamma}\mathrm{d}F(x) - \int_\theta^{+\infty}(Ax)^{1/\gamma}K^{1-1/\gamma}\mathrm{d}F(x) + (c_q + c_h)K$$

$$= \int_0^\theta\left[\frac{Ac_q(\gamma-1)^{\gamma-1}}{(\gamma c_q)^\gamma}x - (Ax)^{1/\gamma}K^{1-1/\gamma}\right]\mathrm{d}F(x) + c_qKF(\theta) + c_hK$$

由于 $G(K)$ 是关于 K 的一元函数，且有 $G(0) = 0$。对 $G(K)$ 关于 K 求一阶导数有：

$$\frac{\mathrm{d}G(K)}{\mathrm{d}K} = -Kc_qf(\theta)\frac{\mathrm{d}\theta}{\mathrm{d}K} - \left(1 - \frac{1}{\gamma}\right)K^{-1/\gamma}\int_0^\theta(Ax)^{1/\gamma}\mathrm{d}F(x) + c_qF(\theta) + Kc_qf(\theta)\frac{\mathrm{d}\theta}{\mathrm{d}K} + c_K$$

$$= c_qF(\theta) + c_K - \left(1 - \frac{1}{\gamma}\right)\left(\frac{A}{k}\right)^{1/k}\int_0^\theta x^{1/k}\mathrm{d}F(x)$$

$$> c_qF(\theta) + c_K - \left(1 - \frac{1}{\gamma}\right)\left(\frac{A}{k}\right)^{1/\gamma}\theta^{1/\gamma}F(\theta) = c_K > 0$$

由此可知，$G(K)$ 是关于 K 的严格递增函数。因此，对于任何 $K > 0$，有 $G(K) > G(0) = 0$，即 $V_4(K) > V_3(K)$。

(4) V_2 和 V_4 的比较：注意到当 $p > \gamma c_q/(\gamma-1)$ 时，有 $\theta < K/d(p)$；当 $p \leqslant \gamma c_q/(\gamma-1)$ 时，有 $\theta \geqslant K/d(p)$，这里 $\gamma c_q/(\gamma-1)$ 是无约束问题 $(p - c_q)d(p)\varepsilon$ 的最优零售价格。

当 $\varepsilon \leqslant \min\{\theta, K/d(p)\}$ 时，$[\gamma c_q/(\gamma-1) - c_q]A\varepsilon(\gamma-1)^\gamma(\gamma c_q)^{-\gamma} - (p - c_q)d(p)\varepsilon \geqslant 0$。

当 $\varepsilon \geqslant \max\{\theta, K/d(p)\}$ 时，$[(A\varepsilon)^{1/\gamma}K^{-1/\gamma} - c_q]K - (p - c_q)K = [(A\varepsilon)^{1/\gamma}K^{-1/\gamma} - p]K \geqslant 0$，其中不等式成立是因为 $\varepsilon \geqslant K/d(p)$，即 $(A\varepsilon)^{1/\gamma}K^{-1/\gamma} \geqslant p$。

当 $\min\{\theta, K/d(p)\} \leqslant \varepsilon \leqslant \max\{\theta, K/d(p)\}$ 时，分两种情况：

① $\theta < K/d(p)$，此时 $p \geqslant (A\varepsilon)^{1/\gamma}K^{-1/\gamma} \geqslant \gamma c_q/(\gamma-1)$。注意到 $(p - c_q)d(p)\varepsilon$ 关于 p 是拟凹函数，从而：

$$[(A\varepsilon)^{1/\gamma}/K^{-1/\gamma} - c_q]K - (p - c_q)d(p)\varepsilon \geqslant 0$$

② $\theta > K/d(p)$，则有 $K \leqslant d(p)\varepsilon$，从而：

$$[\gamma c_q/(\gamma-1)-c_q]A\varepsilon(\gamma-1)\gamma(^\gamma c_q)-\gamma-(p-c_q)K$$
$$\geq[\gamma c_q/(\gamma-1)-c_q]A\varepsilon(\gamma-1)\gamma(^\gamma c_q)-\gamma-(p-c_q)d(p)\varepsilon\geq 0$$

综上可知，对于任意给定的 K 和 p，有：

$$V_4(K)-V_2(K,\ p)=E\left\{\left[\max\left(\frac{\gamma c_q}{\gamma-1},\ \frac{(A\varepsilon)^{1/\gamma}}{K^{1/\gamma}}\right)-c_q\right]\cdot\min\left(\frac{A\varepsilon\ (\gamma-1)^\gamma}{(\gamma c_q)^\gamma},\ K\right)\right\}$$
$$-(p-c_q)E[\min(K,\ d(p)\varepsilon)]\geq 0$$

因此，可以得到 $V_4\geq V_2$。

完全延迟策略相当于在需求完全确定的情况下做出决策，没有不确定因素，所以在该策略下企业的期望利润是最大的。综上所述，可以得到 $V_1\leq(V_2,\ V_3)\leq V_4\leq V_5$。

在实际中，企业可能面临着产能过剩、定价不当或库存持有成本增加的风险。策略五（完全延迟策略）下的产能投资与生产计划是在需求实现后进行的。因此，该策略是所有策略中占主导地位的策略，此时企业的期望收益最大。但在实际中，产能的投资通常周期比较长，很少有等到需求实现后再进行产能投资的情况。在策略四（生产与价格延迟）下，企业的提前决策量为产能 K，因而可能面临着产能过剩或者产能过低的风险。而采用策略二（生产延迟），企业需根据需求预测做出产能和价格的决策；采用策略三（价格延迟），企业需根据需求预测做出产能和生产量的决策。策略四比采用单一延迟策略所面临的风险要少，企业的期望利润因而要大于生产延迟或价格延迟策略下的期望收益。对于策略一，三个决策都需要根据预测的需求做出，此时按照库存进行生产，必将面临着库存持有或缺货风险、产能投资过度或产能浪费风险以及定价不当风险。因此，企业在无延迟策略下的期望利益是最小的。

至于策略二和策略三的期望利润则没有绝对的大小关系，可能有 $V_3>V_2$ 的情形，也可能有 $V_3<V_2$ 的情形。这说明生产延迟和价格延迟无所谓优劣，要根据具体情况具体分析。下面，我们通过算例来对此予以说明。

例 1 设 $d(p)=100p^{-2}$，ε 为 $[0,1]$ 上均匀分布的随机变量。设定同一水平的单位产能投资成本和单位生产成本 $c_K=5$，$c_q=1$，观察在不同的单位库存持有成本下企业在两个策略下的利润，得到的结果如表 1 和表 2 所示。

表 1 　　　　　　　　　　**单位库存成本很高时两种策略下的最优决策**

	策略二（生产延迟）		策略三（价格延迟）	
$c_h=4$	K_2	V_2	$K_3=q_3$	V_3
	0.2604	1.3021	0.1111	1.1111

表 2 　　　　　　　　　　**单位库存成本很低时两种策略下的最优决策**

	策略二（生产延迟）		策略三（价格延迟）	
$c_h=0.5$	K_2	V_2	$K_3=q_3$	V_3
	0.2604	1.3021	0.2630	1.709

由表 1 和表 2 可知，在 c_K 和 c_q 相同时，不同的 c_h 的取值可能使得 $V_3 > V_2$，也可能有 $V_3 < V_2$。此外，还可以得知：这两种策略下企业投资的产能也没有绝对的大小关系。对于表 1 的情形，有 $K_2 > K_3$；而对于表 2 的情形，有 $K_2 < K_3$。所以，生产延迟与价格延迟策略哪种更具有优越性无法比较的，主要的影响因素可能包括需求函数的形式、需求的波动性、单位成本等。企业应该根据所掌握的信息及其内部具体情况来选择合适的延迟策略。

4. 最优产能比较

被延迟的决策量是根据需求实现的情况来决定的，因此本节中我们来比较未被延迟的决策量。也就是说，我们只比较产能投资量 K 的决策。由前可知，在生产延迟（策略二）和价格延迟（策略三）下的最优产能投资量之间并没有绝对的大小关系。那么，是否延迟的决策量越多，产能投资的水平就越高（越低）呢？下面，分别就策略二与策略四、策略三与策略四的最优产能来进行比较。

4.1　策略二与策略四的最优产能比较

在策略二（生产延迟策略）下，企业的期望利润的表达式如式（5）所示，当给定价格 p 时，对式（5）关于 K 求一阶导数，可以得到最优的产能为：

$$K_2^*(p) = d(p) \cdot F^{-1}\left(1 - \frac{c_K}{p - c_q}\right) \tag{11}$$

将式（11）代入式（5），得到期望收益关于价格 p 的函数，对其求导并令之等于零，可以得到最优的价格 p_2^* 满足如下条件：

$$\left[p_2^* d'(p_2^*) + d(p_2^*)\right] \int_0^{F^{-1}(\rho_2^*)} x \mathrm{d}F(x) + d(p_2^*)(1 - \rho_2^*) F^{-1}(\rho_2^*) = 0 \tag{12}$$

其中 $\rho_2^* = (p_2^* - c_q - c_K)/(p_2^* - c_q)$。

在策略四下，企业的最优产能决策可通过式（7）的一阶导数条件得出：

$$K_4^* = \left(\left(1 - \frac{1}{\gamma}\right) \int_\theta^{+\infty} (Ax)^{1/\gamma} \mathrm{d}F(x) / \left[c_K + c_q(1 - F(\theta))\right]\right)^\gamma \tag{13}$$

观察式（11）至式（13），可知最优产能的取值与需求函数、需求的分布、产能投资成本及库存成本等因素有关。下面的例子说明了这两种策略下的最优产能没有绝对的大小关系。

例 2　（1）令 $\gamma = 2$，$A = 100$，$c_K = 5$，$c_q = 1$，ε 服从（0，7）上的均匀分布。由式（11）、式（12）和式（13）可以分别计算出两种策略下的最优产能分别为 $K_2^* = 1.823$ 和 $K_4^* = 2.163$。显然，此时 $K_2^* < K_4^*$。

（2）$\gamma = 2$，$A = 100$，$c_K = 1$，$c_q = 1$，且 ε 服从（0，2）上的均匀分布。类似地，可计算得出两种策略下的最优产能分别为 $K_2^* = 8.233$ 和 $K_4^* = 5.774$。此时却有 $K_2^* > K_4^*$。

由例 2 可知，策略二与策略四的最优产能之间并没有绝对的大小关系，可能 $K_2^* < K_4^*$，也可能 $K_2^* > K_4^*$。其大小关系的确定可能由需求函数的具体形式、需求波动的分布、产能投资成本及库存成本等因素有关。

4.2 策略三与策略四的最优产能比较

在策略三(价格延迟策略)下，企业投资的最优产能可以通过对式(6)求关于 K 的一阶导数得到，即：

$$K_3^* = \left[\left(1 - \frac{1}{\gamma} \right) \int_0^\infty (Ax)^{1/\gamma} dF(x) / (c_K + c_q + c_h) \right]^\gamma \qquad (14)$$

之前已经比较了策略二与策略四的最优产能之间的关系，那么，策略三与策略四下的最优产能之间又有怎样的关系呢？命题2对此进行了回答。

命题2 (1)当生产成本为零(即 $c_q = 0$)时，策略四的最优产能总是大于策略三的最优产能；(2)当生产成本和库存成本均不为零时，企业在这两个策略下投资的最优产能没有绝对的大小关系。

证明：(1)当 $c_q = 0$ 时，我们有 $\theta = 0$：

$$K_4^* - K_3^* = \left[\left(1 - \frac{1}{\gamma} \right) \int_\theta^{+\infty} (Ax)^{1/\gamma} dF(x) / c_K \right]^\gamma$$

$$- \left[\left(1 - \frac{1}{\gamma} \right) \int_0^\infty (Ax)^{1/\gamma} dF(x) / (c_K + c_h) \right]^\gamma \geqslant 0$$

即 $K_4^* \geqslant K_3^*$。但是，这种情况只存在于理论中，因为现实中的单位生产成本不可能为零。

(2)当 $c_q \neq 0$，$c_h \neq 0$ 时，可能 $K_4^* > K_3^*$，也可能 $K_4^* < K_3^*$。例如，当 $\gamma = 2$，$A = 100$，$c_K = 5$，$c_q = 1$，$c_h = 1$，且 ε 服从 $(0, 1)$ 上的均匀分布，即有 $f(\varepsilon) = 1$。将这些数值分别代入式(17)和式(18)，由简单的计算可得 $K_3 = 0.4762$，$K_4 = 0.3086$，此时 $K_4 < K_3$。

当 $\gamma = 2$，$A = 100$，$c_K = 5$，$c_q = 1$，$c_h = 1$，且 ε 服从 $(0, 2)$ 上的均匀分布，即 $f(\varepsilon) = 1/2$。于是，由式(17)和式(18)，可以计算得出 $K_3 = 0.6734$，$K_4 = 0.8785$，此时 $K_4 > K_3$。

于是，当 $c_q \neq 0$，$c_h \neq 0$ 时，策略三和策略四下的最优产能投资并没有绝对的大小关系，在某些情况下 $K_4^* > K_3^*$；而在另外一些情况下 $K_4^* < K_3^*$。

从4.1节和命题2可知，一般情况下，延迟的决策量多，并不一定能使得产能的投资量一定减少或者一定增加。命题1证明了策略四下企业的期望利润总是大于策略二和策略三下的期望利润。如果企业有先进的信息收集能力，能够在获得足够多的需求信息后再进行决策，而且企业在管理、技术、产品的工艺流程等方面都具有一定的柔性，那么企业更倾向于将生产和定价的决策都延迟，从而获得更多的经济收益。从直观上来看，企业采用延迟策略四时可以将产品全部卖出去，不需要持有产品库存，这就减少了库存成本。如果产能投资成本不是特别高的话，企业为了获得更高的利润，有可能加大产能的投资量，通过产能扩张来应对未来需求的不确定性。

5. 结论

本文在乘法需求函数条件下，分别分析了几种不同延迟策略下的最优决策。通过分析发现，乘法需求函数下的结论与加法需求函数下的结果有些类似。例如，不同延迟策略下企业期望利润的排序在两种需求函数的形式下完全一样；策略一与策略二在某些条件的限制下也是等价的。但是，我们也得出了一些不同的结论，主要表现在：

（1）在加法需求函数条件下，市场出清价格的延迟策略和有产品保留时的价格延迟策略下企业的期望利润函数不一样；而在乘法需求函数条件下，这两种策略是完全等价的。

（2）在加法需求函数下，市场出清的价格延迟策略、有产品保留的价格延迟策略以及生产与价格均延迟策略下，企业的产能在一定的条件下呈递增的大小关系。但是在乘法需求函数下，价格延迟和生产与价格均延迟两种策略下的产能之间没有一般的大小关系，可能存在 $K_3 > K_4$ 的情形，也可能存在 $K_3 < K_4$ 的情形，其大小取决于成本参数、需求波动的分布函数以及需求函数的具体形式。而生产延迟与生产和价格均延迟策略下的最优产能之间也没有一般的大小关系，其影响因素主要有需求波动的分布、需求函数的参数、产能投资成本和生产成本。企业应该根据其掌握的市场信息以及企业内部的具体情况选择合适的策略。

（3）在生产延迟策略和价格延迟策略下，企业的期望利润 V_2 与 V_3 之间以及产能投资 K_2 与 K_3 之间没有一般的大小关系。其影响因素主要包括需求函数的形式及其波动性、边际产能投资成本、边际生产成本以及单位库存持有成本等。

本文对垄断企业的各种延迟策略的期望利润以及最优产能投资策略进行了深入分析，但仅仅分析了单周期的情况。因此，一个可能的后续研究就是考虑多周期决策条件下的各种可能的延迟策略。

◎ **参考文献**

[1]纪雪洪，陈荣秋，廖中军．供应链中延迟研究的发展与展望[J]．管理工程学报，2007，21（4）：62-67.

[2]吴海平，宜国良．需求不确定条件下价值网竞争优势研究[J]．管理工程学报，2005，19（1）：137-140.

[3]张人千，王如平．随机能力规划的 Scenatio 模型及其决策风险分析[J]．系统工程理论与实践，2009，29（1）：55-64.

[4]Agrawal, V., Seshadri, S.. Impact of uncertainty and risk aversion on price and order quantity in the newsvendor problem[J]. *Manufacturing and Service Operation Management*, 2000, 2(4): 410-423.

[5]Anupindi, R., Li, J.. Capacity investment under postponement strategies, market competition, and demand uncertainty [J]. *Management Science*, 2008, 54 (11): 1876-1890.

[6]Biller, S., Muriel, A., Zhang, Y.. Impact of price postponement on capacity and flexible investment decisions[J]. *Production and Operations Management*, 2006, 15(2): 553-555.

[7]Bose, D., Chatterjee, A. K.. Capacity planning under demand uncertainty, production postponement and product flexibility[D]. *Working Paper*, 2008.

[8]Chen, Y. H., Xu, M. H., Zhang, Z. G.. A risk-averse newsvendor model under the

CVaR criterion[J]. *Operations Research*, 2009, 57(4): 1040-1044.

[9] Chod, J., Rudi, N.. Resource flexibility with responsive pricing[J]. *Operations Research*, 2005, 53(3): 532-548.

[10] Chou, Y. C., Chung, H. J.. Service-based capacity strategy for manufacturing service duopoly of differentiated prices and lognormal random demand[J]. *International Journal of Production Economics*, 2009, 121(1): 162-175.

[11] Goyal, M., Netessine, S.. Capacity investment and the interplay between volume flexibility and product flexibility [D]. *Working Paper*, Wharton School, University of Pennsylvania, 2005.

[12] Granot, D., Yin, S.. On the effectiveness of returns policies in the price-dependent newsvendor model[J]. *Naval Research Logistics*, 2005, 52(8): 765-779.

[13] Hagspiel, V., Huisman, K., Kort, P.. Production flexibility and capacity investment under demand uncertainty[D]. *Working Paper*, 2010.

[14] Petruzzi, N. C., Dada, M.. Pricing and the newsvendor problem: A review with extensions[J]. *Operations Research*, 1999, 47(2): 183-194.

[15] Song, Y., Ray, S., Li, S.. Structural properties of buyback contracts for price-setting newsvendor[J]. *Manufacturing Service Operation Management*, 2008, 10(1): 1-18.

[16] Su J. C. P., Chang, Y., Ferguson, M.. Evaluation of postponement structures to accommodate mass customization[J]. *Journal of Operations Management*, 2005, 23(3): 305-318.

[17] Swinney, R., Cachon, G. P., Neressine, S.. Capacity investment timing by start-ups and established firms in new markets[J]. *Management Science*, 2011, 57(4): 763-777.

[18] Van Mieghem, J. A., Dada, M.. Price versus production postponement: Capacity and competition[J]. *Management Science*, 1999, 45(12): 1631-1649.

[19] Yao, L. F., Chen, H. Y.. The newsvendor problem with pricing: Extensions [J]. *International Journal of Management Science and Engineering Management*, 2006, 1(1): 3-16.

Impacts of Postponement Strategies on a Firm's Optimal
Decisions with Additive Demand Model

Xu Minghui[1]   Chen Zhiyu[2]   Li Jianbin[3]

(1, 2 School of Economics and Management, Wuhan University, Wuhan, 430072;

3 School of Management, Huazhong University of Science and Technology, Wuhan, 430074)

Abstract: Consider a monopolistic firm who faces a random and price-dependent demand, this paper investigates the impacts of possible postponement strategies on the firm's optimal decisions and profits in a two-stage decision model. In general, three decisions need to be made: capacity investment, production quantity and selling price. Typically, the strategic capacity investment is a long-term decision, while the production and pricing decisions are short-term and tactical operational decisions. Based on the timing of decisions, five possible postponement strategies are examined: no postponement, production postponement, price postponement, price and production postponement and full postponement. By using a multiplicative demand function, we establish the expected profits for these postponement strategies. Our main results include: (1) Price postponement with clearance and price postponement with hold-back are equivalent, which is different from the additive demand model. (2) Which strategy dominates between the production postponement and price postponement is based on the problem parameters. Furthermore, there is no certain relationship between the sizes of the optimal capacity levels for the two strategies in general. (3) The optimal capacity level for production postponement (price postponement) may be higher or lower than that for the price and production postponement, which is also different from the additive demand model.

Key words: Production postponement; Price postponement; Capacity investment; Demand uncertainty

专业主编：许明辉

有限产能下多渠道闭环供应链优化研究

● 王启飞[1]　夏雪垠[2]　李建斌[3]

（1，2，3 华中科技大学管理学院　武汉　430074）

【摘　要】存在零售与直销两种正向销售渠道的情形下，建立制造商—零售商两级闭环供应链模型。制造商回收废旧产品，再制造并且在产能不足时，选择将其优先分配给直销渠道或者零售渠道。研究发现，产能对渠道价格和产品回收率有重要影响。产能不足情形下，零售价格和直销价格都与批发价格正相关，且当零售渠道优先分配产能时，直销价格对批发价格的变化更加敏感，旧产品回收率高也更高。产能不足时两种分配模式下的回收率均高于产能充足时的回收率。

【关键词】再制造　闭环供应链　产能分配　多渠道营销

1. 引言

理论和实践都表明，对废旧产品的回收，拆解，再利用能够降低企业成本，提高产品利用率。1999 年美国研究机构的调查显示，1/3 以上的美国企业，尤其是汽车零部件、电子产品制造业，出版业等行业非常关注废旧产品的处理问题。近年来，随着环保方面的法规相继出台，国内的企业也越来越重视逆向物流业务。另一方面，伴随电子商务的迅猛发展，正向供应链中传统零售销售渠道受到强烈冲击。从国内发展来看，首先，传统零售企业开始重视 B2C 业务的发展，代表企业有苏宁、国美等；其次，B2C 企业也逐步向线下实体渠道渗透，代表企业有亚马逊和 1 号店等。总体看来，混合渠道越来越受到企业的青睐。研究发现，多渠道的优势包括：（1）提高获取市场信息的能力；（2）降低分销成本；（3）增强企业渠道话语权。

因此，在激烈的市场竞争中，如何将多渠道营销和逆向物流结合起来，形成整合的闭环供应链，是值得研究的问题。同时，本文将上述问题置于实际背景——企业有限生产能力之下，探究更复杂情形下企业的最优生产决策，为企业管理者提供参考。

2. 文献回顾

闭环供应链研究：Savaskan 等（2004，2006）分析了由零售商、制造商、第三方分别负责逆向渠道的闭环供应链模型，指出零售商是最有效的回收活动承担者。王文宾等

（2010）建立了零售商回收与第三方回收情形的闭环供应链模型，通过对比两种情形，讨论了回收努力程度和产品定价的区别，分析了制造商与零售商的利润随消费者偏好的变化规律。谢家平等（2011）从认定消费者对再制造产品和新产品有着不同的需求偏好，并引入需求偏好函数，构建单垄断制造商利润最大化的生产决策模型，探讨最优产量——价格决策策略。

多渠道供应链研究：Brynjolfsson 和 Smith（2000）分析了音像制品分别通过传统渠道和网络渠道进行销售的实例数据，探讨了双渠道价格竞争问题。Yao 和 Liu（2005）将需求与服务相联系，Dumrongsiri 等（2008）在此基础上，考虑了供应商和零售商两者的价格和服务同时对需求产生影响时供应商的渠道选择影响因素。赵礼强、高燕等（2010）基于报童模型分析 B2C 电子商务模式下不同渠道结构下的库存运作策略，通过数值算例研究在不同运作模式下，制造商、零售商以及供应链的利润水平，并分析了需求不确定性程度对制造商、零售商最优库存的影响。

同时考虑产能限制条件下再制造闭环供应链的研究较少。Bayindir（2007）在制造商受到产能限制的前提下，假设新制品和再制品拥有不同的市场，从而研究再制造活动的盈利性。本论文分析再制品与新品在同一市场中的情况。Shi（2010）分别对新制产品和再制品的产能进行限制，研究不确定需求和回收情况下多产品的联合生产计划问题。同样是 Shi 等（2011）研究不确定需求和回收情况下多产品闭环系统的生产计划问题，其中企业的产能总量受到约束。楼高翔等（2011）考虑原制造企业具有有限制造与再制造生产能力以及随机需求和随机回收产品可用率的情况，建立多周期下采用外包或自制以及制造再制造生产能力决策模型。

综上所述，本文将多渠道营销和闭环供应链结合，分析制造商面对产能约束时，采用不同的产能分配机制对定价以及回收率决策及供应链成员绩效的影响，从而为复杂情形下企业的生产运作活动提供借鉴。

3. 模型和假设

本文构建的制造商—零售商二级供应链模型图 1 所示。其中制造商可以通过直销渠道和零售渠道面向同一目标市场销售产品。在批发价格给定的情形下，制造商决策产能分配策略、直销渠道销售价格和旧产品回收率，零售商决策零售渠道销售价格。

本文所使用的符号和意义如下：

决策变量：

p_1：零售渠道销售价格，简称零售价格。

p_2：直销渠道销售价格，简称直销价格。

τ：制造商从二手市场回收产品的回收率。

模型参数：

c_m：完全采用新原料制造成本。　　　　c_r：回收再制造成本。

b：顾客转移系数。　　　　　　　　　　s：零售渠道偏好程度。

D_1：产品零售市场需求。　　　　　　　D_2：产品直销市场需求。

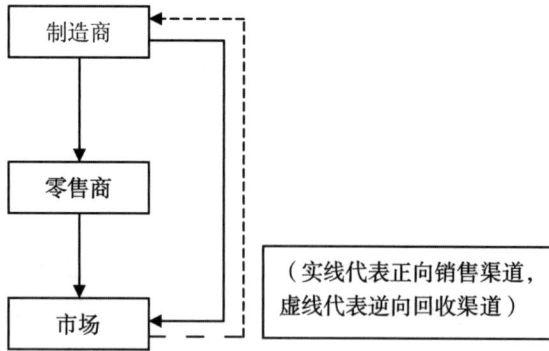

图 1　闭环供应链结构图

w：单位批发成本。 　　　　　　Q_r：可回收产品的规模。

k：新品产能。 　　　　　　　　a：市场总规模。

I：回收投入的固定费用。 　　　B：规模常数。

用 $D_1(p_1, p_2) = sa - p_1 + bp_2$ 表示零售渠道下的市场需求，$D_2(p_2, p_1) = (1 - s)a - p_2 + bp_1$ 表示直销渠道下的市场需求函数。其中 a 表示市场潜在需求总规模，s 表示零售渠道偏好程度，当 $s = 0.5$ 时表示直销渠道与零售渠道有相同的市场规模大小，s 越大表示有更多的消费者偏好零售渠道，b 表示顾客转移系数，$0 \leqslant b \leqslant 1$。

在逆向回收市场，用 τ 表示逆向渠道的效率，从顾客回收产品的回收率。τ 表示由回收产品制成的当前产品的比例，$0 \leqslant \tau \leqslant 1$。为了描绘投资收益递减的特性，采用 $\tau = \sqrt{I/B}$ 的成本结构，其中 B 是规模常数，Savaskan（2004）采用过同样的模型来刻画回收活动。

为简化分析，本文使用了如下假设：

假设 1：用回收品生产一个新产品成本更低，即 $c_r < c_m$，c_r 包括再制品成本与回收二手产品的可变成本，该成本对所有的再制造产品都相同，记 $\Delta = c_m - c_r$ 为再制造成本节约，$\Delta > 0$ 为制造商回收再制造活动提供动机，该假设为闭环供应链研究的常见假设之一。

假设 2：本文研究的闭环供应链决策是单周期的。

假设有产品存于市场上，之前售出的产品可以返还给制造商再利用，因此当类似产品被销往同一市场时，集中分析每周期内的平均供应链利润。同样的假设见 Savaskan 等（2004）。

假设 3：批发价格 w 为给定参量，文章主要分析定价策略与产能分配策略，因此假设批发价为给定参量，且满足 $c_r < c_m < w$。

假设 4：所有产能至少能满足一种渠道。双渠道供应链中，至少能满足其中一种渠道，否则认为另一条渠道没有存在价值。在实际生活当中，构建渠道需要成本，如果没有产品在该渠道中销售，则该渠道失去了价值。

3.1　无产能约束优化策略

当产能充足时，零售商和制造商的利润函数分别如下：

$$\begin{cases} \Pi_R^0 = (p_1 - w)(sa - p_1 + bp_2) \\ \Pi_M^0 = w(sa - p_1 + bp_2) + p_2((1-s)a - p_2 + bp_1) - \tau^2 B - c_r \tau Q_r \\ \qquad - c_m(a - p_1 + bp_1 - p_2 + bp_2 - \tau Q_r) \end{cases} \quad (1)$$

一阶条件为:

$$\begin{cases} \dfrac{\partial \Pi_R}{\partial p_1} = sa - p_1 + bp_2 - p_1 + w = 0 \\ \dfrac{\partial \Pi_M}{\partial p_2} = bw + (1-s)a - p_2 + bp_1 - p_2 - c_m(b-1) = 0 \\ \dfrac{\partial \Pi_M}{\partial \tau} = -2\tau B - c_r Q_r + c_m Q_r = 0 \end{cases} \quad (2)$$

由以上一阶条件可得到在产能充足条件下双渠道中最优的价格与回收比率,有:

命题 1 当产能充足时,制造商决策为 $p_1^* = \dfrac{2sa + (1-s)ab + (b^2+2)w + (1-b)bc_m}{4-b^2}$,

$\tau^* = \dfrac{(c_m - c_r)}{2}\dfrac{Q_r}{B}$,零售商决策的零售渠道市场价格为:

$$p_2^* = \frac{2(1-s)a + sab + 3bw + 2(1-b)c_m}{4-b^2}。$$

由命题 1 可以看出,产能无限时,回收率与正向渠道销售价格之间没有影响,回收率只影响产能。根据最优决策,此时总的市场需求为 $D = \dfrac{a - w + b^2 w - (1-b)^2 c_m}{2-b}$,总产能为 $TK = k + \tau Q_r = k + \dfrac{(c_m - c_r)}{2}\dfrac{Q_r^2}{B}$,因此有如下定义:

定义 1 当 $k \geqslant \dfrac{2B[a - w + b^2 w - (1-b)^2 c_m] - (2-b)(c_m - c_r)Q_r^2}{2B(2-b)}$ 时,产能充足,制造商和零售商可以按照命题 1 的结论来优化决策;当 $k < \dfrac{2B[a - w + b^2 w - (1-b)^2 c_m] - (2-b)(c_m - c_r)Q_r^2}{2B(2-b)}$ 时,产能不足,制造商面临产能分配问题。

3.2 产能约束下优先供给零售渠道策略

当 $k < \dfrac{2B[a - w + b^2 w - (1-b)^2 c_m] - (2-b)(c_m - c_r)Q_r^2}{2B(2-b)}$ 时,制造商可以选择将有限的产能有限分配给零售商,为行文方便,也称这种分配机制为 R 模式。此时,零售商和制造商的利润函数为:

$$\begin{cases} \Pi_R^R = (p_1^R - w)(sa - p_1^R + bp_2^R) \\ \Pi_M^R = w(sa - p_1^R + bp_2^R) + p_2^R(k + \tau^R Q_r - sa + p_1^R - bp_2^R) \\ \qquad - \tau^{R2}B - c_r \tau^R Q_r - c_m k \end{cases} \quad (3)$$

169

一阶条件为：

$$\begin{cases} \dfrac{\partial \Pi_R^R}{\partial p_1^R} = sa - p_1^R + bp_2^R - p_1^R + w = 0 \\[2mm] \dfrac{\partial \Pi_M^R}{\partial p_2^R} = bw + k + \tau^R Q_r - sa + p_1^R - 2bp_2^R = 0 \\[2mm] \dfrac{\partial \Pi_M^R}{\partial \tau^R} = p_2^R Q_r - 2\tau^R B - c_r Q_r = 0 \end{cases} \tag{4}$$

可得此时的最优决策为：

$$p_1^{R*} = \frac{sab + bk + (b^2 + 2b)w + \frac{1}{2}\left(\Delta b - bc_m - sa - w\right)\dfrac{Q_r^2}{B}}{3b - \dfrac{Q_r^2}{B}} \tag{5}$$

$$p_2^{R*} = \frac{-sa + 2k + (2b + 1)w + (\Delta - c_m)\dfrac{Q_r^2}{B}}{3b - \dfrac{Q_r^2}{B}} \tag{6}$$

$$\tau^{R*} = \frac{-sa + 2k + (2b + 1)w + (\Delta - c_m)3b}{3b - \dfrac{Q_r^2}{B}}\frac{Q_r}{2B} \tag{7}$$

3.3 产能约束下优先供给直销渠道策略

当 $k < \dfrac{2B\left[a - w + b^2 w - (1 - b)^2 c_m\right] - (2 - b)(c_m - c_r)Q_r^2}{2B(2 - b)}$ 时，制造商的另一个选择是将有限的产能优先分配给直销渠道，为行文方便，也称这种分配机制为 M 模式。此时，零售商和制造商的利润函数为：

$$\begin{cases} \Pi_R^M = (p_1^M - w)(k + \tau^M Q_r - (1 - s)a + p_2^M - bp_1^M) \\[2mm] \Pi_M^M = w(k + \tau^M Q_r - (1 - s)a + p_2^M - bp_1^M) + p_2^M((1 - s)a - p_2^M + bp_1^M) \\[2mm] \qquad - (\tau^M)2B - c_r\tau^M Q_r - c_m k \end{cases} \tag{8}$$

一阶条件为：

$$\begin{cases} \dfrac{\partial \Pi_R^M}{\partial p_1^M} = -2bp_1^M + k - (1 - s)a + bw + p_2^M + \tau^M Q_r = 0 \\[2mm] \dfrac{\partial \Pi_M^M}{\partial p_2^M} = -2p_2^M + w + (1 - s)a + bp_1^M = 0 \\[2mm] \dfrac{\partial \Pi_M^M}{\partial \tau^M} = wQ_r - 2\tau^M B - c_r Q_r = 0 \end{cases} \tag{9}$$

此时最优决策为：

$$p_1^{M*} = \frac{B(-a + 4k + 2w + 4bw) + 2(w - c_r)Q_r^2}{6bB} \tag{10}$$

$$p_2^{M*} = \frac{B[a + 2(k + 2w + bw)] + (w - c_r)Q_r^2}{6B} \tag{11}$$

$$\tau^{M*} = (w + \Delta - c_m)\frac{Q_r}{2B} \qquad (12)$$

3.4 比较分析

考虑到模型和结果的复杂性，本文进一步的分析聚焦于一类特殊的市场——同质化完全竞争市场。当 $b = 1$，$s = \dfrac{1}{2}$ 时，则称之为同质化完全竞争市场。

首先分析在同质化完全竞争市场中，无产能约束，零售渠道优先和直销渠道优先三种情形下的直销渠道价格，零售渠道价格以及回收率如表 1 所示：

表 1   不同情形下渠道价格以及回收率

	产能充足	产能不足，优先零售渠道	产能不足，优先直销渠道
p_1^*	$\dfrac{1}{2}a + w$	$\dfrac{\dfrac{1}{2}a + k + 3w + \dfrac{1}{2}(-c_r - \dfrac{1}{2}a - w)\dfrac{Q_r^2}{B}}{3 - \dfrac{Q_r^2}{B}}$	$\dfrac{2k - \dfrac{1}{2}a + 3w + (w - c_r)\dfrac{Q_r^2}{B}}{3}$
p_2^*	$\dfrac{1}{2}a + w$	$\dfrac{-\dfrac{1}{2}a + 2k + 3w + (\Delta - c_m)\dfrac{Q_r^2}{B}}{3 - \dfrac{Q_r^2}{B}}$	$\dfrac{k + \dfrac{1}{2}a + 3w + (w - c_r)\dfrac{Q_r^2}{2B}}{3}$
τ^*	$\dfrac{\Delta}{2}\dfrac{Q_r}{B}$	$\dfrac{-\dfrac{1}{2}a + 2k + 3w - 3c_r}{3 - \dfrac{Q_r^2}{B}}\dfrac{Q_r}{2B}$	$(w + \Delta - c_m)\dfrac{Q_r}{2B}$

命题 2 产能充足时的回收率低于产能不足时的回收率，同时在产能不足时，优先分配零售渠道机制比优先分配直销渠道机制有更高的回收率。

根据表达式可知，$\tau^{R*} = (p_2^{R*} - c_r)\dfrac{Q_r}{2B}$，而 $\tau^{M*} = (w - c_r)\dfrac{Q_r}{2B}$，又由于制造商直销渠道产品售价不能低于批发价格，否则零售商会从直销渠道进行采购，所以 $p_2^{R*} > w$，$\tau^{R*} > \tau^{M*}$，同时 $w - c_m > 0$，因此有 $\tau_M^* > \tau^*$，$\tau^{R*} > \tau^{M*} > \tau^*$。

当产能充足时，制造商可以利用现有产能来制造产品，相比与产能不足的情形，制造商缺乏通过回收旧产品来弥补产品产能不足的动机。在产能不足且优先分配给零售渠道的情况下，制造商自营渠道可用产能不足，难以满足直销渠道的要求，因此也需要回收较多的产品来弥补直销渠道，优先分配零售渠道的机制导致更高的回收率。从直观上看，产品的回收率与直销渠道的可用产能直接负相关，当可用产能较少，回收率较高，反之较低。

进一步分析零售价格和直销价格，发现与回收规模常数 B 有关。如果 B 过小，则会出现无限制回收的情况，这与现实情况不符且失去研究意义，因此有必要为 B 设定下界。Savaskan（2004）也做过类似的假设。不失一般性，且通过观察表 1 中分析零售价格和直销价格的表达形式，有以下假设：

假设 5：$3B > Q_r^2$，此时有 $B > \dfrac{a^2}{12}$。

后续分析都是在假设 5 的基础上展开。从表 1 可以看到，零售价格和直销价格与批发价格有关。命题 3 揭示了其中的定性关系。

命题 3 产能不足时，R 模式和 M 模式的零售价格和直销价格都随批发价格增加而增加。

证明：$\dfrac{\mathrm{d}p_1^{R*}}{\mathrm{d}w} = \dfrac{6B - Q_r^2}{6B - 2Q_r^2} > 0$ \qquad $\dfrac{\mathrm{d}p_1^{M*}}{\mathrm{d}w} = \dfrac{3B + Q_r^2}{3B} > 0$

$\dfrac{\mathrm{d}p_2^{R*}}{\mathrm{d}w} = \dfrac{3B}{3B - Q_r^2} > 0$ \qquad $\dfrac{\mathrm{d}p_2^{M*}}{\mathrm{d}w} = \dfrac{6B + Q_r^{\,2}}{6B} > 0$

因此，两种分配机制下，最优的零售价格和直销价格决策都随批发价格的增加而增加。

命题 4 定义直销（零售）价格对批发价格的相对变化为直销（零售）价格的敏感性。对比两种分配模式，R 模式下直销价格的敏感性更高；零售价格的敏感性取决于回收规模常数 B，当 B 较大时，R 模式下的零售价格敏感性低，反之，R 模式零售价格敏感性高。

证明：$\dfrac{\mathrm{d}p_2^{R*}}{\mathrm{d}w} - \dfrac{\mathrm{d}p_2^{M*}}{\mathrm{d}w} = \dfrac{3B}{3B - Q_r^2} - \dfrac{6B + Q_r^2}{6B} = \dfrac{Q_r^2(3B + Q_r^2)}{6B(3B - Q_r^2)} > 0$

$\dfrac{\mathrm{d}p_1^{R*}}{\mathrm{d}w} - \dfrac{\mathrm{d}p_1^{M*}}{\mathrm{d}w} = \dfrac{6B - Q_r^2}{6B - 2Q_r^2} - \dfrac{3B + Q_r^2}{3B} = \dfrac{Q_r^2(2Q_r^2 - 3B)}{3B(6B - 2Q_r^2)}$

当 $B > \dfrac{2Q_r^2}{3}$ 时，$\dfrac{\mathrm{d}p_1^{R*}}{\mathrm{d}w} - \dfrac{\mathrm{d}p_1^{M*}}{\mathrm{d}w} < 0$；当 $B \leqslant \dfrac{2Q_r^2}{3}$ 时，$\dfrac{\mathrm{d}p_1^{R*}}{\mathrm{d}w} - \dfrac{\mathrm{d}p_1^{M*}}{\mathrm{d}w} \geqslant 0$。

因此，对比 R 模式和 M 模式，同等的批发价格增加，意味着 R 模式下直销价格增加更多，而零售价格是否增加更多取决于回收的规模常数，这表明逆向物流活动对零售价格的影响更为显著。

命题 3 和命题 4 定性揭示了在不同的分配机制下，零售价格和直销价格的差异。进一步比较 R 模式和 M 模式，发现存在临界的批发价格 $\overline{w}$，当现实的 w 高于此临界价格，R 模式的直销价格更高。反之，则较低。零售价格也存在类似但性质更为复杂的规律。为了定量分析在不同批发价格及不同产能分配机制对渠道价格的影响，假设潜在回收规模 $Q_r = \dfrac{a}{2}$，则有：

$$p_2^{R*} > p_2^{M*} \Leftrightarrow w > \dfrac{4B(24aB - a^3 - 2a^2k - 24Bk)}{a^4 + 12a^2B} + c_r \tag{13}$$

当 $B \leqslant \dfrac{2Q_r^2}{3}$ 时，$p_1^{R*} > p_1^{M*} \Leftrightarrow w > -\dfrac{3aB}{a^2 - 6B} + \dfrac{8B(a - k)}{a^2} + c_r \tag{14-1}$

此时：$-\dfrac{3aB}{a^2 - 6B} + \dfrac{8B(a - k)}{a^2} + c_r - \left[\dfrac{4B(24aB - a^3 - 2a^2k - 24Bk)}{a^4 + 12a^2B} + c_r\right]$

$= \dfrac{9a(a^2 - 12B)B}{(a^2 - 6B)(a^2 + 12B)} < 0$

当 $B > \dfrac{2Q_r^2}{3}$ ， $p_1^{R*} > p_1^{M*} \Leftrightarrow w < -\dfrac{3aB}{a^2 - 6B} + \dfrac{8B(a - k)}{a^2} + c_r$ (14-2)

此时： $-\dfrac{3aB}{a^2 - 6B} + \dfrac{8B(a - k)}{a^2} + c_r - \left[\dfrac{4B(24aB - a^3 - 2a^2k - 24Bk)}{a^4 + 12a^2B} + c_r\right]$

$$= \dfrac{9a(a^2 - 12B)B}{(a^2 - 6B)(a^2 + 12B)} > 0$$

整合以上的结果，定义 $A_1 = \dfrac{4B(24aB - a^3 - 2a^2k - 24Bk)}{a^4 + 12a^2B} + c_r$ 以及 $A_2 = -\dfrac{3aB}{a^2 - 6B} + \dfrac{8B(a - k)}{a^2} + c_r$，在不同的参数范围内，两种分配模式下的直销价格和零售价格的相对大小，如表 2 所示：

表 2   **不同参数范围零售价格和直销价格的相对大小**

B	w	零售价格和直销价格的相对大小
$B > \dfrac{2Q_r^2}{3}$	$w < A_1$	$p_1^R > p_1^M$，$p_2^R < p_2^M$
	$w \in [A_1, A_2]$	$p_1^R > p_1^M$，$p_2^R > p_2^M$
	$w > A_2$	$p_1^R < p_1^M$，$p_2^R > p_2^M$
$\dfrac{2Q_r^2}{3} > B > \dfrac{Q_r^2}{3}$	$w < A_2$	$p_1^R < p_1^M$，$p_2^R < p_2^M$
	$w \in [A_2, A_1]$	$p_1^R > p_1^M$，$p_2^R < p_2^M$
	$w > A_1$	$p_1^R > p_1^M$，$p_2^R > p_2^M$

4. 算例分析

前文对产能不足时不同策略下的零售价与直销价进行了比较，本节结合数值分析进一步分析价格差异，同时也研究批发价 w 的变动、不同策略的选择对制造商、零售商以及整个供应链利润带来的影响。参数如表 3 所示：

表 3   **算 例 参 数**

参数	a	B	k	c_m	c_r	Q_r
数值	150	3200	40	20	15	75

图 2 中，零售渠道优先时，零售价格一直高于直销渠道，是因为在现实情况下，批发价需满足某些约束，如 $w \geqslant c_m$ 等。此时，在给定的参数下，$\dfrac{2Q_r^2}{3} > B > \dfrac{Q_r^2}{3}$ 批发价格，一直

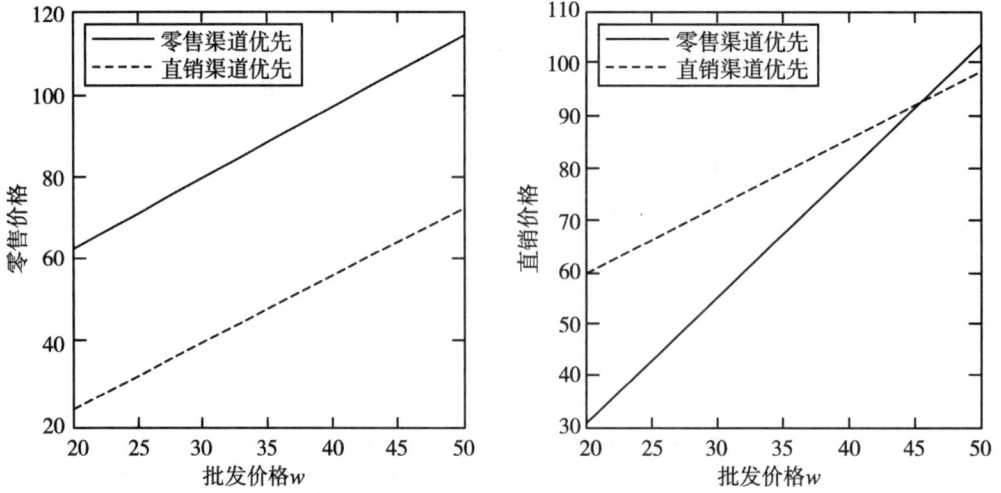

图2 批发价格对零售价格和直销价格的影响

高于表2中的临界批发价格 A_2，因此表现为 $p_1^{R*} > p_1^{M*}$。对于直销渠道而言，由于临界价格 A_1 较高，因此当批发价格较低时，$p_2^{R*} \leqslant p_2^{M*}$，批发价格较高时，$p_2^{R*} \geqslant p_2^{M*}$。

直观上看，优先供给产能的渠道会是最大的受益者。因此产能优先分配给零售渠道时，零售商利润要高于另一种分配机制下的利润；而当产能优先分配给制造商自营的直销渠道时，制造商的利润也同样高于另一种分配机制下的利润。图3表现了这一规律。

图4分析了在给定分配机制时利润变化情况。左图表明产能优先分配给零售渠道时，零售商利润优于制造商利润，随着批发价上涨，制造商可以从零售渠道获得更多的利润，

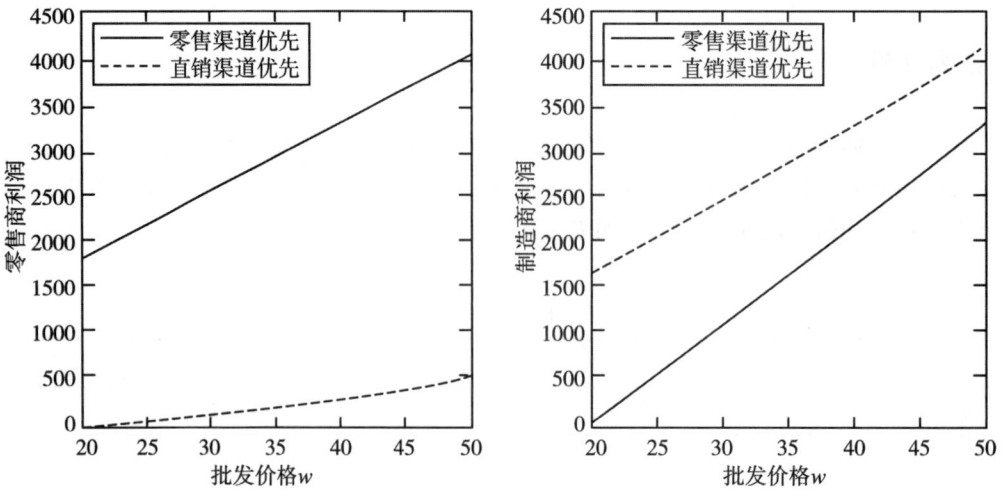

图3 不同分配机制下利润对比

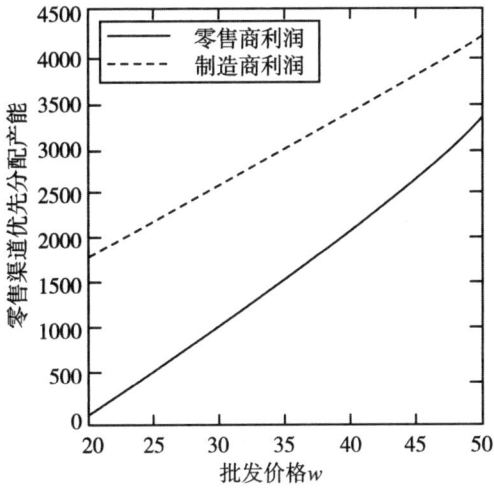

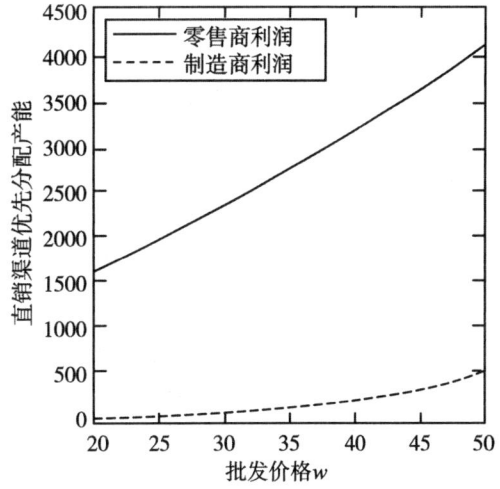

图 4　零售商和制造商利润比较

因此两者的利润差逐渐减小。而在右图中，优先分配产能给自营渠道时，制造商利润远远高于零售商，且随着批发价格的提高，两者的利润逐渐增大。对于具有公平倾向的零售商来说，这样的结果有可能是不能接受的，供应链面临不稳定的风险。此时，对于制造商来说，确定一个合理的批发价格水平，或者通过契约实现利润的再分配，至关重要。

从供应链利润角度分析，在给定的参数条件下，优先分配给零售渠道具有优势，不仅数值更大，而且增长幅度更快，见图5。回收率的相对关系在命题2中已经分析过，在此不再赘述。注意到，完全回收时，回收率为1，因此，当批发价格超过临界值，回收率维持为1，如图6所示。

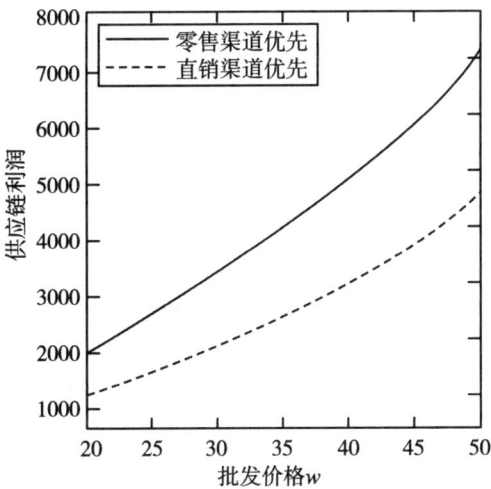

图 5　供应链利润

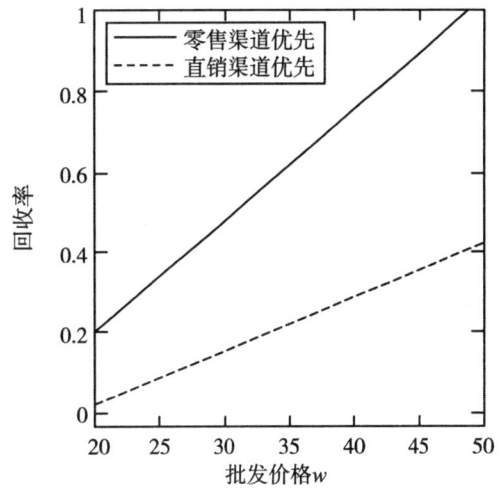

图 6　回收率比较

175

5. 结论

　　本文将闭环供应链与多渠道销售共同考虑，建立产能约束条件下的多渠道闭环供应链模型，在一些合理的假设基础上，通过理论分析和算例探究产能限制这一重要生产因素对于供应链的影响，包括渠道价格、回收率以及供应链成员以及系统的绩效。研究发现，产能不足时，优先分配零售渠道机制导致更高的回收率以及更敏感的直销价格变化，在一定的参数条件下，也会带来更高的供应链利润。

　　本文也存在一些局限性，首先仅分析了制造商负责回收旧产品的情形，现实情况下，回收工作可能由第三方、零售商甚至政府机构负责。此外本文没有将批发价格作为决策变量，而且只考虑了优先分配零售渠道和优先分配直销渠道两种极端情况。因此，后续研究可以讨论多种不同的回收模型结构对供应链的影响，同时可以考虑更一般的产能分配机制上，如比例分配等，从而充分利用有限产能。

◎ 参考文献

[1] 楼高翔，周虹，范体军. 考虑外包和生产能力约束的制造/再制造混合批量决策[J]. 系统管理学报，2011，20(5).

[2] 王文宾，达庆利. 零售商与第三方回收下闭环供应链回收与定价研究[J]. 管理工程学报，2010，24(2).

[3] 谢家平，王爽. 偏好市场下制造/再制造系统最优生产决策[J]. 管理科学学报，2011，14(3).

[4] 赵礼强，高燕. B2C 电子商务模式下多渠道运作的库存策略分析[J]. 工业工程，2010，13(5).

[5] Bayndr, Z. P., Erkip, N., Güllü, R.. Assessing the benefits of remanufacturing option under one-way substitution and capacity constraint[J]. *Computers & Operations Research*, 2007，34(2).

[6] Brynjolfsson, E., and Smith, M, D.. Frictionless commerce? A comparison of Internet and conventional retailers[J]. *Management Science*, 2000，46(4).

[7] Dumrongsiri, A., Fan, M., Jain, A., et al.. A supply chain model with direct and retail channels[J]. *European Journal of Operational Research*, 2008，187(3).

[8] Savaskan, R. C., Bhattacharya, S., and Van Wassenhove L. N.. Closed-loop supply chain models with product remanufacturing[J]. *Management Science*, 2004，50(2).

[9] Savaskan, R. C., and Van Wassenhove, L. N.. Reverse channel design：The case of competing retailers[J]. *Management Science*, 2006，52(1).

[10] Shi, J., Zhang, G., Sha, J., et al.. Coordinating production and recycling decisions with stochastic demand and return[J]. *Journal of Systems Science and Systems Engineering*, 2010，19(4).

[11]Shi, J., Zhang, G., Sha, J., et al.. Optimal production planning for a multi-product closed loop system with uncertain demand and return[J]. *Computers &Operations Research*, 2011(38).

[12]Yao,D. Q., Liu, J. J.. Competitive pricing of mixed retail and e-tail distribution channels [J]. *Omega*, 2005, 33(3).

Research on Multi-channel Closed-loop Supply Chain with Limited Capacity

Wang Qifei[1]   Xia Xueyin[2]   Li Jianbin[3]

(1, 2, 3   School of Management, Huazhong University of Science and Technology, Wuhan, 430074)

Abstract: This paper builds a two-stage supply chain model consists of a manufacturer and a retailer in the presence of both retail and direct sales channels. The manufacturer recycles, remanufactures used products and decides to whether allocate them to retail channel or to direct channel in priority in the case of limited capacity. We find that capacity has important influence on channel prices and product recovery. In the case of limited capacity, the retail price and the direct channel price are both positively related to the wholesale price. Moreover, when the retail channel gets the distribution priority, the direct channel price is more sensitive to the variation of wholesale price, and the return rate is also higher. The return rate under these two distribution modes with limited capacity are both higher than that with sufficient capacity.

Key words: Remanufacturing; Closed-loop supply chain; Capacity allocation; Multi-channel marketing

专业主编：许明辉

《珞珈管理评论》投稿指南

《珞珈管理评论》是由武汉大学经济与管理学院主办、武汉大学出版社出版的集刊，为半年刊，本刊旨在追求正确的价值取向、多元的学术思想及高质量的学术品位，以提供一个弘扬学术、启迪创新思维、探讨管理学科前沿问题、交流管理理论以及展示管理学科学术成果的学术平台为动力，以推动管理学教学及科研的发展为使命。

1. 本集刊于 2014 年启动网上投稿系统，现要求所有投稿均通过投稿系统进行。请作者登录《珞珈管理评论》网站（http：//ljmr. whu. edu. cn），注册作者账户，进行投稿。本集刊将不再接受纸质投稿。

2. 上传文稿为 Word 和 PDF 两种格式，请用正式的 GB 简体汉字横排书写，文字清晰，标点符号规范合理，句段语义完整，全文连贯通畅，可读性好；全文以不超过 8000 字为宜（有价值的综述性论文，可放宽到 12000 字，包括图表在内）。图表、公式、符号、上下角标、外文字母印刷体应符合规范。若论文研究工作受省部级以上基金项目支持，请用脚注方式注明基金名称和项目编号。

3. 正文文稿格式为：（中文）主题→作者姓名→工作单位→摘要→关键词（3~8 个）→1. 引言（正文一级标题）→内容（1.1（正文二级标题）…，1.2 …）……→结论→参考文献→（英文）主题→作者姓名→工作单位→摘要→关键词→附录；摘要不超过 300 字。

4. 来稿刊用后，按规定赠予当期刊物两本（若作者较多，会酌情加寄样刊）。

附录：参考文献著录规则

全文采取脚注和文后参考文献的著录规则：脚注用于对文稿的相关内容进行注释说明，在需注释说明的内容所在页面下进行说明；参考文献用于对正文中引用的相关文献进行说明，标注于正文文后。

1. 脚注在页面的标注格式

示例：①此处的人口总数专指当年城市人口总数。

2. 参考文献在正文后的标注格式

2.1 按正文中引用的文献出现的先后顺序用阿拉伯数字连续编码，并将序号置于方括号中，用右上标 [1] [2] [3] 标示。

2.2 同一处引用多篇文献时，将各篇文献的序号在方括号中全部列出，各序号间用 "，" 间隔。

2.3 中国著者姓名的汉语拼音按 GB/T 16159—1996 的规定书写，名字不能缩写。

示例：Zheng Guangmei

欧美著者采用名在前姓在后的著录形式，欧美著者的名也可以缩写，不能省略缩写点；如用中译名，可以只著录其姓。

示例1：Alberd Einstein，还可表示为：A. Einstein

示例2：伏尔特·韦杰

示例3：P. S. 昂温

2.4 作者在3人以下全部著录，3人以上可只著录前3人，后加"，等"，外文用"，et al."，"et al."不必用斜体。责任者之间用"，"分隔。

2.5 参考文献中各部分的顺序为：

2.5.1 书籍

［序号］作者．题名（或加其他题名信息）．版本项［文献类型］．出版地：出版者，出版年：引文页码（报纸需标注日期及版面）．

示例：［1］中国社会科学院语言研究所词典编辑室．现代汉语词典［M］．北京：商务印书馆，1996：258-260.

［2］Kirzner，I. M. *Discovery and the capitalist process* ［M］．Chicago：University of Chicago Press，1985：33-34.

2.5.2 期刊文献

［序号］主要责任者．题名：其他题名信息．刊名，年，卷（期）：起止页码．（对于合期中的析出文献，在圆括号内注明合期号）

示例：［1］李晓东，张庆红，叶瑾琳．气候学研究的若干理论问题［J］．北京大学学报（自然科学版），1999，35（1）：101-106.

［2］Admati，A. R．，Ross，S. A. . Measuring investment performance with a rational expectations model ［J］．*Journal of Business*，1985，58：42.

2.5.3 报纸中的析出文献

［序号］主要责任者．文献题名．报纸名，出版日期．

示例：［1］谢希德．创新学习的新思路［N］．人民日报，1998-12-25（10）．

2.5.4 论文集中的析出文献

［序号］析出文献主要责任者．析出文献题名．析出文献主要责任者．专著题名：其他题名信息．出版地：出版者，出版年：析出文献的页码．

示例：［1］林平．美国反托拉斯法的主要内容及最新发展［A］．汤敏，茅于轼．现代经济学前沿专题：第三集［C］．北京：商务印书馆，1999：221-249.

2.5.6 电子文献

［序号］主要责任者．题名：其他题名信息．出版地：出版者，出版年（更新或修改日期）［引用日期］．获取和访问路径．

示例：［1］江向东．互联网环境下的信息处理与图书管理系统解决方案［J/OL］．情报学报，1999，18（2）：4［2000-01-18］．［BF］http：//www. chinainfo. gov. cn/periodical/qbxb/qbxb99/qbxb990203.